Paul Rogers, Lawrence Briggs, Bryan Goodman-Stephens

Nelson

Thomas Nelson and Sons Ltd
Nelson House Mayfield Road
Walton-on-Thames Surrey
KT12 5PL UK

Nelson Blackie
Wester Cleddens Road
Bishopbriggs
Glasgow
G64 2NZ UK

Thomas Nelson Australia
102 Dodds Street
South Melbourne Victoria 3205
Australia

Nelson Canada
1120 Birchmount Road
Scarborough Ontario
M1K 5G4 Canada

I(T)P Thomas Nelson is an International Thomson Publishing Company.

I(T)P is used under licence.

First published by Thomas Nelson & Sons Ltd 1995

ISBN 0-17-439880-8
NPN 9 8 7 6 5 4 3 2 1

Printed in Spain

Acknowledgements

Beltz & Gelberg Verlag for poem,'Ich' by Manfred Mai, from Das achte Weltwunder, Fünftes Jahrbuch der Kinderliteratur, Beltz Verlag, Weinheim und Basel 1979, Programm Beltz & Gelberg, Weinheim

Deutsches Jugendherbergswerk for authentic materials

Carl Hagenbecks Tierpark for authentic materials

Verkehrsamt, Frankfurt-am-Main

Photography

The Advertising Archives: p13

Alastair Jones: pp 48, 52(2), 61, 82, 90(2), 104

Bridgeman Art Library: p13: A Palace Interior with Ladies and Gentlemen Dancing and Playing Music (detail)(oil on panel), by Caullery, Louis de (c. 1580-1621), Rafael Galls Gallery, London/Bridgeman Art Library;
A Portrait Of The Artist in His Studio With His Wife by Aiken, John Macdonald (1880-1961), Spink & Son Ltd, London/Bridgeman Art Library

Deutsches Jugendherbergswerk: pp114(5), 115(3), 117

Keith Gibson: p98(2)

Carl Hagenbecks Tierpark: pp85, 95(2)

Hulton Deutsch Collection: p35(2)

Gundhard Marth: p35

Natural History Photographic Library: p87

Rex Features: pp101(6), 107

Spectrum Colour Library: p97

Victoria and Albert Museum: p13(2)

All other photos by David Simson or supplied by Thomas Nelson and Sons Ltd

Illustration

Clinton Banbury
Judy Byford
Finbar Hawkins
Helen Holroyd
Louise Jackson
Nigel Jordan
Jeremy Long
Lotty
Julian Mosedale
Dennis Tinkler
Jude Wisdom
Allen Wittert

Welcome to ZickZack neu!

You are continuing on a course that will take you through German-speaking countries throughout the world and will help you to understand and enjoy using German yourself. For much of the time you will be working on activities with guidance from your teacher, but at the end of each chapter there is a section called **sb** Selbstbedienung, where you'll be able to choose for yourself activities at different levels. If you want to take your time and check that you've understood, choose GOLD activities. If you're ready to try out what you've already learned, choose ROT activities. If you want to stretch yourself still further, then the SCHWARZ activities are for you. For all three types of activity, you can ask your teacher for answer sheets so that you can check how you're getting on. At the end of every other chapter there is a **LESEECKE**, a section for you to read and enjoy without having to do any activities at all. At the back of the book you can look up words or phrases that you've forgotten or don't understand and find extra help with grammar.

You'll find English translations of the **sb** Selbstbedienung instructions, too.

Viel Spaß und mach's gut!

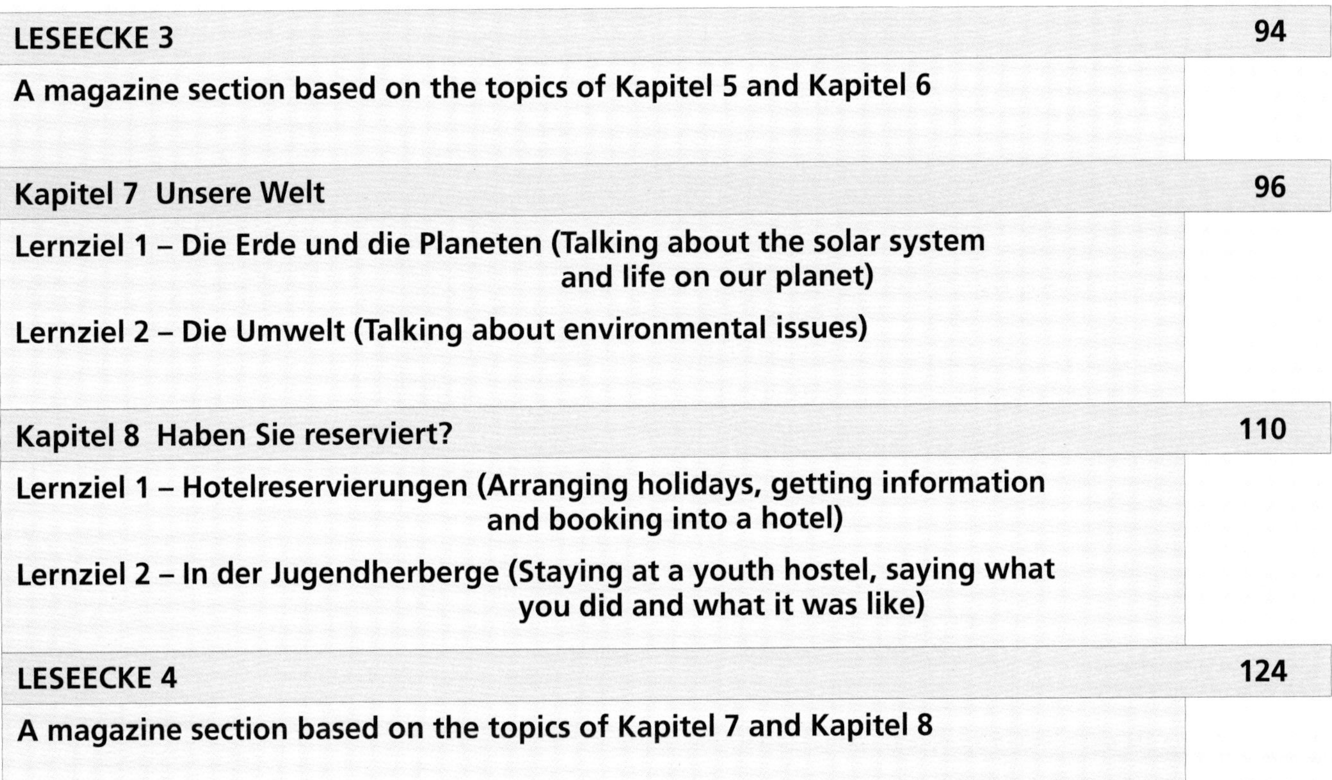

1 Geld und Klamotten

Lernziel 1

Taschengeld und Nebenjobs

Ich kriege DM 50 pro Woche. Das ist relativ viel. Ich komme sehr gut damit aus, und ich bin sehr zufrieden damit.

Asaf

Ich kriege nur sehr wenig, vielleicht DM 10 die Woche. Ich bin nicht damit zufrieden.

Ralf

Ich kriege überhaupt kein Taschengeld. Meine Eltern geben mir nichts.

Tulai

Wer hat es am besten?
Wer hat es am schlechtesten?

 **Wieviel Taschengeld kriegst du?**

Hör gut zu. Wer spricht?

Beispiel

1 *Sönke*

Ich kriege nur DM 60 Taschengeld im Monat. Das ist nicht sehr viel.

Bettina

Ich bekomme nur DM 20 die Woche. Ich bin absolut nicht zufrieden. Das reicht mir einfach nicht.

Sönke

Tip des Tages

<table>
<tr><td colspan="2">Wieviel Taschengeld</td><td>kriegst
bekommst</td><td colspan="2">du?</td></tr>
<tr><td rowspan="2">Ich</td><td rowspan="2">kriege
bekomme</td><td>DM 50
DM 30
DM 20</td><td>pro
die</td><td>Woche.</td></tr>
<tr><td></td><td colspan="2">im Monat.</td></tr>
<tr><td></td><td></td><td colspan="3">nichts.</td></tr>
<tr><td colspan="2">Ich bin
Ich bin (absolut) nicht</td><td colspan="3">damit zufrieden.</td></tr>
</table>

Partnerarbeit. Taschengeldrätsel

Sieh dir die Bilder an. Wer bin ich?
Partner(in) A wählt eine Person.
Partner(in) B stellt Fragen.

W = Woche M = Monat

Beispiel

A – Ja, fertig. Ich habe gewählt. Wer bin ich?
B – Wieviel Taschengeld bekommst du?
A – DM 30.
B – Die Woche oder im Monat?
A – Im Monat.
B – Bist du damit zufrieden?
A – Ja.
B – Du bist Florian.
A – Richtig. Jetzt bist du dran.

Partnerarbeit. Und du?

Mach einen Dialog mit deinem Partner/deiner Partnerin.

A

Wieviel Taschengeld bekommst du? →

B

DM 20 DM 30 DM 40 DM … ?	die Woche. im Monat.

A

Bist du damit zufrieden?

B

Ja, das	ist viel. reicht mir.
Ja, ich bin damit zufrieden.	
Nein, das ist	zu wenig. nicht genug.
Nein, ich bin nicht damit zufrieden.	

Mein Nebenjob

Hör gut zu. Sieh dir die Fotos und die Texte an. Was paßt zu wem?

Beispiel
1 *A*

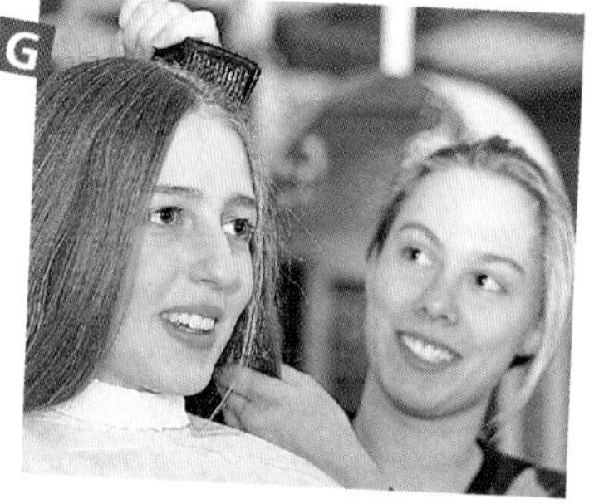

1. Ich führe Hunde aus.
2. Ich arbeite in einem Supermarkt.
3. Ich bin Babysitterin.
4. Ich bin Babysitter.
5. Ich gebe Nachhilfestunden.
6. Ich wasche Autos.
7. Ich helfe zu Hause.
8. Ich arbeite in einem Café.
9. Ich trage Zeitungen aus.
10. Ich arbeite in einem Friseursalon.
11. Ich helfe im Garten.
12. Ich putze Fenster.

Tip des Tages

Hast du einen Nebenjob?

Was ist dein Nebenjob?

Ich	bin	Babysitter. Babysitterin.	
	arbeite	in einem	Supermarkt. Café. Friseursalon.
	gebe	Nachhilfestunden.	
	helfe	zu Hause. im Garten.	
	wasche	Autos.	
	putze	Fenster.	
	führe	Hunde	aus.
	trage	Zeitungen	

Partnerarbeit. Anzeigen

Lies die Anzeigen mit einem Partner/einer Partnerin, und finde den besten Job für die Personen unten.

Beispiel
Henrike – 5

Anzeigen

1 Gesucht: ***Zeitungsausträger/innen.*** Rufen Sie an: (04124) 8001 oder schreiben Sie an den NEUEN PINNEBERGER ANZEIGER 25348 Glückstadt Postfach 1280.

2 ***Hilfskraft für Friseur*** (Haare waschen) von Di-Fr von 14-17 Uhr. Alter egal. 8 49 70 93

3 ***Suche Haushaltshilfe;*** 1 mal 2 Stunden pro Woche in Rellingen. (04101) 92497

4 ***Bist du Schüler oder Schülerin?*** Wenn du einen ***Nebenjob*** suchst, bei dem du nicht schlecht verdienst, dann rufe bitte 7 98 39 34 täglich von 9 bis 12 Uhr oder von 14 bis 21 Uhr an.

5 ***Wer hilft uns mit Rowdy?*** Unser Hund Rowdy (ein sehr freundlicher Rottweiler) möchte abends ausgehen. Möchtest du ihn ausführen? Tel. 83 42 37

6 ***Putzhilfe*** 1 x wö. 3 Std. ***gesucht.*** Tel. (04101) 90421

7 ***Babysitter*** im Raum Ellerbek gesucht für 4 Monate altes Mädchen, abends und gelegentl. auch am Tage. Tel. (04101) 95344

8 ***Serviererin*** für Kaffeehaus ***gesucht.*** 87 23 27

9 ***Wer hilft uns im Garten?*** Tel. (04101) 203165

Ich habe Tiere sehr gern.

Ich möchte gern Zeitungen austragen.

Susi

Ich arbeite gern draußen.

Henrike

Ich komme gut mit kleinen Kindern aus.

Ich möchte später Friseuse werden.

Hannes

Sascha

Ich suche einen Job in Rellingen, wo ich wohne.

Judith

Ich möchte einen Job als Kellnerin haben.

Putzen tue ich ziemlich gern.

Karl

Carmen

Manuela

Ich muß 'was verdienen, egal wie!

Ralf

Und du?

Was machst du gern? Was möchtest du machen? Wo möchtest du arbeiten? Welche Anzeige findest du am interessantesten?

Nach und nach

Hör zu und lies das Gedicht.

Ich
Ich möchte
Ich möchte Zeit
Ich möchte Zeitungen austragen

Später
Später möchte ich
Später möchte ich ein Radio
Später möchte ich ein Radiologe werden

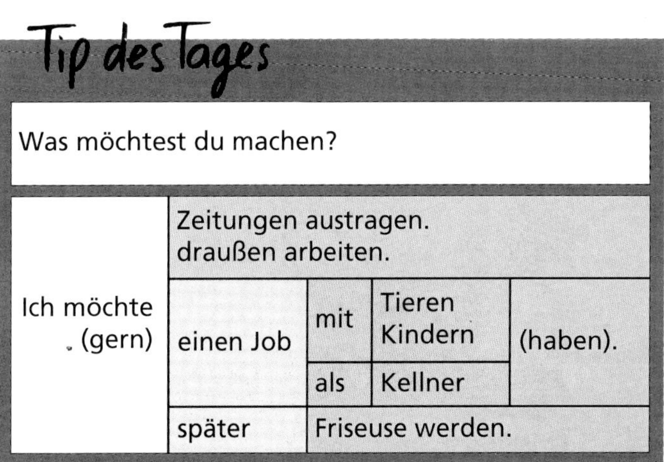

Tip des Tages

Was möchtest du machen?

Ich möchte (gern)	Zeitungen austragen. draußen arbeiten.			
	einen Job	mit	Tieren Kindern	(haben).
		als	Kellner	
	später	Friseuse werden.		

Partnerarbeit. Nebenjobs

Wähl einen Job und mach ein Interview mit einem Partner/einer Partnerin.

Britta 15 Café
Sa/So 9.00 – 17.00
DM 100 die Woche

Beispiel

A – Wie heißt du?
B – Britta.
A – Wie alt bist du?
B – Fünfzehn.
A – Was machst du?
B – Ich arbeite in einem Café.
A – Gefällt es dir?
B – Ja, sehr.
A – Wann arbeitest du?
B – Am Samstag und am Sonntag. Von neun bis fünf.
A – Wieviel Geld kriegst du?
B – DM 100 die Woche.

Anna 16 Supermarkt
Sa 8.00 – 13.00
DM 50 die Woche

Knut 17 Friseursalon
Nachmittags 14.00 – 16.00
DM 320 im Monat

Barbara 15 Garten
So 13.00 – 18.00
DM 10 die Woche

Alex 16 zu Hause
Abends 19.00 – 21.00
DM 60 die Woche

Martin 17 Büro
Sommerferien 9.00 – 13.00
DM 400 im Monat

Anke 15 zu Hause
Mo Di Fr 15.00 – 16.00
DM 30 die Woche

Tip des Tages

Gefällt es dir?	Ja, sehr. Nein, nicht besonders.				
Wann arbeitest du?	Am Samstag Montags Abends Nachmittags	von	neun zehn fünf	bis	zwei. acht. sieben.
	In den Sommerferien.				

Steffi und Freunde

Da ich nicht genug Geld habe, kann ich abends nicht ausgehen.

Uääääääh!!

Deshalb mache ich Babysitting, um etwas Geld zu verdienen.

Wenn ich dann endlich genug Geld habe, lädt mich ein Freund ein …

Aber ich kann nicht, da ich die ganze Zeit Babysitting mache!!!

UÄÄÄÄÄÄÄÄÄH!!!!

Wofür gibst du dein Geld aus?

Wofür geben die Schüler in deiner Klasse ihr Taschengeld aus? Mach eine Umfrage in der Klasse. Schreib die Vornamen und die Antworten auf.

Beispiel

Mike

Ich gebe mein Geld für Discoabende und Klamotten aus.

Uli

Ich gebe nicht viel aus. Ich spare auf ein Fahrrad.

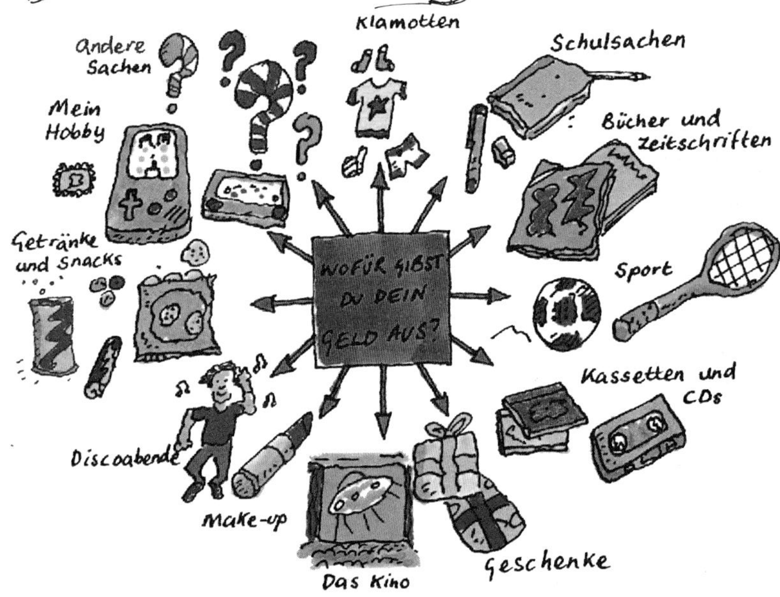

Wofür geben die meisten Schüler in deiner Klasse ihr Taschengeld aus? Und du?

Tip des Tages

Wofür gibst du dein Geld aus?	Ich gebe mein Geld für	Klamotten Sport mein Hobby das Kino	aus.	Ich spare auf	einen Computer. eine Gitarre. ein Fahrrad.

Partnerarbeit. Im Modegeschäft

Sieh dir das Bild und das Diagramm an, und hör gut zu. Mach dann weitere Dialoge mit einem Partner/einer Partnerin.

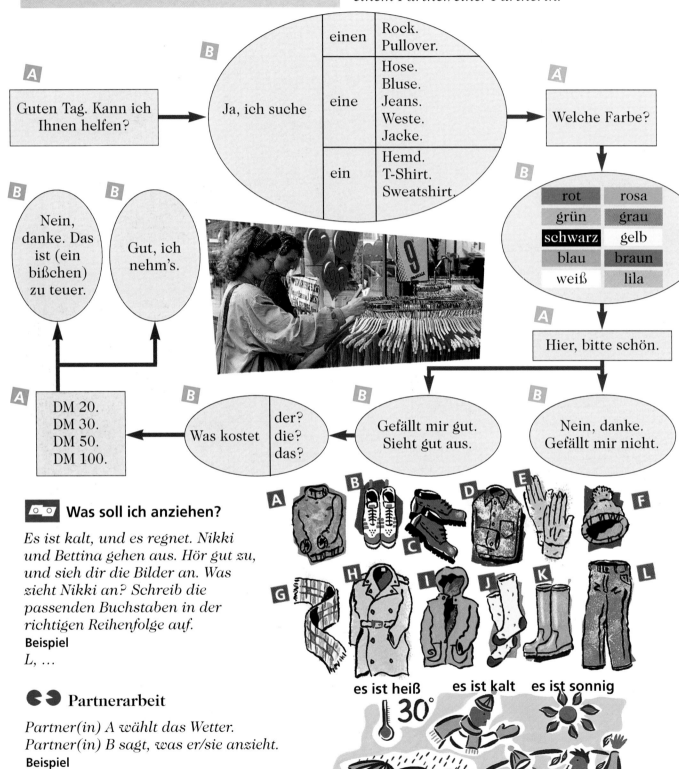

A: Guten Tag. Kann ich Ihnen helfen?

B: Ja, ich suche

einen	Rock. Pullover.
eine	Hose. Bluse. Jeans. Weste. Jacke.
ein	Hemd. T-Shirt. Sweatshirt.

A: Welche Farbe?

B:

rot	rosa
grün	grau
schwarz	gelb
blau	braun
weiß	lila

A: Hier, bitte schön.

B: Nein, danke. Gefällt mir nicht.

B: Gefällt mir gut. Sieht gut aus.

B: Was kostet der? / die? / das?

A: DM 20. / DM 30. / DM 50. / DM 100.

B: Gut, ich nehm's.

B: Nein, danke. Das ist (ein bißchen) zu teuer.

Was soll ich anziehen?

Es ist kalt, und es regnet. Nikki und Bettina gehen aus. Hör gut zu, und sieh dir die Bilder an. Was zieht Nikki an? Schreib die passenden Buchstaben in der richtigen Reihenfolge auf.

Beispiel

L, …

A B C D E F G H I J K L

es ist heiß — 30° — es ist kalt — es ist sonnig — es regnet — es ist windig

Partnerarbeit

Partner(in) A wählt das Wetter.
Partner(in) B sagt, was er/sie anzieht.

Beispiel

A – *Es ist sonnig. Was ziehst du an?*
B – *Ich ziehe ein T-Shirt, … , … an.*

Partnerarbeit. Geschmacksache

Sieh dir die Bilder und die Sätze unten an. Mach Dialoge mit einem Partner/ einer Partnerin.

Beispiel

A – Wie findest du die Kleider auf Bild 1?

B – Ich finde den Anzug doof. Der Hut ist auch blöd.

A – Ach. Der Anzug gefällt mir. Der Hut auch. Aber das Kleid ist zu lang.

Das Kleid gefällt mir	(nicht). (gut).

Ich finde			
	den	Hut Anzug	doof. blöd. super. altmodisch.
	die Hose		
	das Kleid		

Der Anzug Die Hose Das Kleid	ist	(viel) zu	pompös. lang. weit. kurz. eng.

Die Schuhe Stiefel	sind	toll. doof. lustig.

Die Farbe	gefällt mir	gut. nicht.
	ist zu	grell.

Die Weste Das Kostüm	ist	typisch siebziger Jahre. fantastisch. nicht sehr praktisch.

Lumpenball

Sieh dir das Bild an. Hör zu und lies die Sätze. Wer ist wer?

Beispiel
Marisa – 12

Marisa hat eine dunkelbraune Jacke, eine schwarze Hose, gelbe Socken und weiße Schuhe an.

Michael hat ein weißes Hemd, eine schwarze Weste und eine blaue Hose an.

Udo hat einen braunen Pullover, eine schwarz-weiß karierte Hose, einen schwarzen und einen weißen Schuh an.

Ina hat einen grauen Anzug, ein weißes Hemd und eine Fliege an.

Gabi hat einen orangenen Rock, eine graue Strumpfhose und einen Strohhut an.

Monika hat eine schwarze Jacke, ein weißes Hemd, eine schwarze Hose und ein rotes Halstuch an.

Paul hat eine graue Jacke, eine graue Hose, ein graues Hemd und einen bunten Schlips an.

Dieter hat einen grauen Regenmantel, eine grüne Hose und Holzschuhe an.

Birgit hat einen grünen Rock, eine braune Weste und einen langen gestreiften Schal an.

Klaus hat eine blaue Hose, ein schwarz-weißes Hemd und eine rote Weste an.

Und du? Was hast du an?

Tip des Tages

<table>
<tr><td rowspan="2">Was</td><td colspan="2">hast du</td><td rowspan="2">an?</td></tr>
<tr><td>hat</td><td>er
sie</td></tr>
</table>

<table>
<tr><td colspan="2" rowspan="2">Ich habe</td><td>einen</td><td>grauen
gelben</td><td>Anzug
Rock</td><td rowspan="3">an.</td></tr>
<tr><td>eine</td><td>schwarze
karierte</td><td>Weste
Hose</td></tr>
<tr><td>Er
Sie</td><td>hat</td><td>ein</td><td>weißes
braunes</td><td>Hemd
Halstuch</td></tr>
</table>

 Klamotten

Hör zu und sing mit.

Gummistiefel,
Ein dicker Schal.
Der alte Bauer
In seinem Tal.
Jedoch am Sonntag,
Derselbe Mann
Zieht für die Kirche
Den Anzug an.

Refrain:

Kleider machen Leute.
Stimmt es oder nicht?
Siehst du die Klamotten
Oder das Gesicht?
Gehst du mit der Mode?
Ist sie dir egal?
Es ist entweder oder;
Treffe deine Wahl.

Schicke Schuhe,
Enger Rock.
Die Sekretärin
Im zehnten Stock.
Und doch am Abend
Sieht sie zu Haus'
In Jeans und T-Shirt
Ganz anders aus.

Refrain

Markennamen,
Letzter Stil.
Das kostet alles
Viel zuviel.
Und doch die Clique,
Die sagt nicht nein.
Das muß man tragen,
Um cool zu sein.

Refrain

sb Selbstbedienung

Wieviel Taschengeld?

Sieh dir die Bilder an. Wer sagt was?

Beispiel

A *Susi*

A Ich kriege vierzig Mark im Monat.

B Ich bekomme fünfzig Mark im Monat.

C Ich kriege sechzig Mark im Monat.

D Ich bekomme zwanzig Mark die Woche.

E Ich bekomme zehn Mark die Woche.

Welcher Nebenjob ist das?

Sieh dir die Fotos an. Wo arbeiten sie?

Beispiel

1 *im Friseursalon*

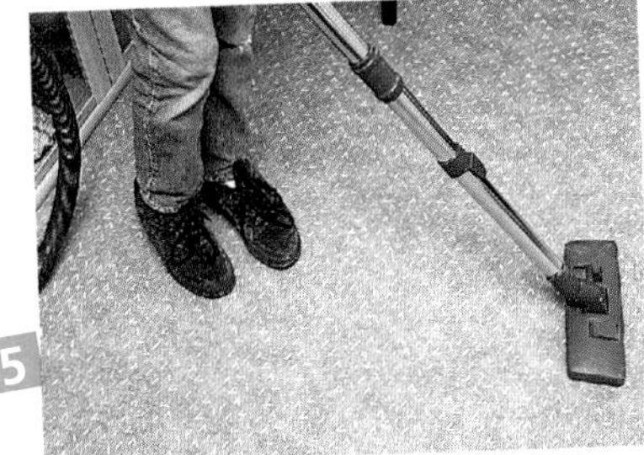

im Supermarkt auf der Straße im Friseursalon zu Hause im Garten im Café

So geht das Alphabet

Sieh dir die Kleidungsstücke an. Mach eine Liste in alphabetischer Reihenfolge.

Beispiel

Anzug, …

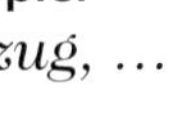

 Ich gebe mein Geld für Discos aus

Wie antworten diese Jugendlichen?

Beispiel

Sven: *Ich gebe mein Geld für Schulsachen und Discos aus.*

 Liebe Andrea!

Lies den Brief und die Sätze (rechts).

Liebe Andrea!
Wie geht's? Hoffentlich gut. Du wolltest wissen, wieviel Taschengeld ich bekomme. Ich hab's relativ gut. Ich kriege DM 50 die Woche, aber ich muß meine Kleidung selber kaufen, und auch wenn ich mir eine Kassette kaufe oder ins Kino gehe, muß ich alles selber bezahlen. Ich habe auch einen Nebenjob. Ich mache abends Babysitting für eine Nachbarin. Da verdiene ich auch DM 40 die Woche.
Wieviel Taschengeld kriegst Du? Hast Du auch einen Nebenjob?
Schreib bald.
Viele Grüße Maria

Richtig oder falsch?

1 Maria bekommt einen Brief von Andrea.
2 Maria ist mit ihrem Taschengeld zufrieden.
3 Sie hat viele Probleme mit Geld.
4 Maria hat keinen Nebenjob.
5 Sie interessiert sich für Filme.
6 Marias Mutter kauft ihre Kleidung für sie.
7 Maria arbeitet ziemlich weit von zu Hause.

 Worauf sparst du?

Wer spart auf was? Schreib die passenden Namen auf.

Beispiel

1 *Florian*

Von meinen 40 Mark pro Woche muß ich alle Schulsachen selber kaufen, und ich spare auch auf mein eigenes Musikinstrument.

Ute

Meine Schwester und ich sparen im Moment auf einen Computer. Mir hilft der in Informatik, und meine Schwester will Schach damit spielen.

Steffi

Ich spare im Moment auf ein ferngesteuertes Flugzeug. Das ist ziemlich teuer.

Martin

Zur Zeit spare ich auf einen guten Tischtennisschläger und dann auf eine größere Reise mit Freunden.

Florian

Ich spare mein Geld, das sind 50 Mark Taschengeld im Monat, für Klamotten.

Simon

Moni

Aber ich spare immer 'was für Weihnachts- und Geburtstagsgeschenke. Und manchmal spare ich, ohne zu wissen, was ich mit dem Geld machen will.

Wer spart auf…
1 Sportzeug?
2 Schulbücher?
3 Kleider?
4 eine Ferienreise?
5 viele Geschenke?
6 einen Computer?
7 eine Flöte?
8 ein Modellflugzeug?

Und du? Worauf sparst du?

sb Selbstbedienung

Dialoge im Modegeschäft

Sieh dir den Dialog an, und füll ihn mit den richtigen Wörtern aus.

A – Guten Tag. Kann ich Ihnen helfen?

B – Ja, ich suche .

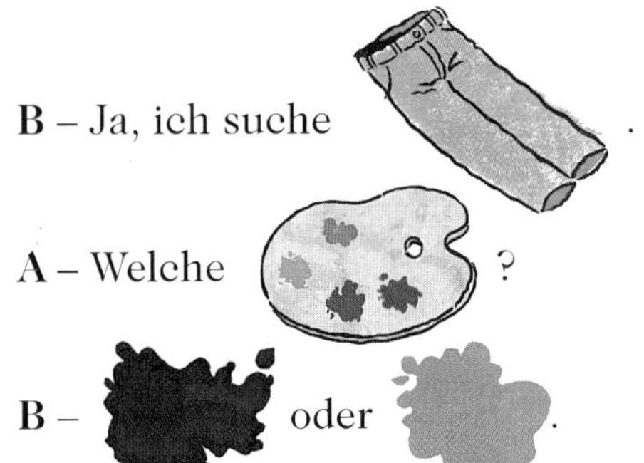

A – Welche ?

B – oder .

A – Hier, bitte schön.

B – Sieht gut aus. Was kostet der / die / das ?

A – Mark.

B – Nein, danke. Das ist ein bißchen zu .

Schreib jetzt drei andere Dialoge:

Nebenjobrätsel

Hier sprechen sechs junge Leute über ihren Nebenjob. Welche Nebenjobs haben sie?

Beispiel
1 *Babysitterin*

1 Ich bin zweimal abends beschäftigt. Der Job ist gut bezahlt, und ich kriege DM 8 die Stunde. Ich bin um 17 Uhr da, ich sitze und lese und mache Hausaufgaben. Das Haus ist meistens ruhig … die Kinder wachen selten auf.

2 Ich habe einen Nebenjob. Das mache ich dreimal in der Woche, und er dauert je eine Stunde. Ich kriege zwar viel Geld – aber es ist wirklich sehr langweilig. Ich muß alles erklären. Der Schüler ist sehr schlecht.

3 Meine Arbeit ist ziemlich hart. Ich muß jeden Morgen vor der Schule früh aufstehen. Ich habe sieben Straßen, in denen ich austragen muß … es ist kalt und dunkel. Das ist ziemlich langweilig.

4 Ich arbeite dreimal in der Woche. Es ist sehr schlecht bezahlt. Ich mag die Arbeit nicht. Ich mag das einfach nicht, fettige Haare zu waschen.

5 Ja, ich helfe einer alten Frau. Die ist über 70 Jahre alt. Sie kann kaum gehen. Darum gehe ich jeden Tag mit Max spazieren.

6 Am Wochenende helfe ich einem älteren Ehepaar. Die haben ein riesengroßes Haus mit einem großen Garten. Ich mähe den Rasen … ich kümmere mich um die Pflanzen …

Arbeitskleidung

Was sagen Frieda und Gerd über ihren Job und ihre Kleidung? Verdienen sie viel? Gefällt ihnen der Job? Schreib alles in dein Heft auf.

Ich bin Frieda Friseuse

Ich heiße Gerd Gärtner

1 Asking questions

Wieviel Taschengeld	kriegst bekommst	du?	*How much pocket money do you get?*		
Bist du damit zufrieden?			*Are you happy with that?*		
Hast du einen Was ist dein	Nebenjob?		*Have you got a* *What's your*	*part-time job?*	
Was	machst du gern? möchtest du machen?		*What*	*do you like doing?* *would you like to do?*	
Gefällt es dir? Wann arbeitest du? Wofür gibst du dein Geld aus? Worauf sparst du?			*Do you like it?* *When do you work?* *What do you spend your money on?* *What are you saving for?*		
Was soll ich anziehen? Wie findest du die Kleider?			*What should I wear?* *What do you think of the clothes?*		
Was	hast du hat er/sie	an?	*What*	*are you* *is he/she*	*wearing?*

2 Talking about pocket money

Ich	bekomme kriege	DM 20	die Woche. pro Woche.	*I get 20 Marks*	*a* *per*	*week.*
			im Monat.		*a*	*month.*
Ich bin	(absolut) nicht damit zufrieden. damit zufrieden.			*I'm*	*not (at all) happy with that.* *pleased with that.*	
Das ist viel / wenig. Das ist zu viel / zu wenig.				*That's a lot / not much.* *That's too much / too little.*		
Ich gebe mein Geld für	Sport das Kino	aus.		*I spend my money on*	*sport.* *the cinema.*	
Ich spare auf	einen Computer. eine Gitarre. ein Fahrrad.			*I'm saving for a*	*computer.* *guitar.* *bike.*	

3 Talking about part-time jobs

Ich	bin Babysitter(in). arbeite in einem Supermarkt. gebe Nachhilfestunden. helfe zu Hause. helfe im Garten. wasche Autos. putze Fenster. führe Hunde aus. trage Zeitungen aus.	*I*	*do babysitting.* *work in a supermarket.* *give private lessons.* *help at home.* *help in the garden.* *wash cars.* *clean windows.* *take dogs for walks.* *deliver newspapers.*
Ich möchte später Friseuse werden.		*Later I'd like to be a hairdresser.*	

4 Talking about clothes

Ich finde das T-Shirt super. Die Farbe gefällt mir (nicht).		*I think the T-shirt is great.* *I (don't) like the colour.*	
Ich habe einen grauen Anzug Sie hat eine karierte Hose Er hat ein weißes Hemd	an.	*I am wearing* *She is wearing* *He is wearing*	*a grey suit.* *checked trousers.* *a white shirt.*
Zu	lang. grell. weit. kurz. eng.	*Too*	*long.* *gaudy.* *large.* *short.* *tight.*

2 Los nach Deutschland!

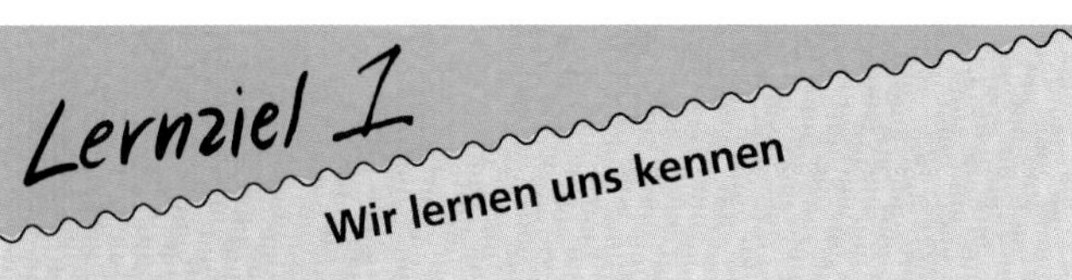
Lernziel 1
Wir lernen uns kennen

Austauschpartner

Diese drei Jugendlichen wollen einen Austausch machen. Lies die Formulare. Schlag unbekannte Wörter in der Wörterliste nach.

Englandaustausch

Name: *WINKLER*
Vorname: *STEPHANIE (STEFFI)*
Anschrift: *SCHILLERSTR. 2*
29229 CELLE
Tel: *0511 – 9 42 85*
Alter am 1. Juni: *15*

Englischkenntnisse: gut/~~befriedigend~~/~~weniger befriedigend~~*
Ist Ihre Tochter/~~Ihr Sohn~~ schon einmal in Großbritannien gewesen? Ja/~~Nein~~*
Wenn ja, bitte angeben:
Wann/Wo/Unterbringung/Zeitraum
LETZTEN SOMMER, LONDON, HOTEL, 4 TAGE
Interessen und Hobbys: *TENNIS, TISCHTENNIS, VOLLEYBALL, LESEN, MUSIK HÖREN, DISCOS*
Anzahl der Brüder: *0* Alter:
Anzahl der Schwestern: *0* Alter:
Wo liegt die ~~Wohnung~~/das Haus?* *2* km von der Schule
Wird Ihr Gast ein eigenes Zimmer haben? Ja/~~Nein~~*
Spricht außer der Schülerin/dem Schüler noch jemand in der Familie Englisch? Ja/~~Nein~~*
Falls ja, wer? *MUTTER* ~~fließend~~/~~ganz gut~~/ein wenig*
Hat Ihre Tochter/~~Ihr Sohn~~ Allergien? *NEIN*

*Nichtzutreffendes bitte ausstreichen

Englandaustausch

Name: *NOLTE*
Vorname: *ULRICH (ULI)*
Anschrift: *HEHLENWIESE 19*
29229 CELLE
Tel: *0511 – 38 17 47*
Alter am 1. Juni: *15*

Englischkenntnisse: gut/~~befriedigend~~/~~weniger befriedigend~~*
Ist ~~Ihre Tochter~~/Ihr Sohn schon einmal in Großbritannien gewesen? Ja/~~Nein~~*
Wenn ja, bitte angeben:
Wann/Wo/Unterbringung/Zeitraum
VOR 2 JAHREN, AUSTAUSCH, BEI FAMILIE, 14 TAGE
Interessen und Hobbys: *FOTOGRAFIE, HANDBALL, RADFAHREN, THEATER SPIELEN*
Anzahl der Brüder: *2* Alter: *12, 18*
Anzahl der Schwestern: *1* Alter: *13*
Wo liegt ~~die Wohnung~~/das Haus?* *8* km von der Schule
Wird Ihr Gast ein eigenes Zimmer haben? Ja/~~Nein~~*
Spricht außer der Schülerin/dem Schüler noch jemand in der Familie Englisch? Ja/~~Nein~~*
Falls ja, wer? *MUTTER, BRUDER* fließend/ganz gut/~~ein wenig~~*
Hat ~~Ihre Tochter~~/Ihr Sohn Allergien? *KATZEN*

*Nichtzutreffendes bitte ausstreichen

Englandaustausch

Name: *JUNG*
Vorname: *ANKE*
Anschrift: *ZIEGENBERGSTR. 11*
29223 CELLE
Tel: *0511 – 94 92 57*
Alter am 1. Juni: *14*

Englischkenntnisse: ~~gut~~/befriedigend/~~weniger befriedigend~~*
Ist Ihre Tochter/~~Ihr Sohn~~ schon einmal in Großbritannien gewesen? ~~Ja~~/Nein*
Wenn ja, bitte angeben:
Wann/Wo/Unterbringung/Zeitraum
Interessen und Hobbys: *FLÖTE SPIELEN, REITEN*
Anzahl der Brüder: *0* Alter:
Anzahl der Schwestern: *2* Alter: *9, 11*
Wo liegt die Wohnung/~~das Haus?~~* *5* km von der Schule
Wird Ihr Gast ein eigenes Zimmer haben? ~~Ja~~/Nein*
Spricht außer der Schülerin/dem Schüler noch jemand in der Familie Englisch? Ja/~~Nein~~*
Falls ja, wer? *VATER* ~~fließend~~/ganz gut/~~ein wenig~~*
Hat Ihre Tochter/~~Ihr Sohn~~ Allergien? *HEUSCHNUPFEN*

*Nichtzutreffendes bitte ausstreichen

Partnerarbeit

Partner(in) A stellt Fragen.
Partner(in) B beantwortet sie.

Beispiel

A – Wie alt ist Uli Nolte?
B – Er ist 15 Jahre alt.
A – Wie weit ist Steffis Haus von der Schule entfernt?
B – …

…r spricht?

H… …und lies die Sprechblasen. Wer sp… …li, Steffi oder Anke?

Be…

1 …

1 Ich war vor zwei Jahren bei einer Familie in Großbritannien.

2 Ich habe keine Geschwister.

3 Meine Schwester ist dreizehn Jahre alt.

4 Ich habe zwei Schwestern.

5 Ich habe keine Allergien.

6 Mein Vater spricht gut Englisch.

7 Ich bin allergisch gegen Katzen.

8 Ich wohne nicht weit von der Schule.

9 Ich wohne sehr weit von der Schule.

10 Ich bin vierzehn Jahre alt.

11 Ich habe viele Hobbys. Ich fahre gern Rad, und ich spiele gern Handball.

12 Ich war noch nicht in Großbritannien.

Partnerarbeit

Du möchtest einen Austausch machen. Mach ein Interview mit einem Partner/einer Partnerin. Schreib seine/ihre Antworten auf.

Beispiel

A – Wie heißt du?
B – Ich heiße Paul Baker.
A – Wie alt bist du?
B – …

Tip des Tages

Warst du schon einmal in		England? Deutschland?
Ja, vor	2 Jahren. 3 Monaten.	
Nein, noch nicht.		

Wie sind	deine Ankes	Deutschkenntnisse? Englischkenntnisse?
Sehr gut. Befriedigend.		

Wie weit ist	Ulis dein	Haus von der Schule entfernt?
Ein Zwei Drei	Kilometer.	

Briefwechsel

Kuldip und Anke sind Austauschpartnerinnen. Vor dem Austausch schreibt Kuldip einen Brief an Anke. Lies den Brief.

Liebe Anke!

Ich bin Deine britische Partnerin. Ich heiße Kuldip, und ich bin sechzehn Jahre alt. Ich habe zwei Brüder und eine Schwester. Meine Brüder sind Zwillinge, und sie sind zwei Jahre älter als ich. Meine Schwester ist acht Jahre alt.

Ich lerne seit drei Jahren Deutsch. Deutsch und Physik sind meine Lieblingsfächer in der Schule. Meine Hobbys sind Malen und Zeichnen.

Ich spiele auch Blockflöte, und ich höre sehr gern Popmusik. Was für Musik hörst Du gern? Was ist Deine Lieblingsgruppe?

Wir wohnen in einem Stadtviertel von London. Unser Haus ist ziemlich klein, aber wir haben einen großen Garten, und nebenan ist ein Park.

Wir haben einen großen Hund. Er heißt Mutt und ist sehr freundlich.

Partnerarbeit. Lauter Fragen

Anke liest den Brief, und ihre Eltern stellen Fragen über Kuldip. Wie antwortet Anke? Partner(in) A stellt die Fragen. Partner(in) B beantwortet sie.

1 Wie heißt sie denn?

2 Ist sie auch fünfzehn?

3 Hat sie Geschwister?

4 Wo wohnt sie?

5 Wie ist ihr Haus?

6 Hat sie dieselben Hobbys wie du?

7 Kann sie gut Deutsch?

8 Hat sie ein Haustier?

Mehr über Anke

Hier lernen wir Anke besser kennen. Lies den Text und sieh dir die Fotos an. Das sind Ankes Lehrer, Freunde, Eltern und Geschwister. Wer sagt was über sie?

Beispiel
1 *D*

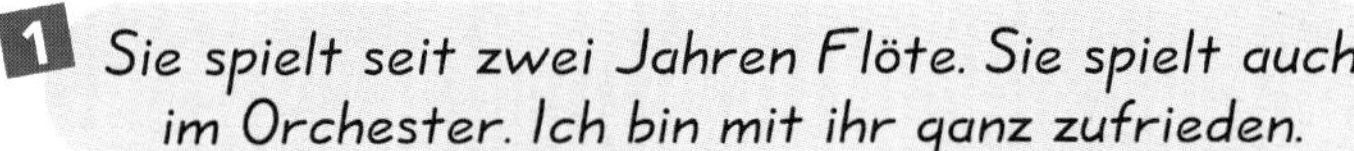

1 Sie spielt seit zwei Jahren Flöte. Sie spielt auch im Orchester. Ich bin mit ihr ganz zufrieden.

A

Andrea
Ankes neunjährige Schwester

B

Dorit und Tanja
Ankes Freundinnen

C

Herr Tank
Ankes Englischlehrer

D

Frau Timm
Ankes Musiklehrerin

E

Alwin und Monika
Ankes Eltern

F

Herr Ziegert
Ankes Reitlehrer

G

Frau Stegemann
Ankes Klassenlehrerin

2 Sie spricht sehr gut Englisch. Beim Schreiben macht sie aber immer noch viele Fehler.

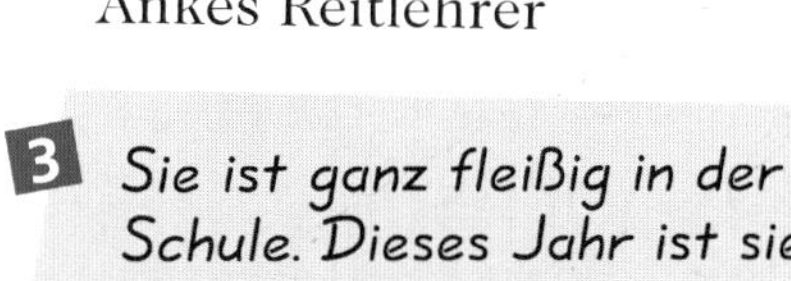

3 Sie ist ganz fleißig in der Schule. Dieses Jahr ist sie Klassensprecherin.

4 Die ist immer sehr witzig und unternehmungslustig.

5 Ich finde sie ganz sympathisch. Sie kommt zweimal in der Woche zur Reitstunde.

6 Sie ist nett, aber sie hat nicht immer Zeit für mich.

7 Sie hilft sehr viel zu Hause.

Die Lösung ist auf Kassette – hör gut zu.

Partnerarbeit

A – Wer bin ich? ‚Sie hat nicht immer Zeit für mich.'
B – Ankes Schwester.
A – Richtig.

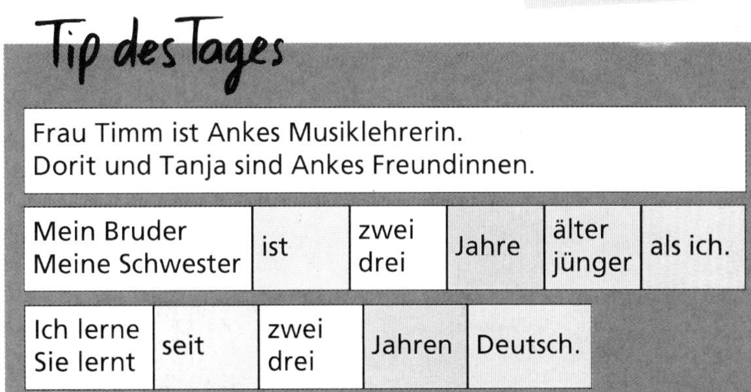

Tip des Tages

Frau Timm ist Ankes Musiklehrerin.
Dorit und Tanja sind Ankes Freundinnen.

Mein Bruder Meine Schwester	ist	zwei drei	Jahre	älter jünger	als ich.

Ich lerne Sie lernt	seit	zwei drei	Jahren	Deutsch.

Bausteine

Kannst du Wörter bauen?

Beispiel

1 Haus + tier

= *Haustier*

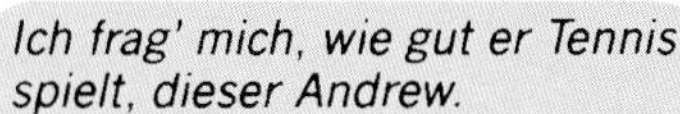

Steffi und Freunde

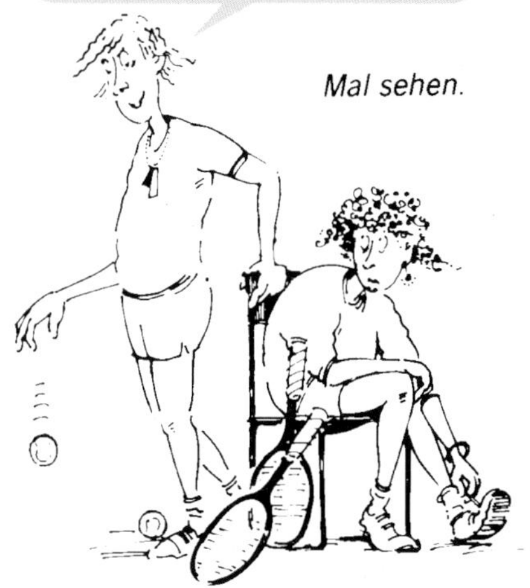

Ich frag' mich, wie gut er Tennis spielt, dieser Andrew.
Mal sehen.

Ich frag' mich, ob er sich wirklich gut mit Computern auskennt.
Ach, nicht schon wieder dieser Andrew!

Ich frag' mich, ob er Kassetten mitbringt ...
He, du hoffst wohl auf diesen Austausch, oder?

Ich frag' mich, ob der gut aussieht.
Wer?
Na, der Andrew natürlich.

Ich bin nicht sicher, ob dieser Austausch eine gute Idee ist.

Ankes Zimmer

Sieh dir Ankes Zimmer an. Was für ein Mädchen ist sie?
Benutze die Sätze unten, wenn du willst.

	ordentlich fleißig sympathisch modisch musikalisch unordentlich faul
Sie ist	altmodisch langweilig künstlerisch frühreif nett humorvoll kindisch .
	intelligent witzig kreativ sportlich interessant unternehmungslustig

Ihre Lieblingsfarbe ist gelb braun blau rosa schwarz grün .

Sie interessiert sich für Mathe Sport Kleider Tiere Mode Musik Computer .

Sie spielt Flöte Fußball Gitarre Golf mit dem Computer .

Sie liest sammelt arbeitet kauft viel.

Sie hat viele Bücher Poster Plüschtiere Kleider CDs Sticker Zeitschriften Mützen .

Was weißt du noch über Anke?

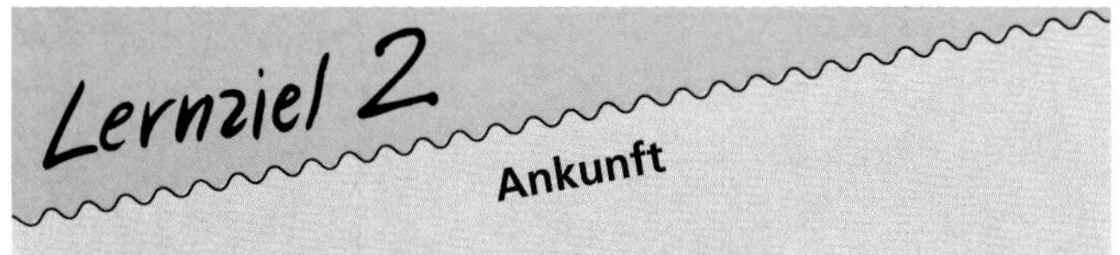

Kuldip kommt an

Hör gut zu und lies die Fotostory.

Kuldip
Anke
Hallo. Kuldip hier.
Hallo Kuldip … wie geht's?
Gut, danke.
Wann kommst du an?
Am zwanzigsten Juni … um vier Uhr nachmittags.
Fantastisch! Wir holen dich am Flughafen ab. Wie ist die Flugnummer?
Moment … LH 107.

Lufthansa
Herzlich willkommen an Bord dieser Lufthansamaschine nach Hannover. Wir bitten alle Passagiere, sich anzuschnallen.

Hier spricht der Flugkapitän. Wir fliegen in 10 000 Meter Höhe. Das Wetter in Hannover ist gut. Fünfzehn Grad. Die Sonne scheint.

Wir setzen zur Landung an. Ich bitte Sie, den Gurt anzulegen.

Kuldip?
Ja, Anke?
Hallo! Wie geht's?
Fein, danke.

Komm, gib mir deinen Koffer.
Oh, danke.
Komm. Meine ganze Familie ist da.

So, Kuldip, das ist meine Mutter.
Hallo Kuldip.
Und mein Vater.
Willkommen in Hannover.
Danke.

Das sind meine Schwestern Andrea und Christina.
Hallo.
Hallo.

Anke, gib mir Kuldips Koffer.
Wie war der Flug?
Ganz gut.
Kommt. Wir gehen zum Auto.

Bist du hungrig?
Nein, ich habe im Flugzeug gegessen.
Ach, die Christina ist immer hungrig!
Ich aber!

So, hier ist das Auto.

 Hallo! Peter hier

Sieh dir die Landkarte an. Hör gut zu und lies die Dialoge. Zu welcher Reise passen die Dialoge?

Beispiel
1 *B*

1
– Hagen.
– Hallo! Peter hier.
– Hallo Peter. Wie geht's?
– Ganz gut, danke. Ich habe jetzt meinen Flug gebucht.
– Toll. Wann kommst du zu uns?
– Am 12ten Juli. Die Maschine landet in Frankfurt um 10 Uhr morgens.
– Augenblick. Ich schreibe das auf. Also, 10 Uhr am 12ten Juli Flughafen Frankfurt. Super. Wir holen dich am Flughafen ab.
– OK. Bis dann. Tschüs.
– Tschüs.

2
– Mayer.
– Kann ich bitte Mareike sprechen? Rosaria hier.
– Ja, natürlich ... Mareike! Rosaria ist am Apparat. Schnell! ...
– Hallo Rosaria. Wie geht's?
– Gut, danke.
– Wann kommst du zu uns?
– Am zehnten August. Also nächsten Donnerstag. Ich fahre mit dem Intercity von Mailand direkt nach München.
– Und wann kommt der Zug an? ... Weißt du das schon?
– Ja, um 17.30 Uhr.
– Gut. Dann holen wir dich um 17.30 Uhr vom Bahnhof ab.
– Wirklich?! Oh, das ist nett. Also, ich muß jetzt gehen. Bis bald ... Tschüs.

3
– Hallo Tobias. Wie geht's?
– Gut, danke. Kommst du immer noch zu uns?
– Ja, ich komme mit der Fähre von Harwich nach Hamburg.
– Wann denn?
– Am zweiten August um elf Uhr morgens. Kannst du mich abholen?
– Ja, natürlich.

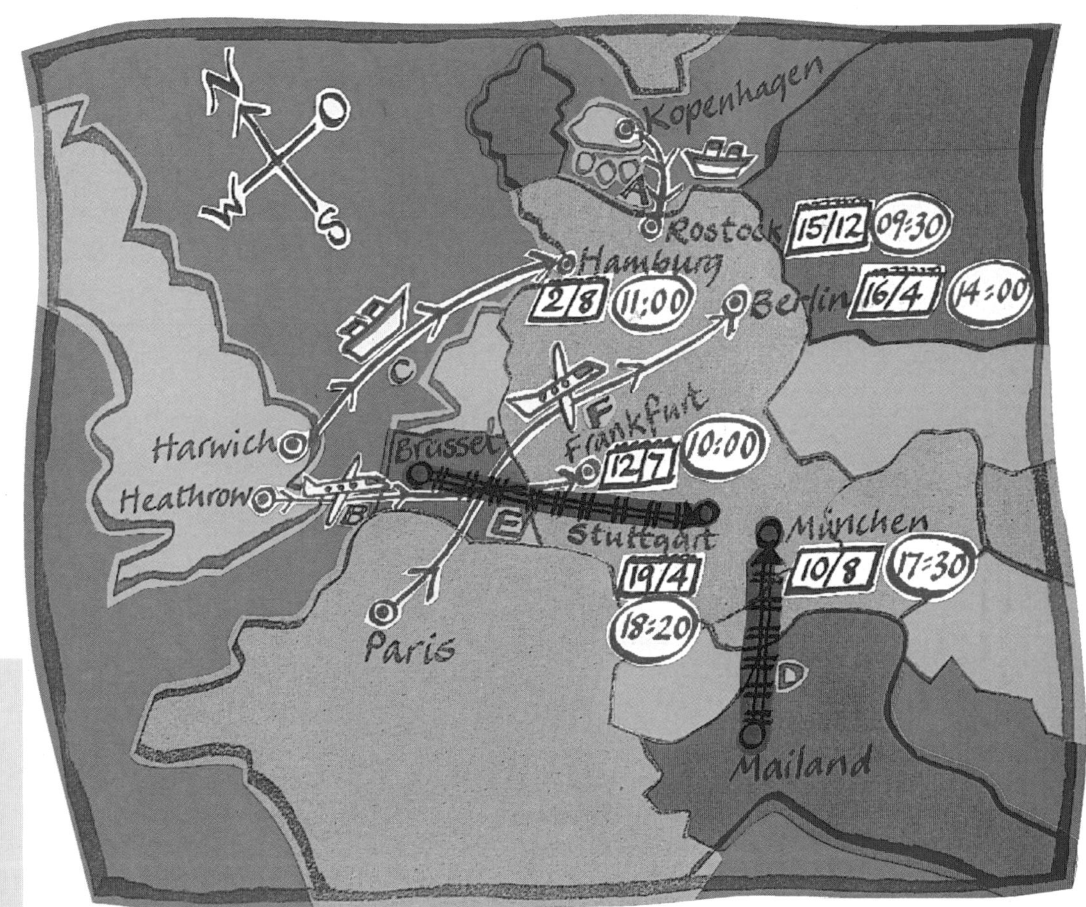

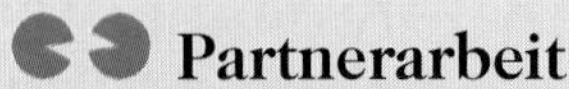 Partnerarbeit

Mit einem Partner/ einer Partnerin erfinde jetzt Telefongespräche, die zu den anderen Reisen passen.

Partnerarbeit. Wie war die Reise?

Arbeite mit einem Partner/einer Partnerin. Beschreib die Reisen.

Beispiel

1 ☺ Bus (20 Min.) ⟶ **Hamburg** Zug (4 Std.) ⟶ **Frankfurt**

Die Reise war gut. Wir sind zwanzig Minuten mit dem Bus nach Hamburg gefahren, und dann sind wir vier Stunden mit dem Zug weiter nach Frankfurt gefahren. Wir haben Karten gespielt, und ich habe einen Hamburger gegessen.

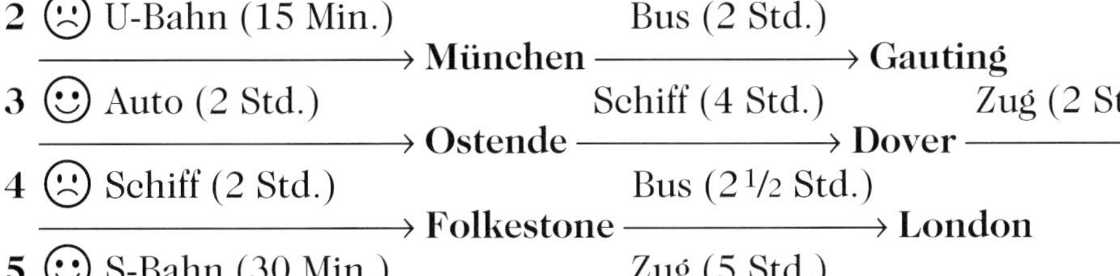

2 ☹ U-Bahn (15 Min.) ⟶ **München** Bus (2 Std.) ⟶ **Gauting**

3 ☺ Auto (2 Std.) ⟶ **Ostende** Schiff (4 Std.) ⟶ **Dover** Zug (2 Std.) ⟶ **London**

4 ☹ Schiff (2 Std.) ⟶ **Folkestone** Bus (2 1/2 Std.) ⟶ **London**

5 ☺ S-Bahn (30 Min.) ⟶ **Hamburg** Zug (5 Std.) ⟶ **Frankfurt**

6 ☹ Schiff (19 Std.) ⟶ **Harwich** Zug (5 Std.) ⟶ **Birmingham**

☹ = nicht gut, fürchterlich, furchtbar, mies

☺ = gut, fantastisch, toll, Spitze

Zu spät!

Hör zu und lies das Gedicht.

Ich sollte nach Portugal fliegen.
Ich bin eingeladen, als Gast.
Ich wäre schon da, aber leider
Hab' ich das Flugzeug verpaßt.

Ich habe mein Sonnenöl bereit.
Wie schade! Es hat keinen Zweck.
Ich wollte nach Helgoland fahren,
Aber das Schiff ist schon weg.

Dreizehn Uhr dreißig am Bahnhof.
Kein Zug ist zu sehen – na klar!
Die Fahrkarte ist für Italien.
Der Zug ist wahrscheinlich schon da.

Vielleicht werd' ich jemanden treffen –
Jemanden, der mich versteht.
Ich reise so gerne – nur leider
Komme ich immer zu spät!

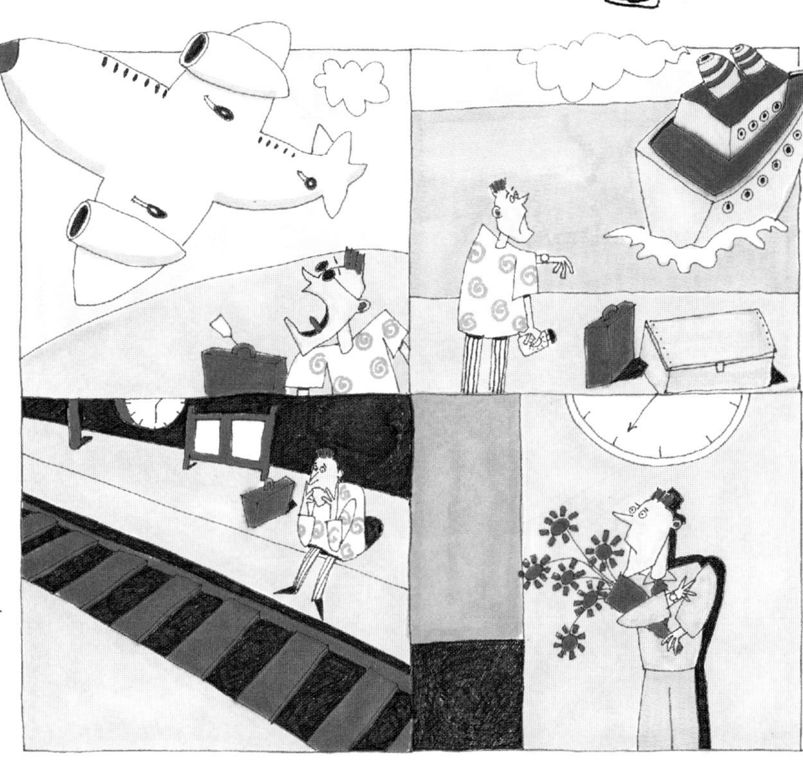

Tip des Tages

Ich bin Wir sind	fünfzehn Minuten zwei Stunden zweieinhalb Stunden	mit	dem	Bus Zug	gefahren.
			der	U-Bahn	

Ich habe Wir haben	einen Hamburger gegessen.
	eine Cola getrunken.
	ein Buch gelesen.
	Karten gespielt.

sb Selbstbedienung

Was machst du in deiner Freizeit?

Wie antworten diese Jugendlichen?

Beispiel

Danielle sagt: Ich spiele gern Fußball und fahre gern Rad.

Danielle

Ich spiele gern Fußball.
Ich schwimme gern.
Ich koche gern.
Ich höre gern Musik.
Ich sehe gern fern.
Ich lese gern.
Ich fahre gern Rad.
Ich tanze gern.
Ich spiele gern Flöte.
Ich spiele gern Tischtennis.

Kati

Fragen und Antworten

Was gehört zusammen? Schreib die Frage und die Antwort auf.

Beispiel

– Wie heißt du?
– Steffi.

Kannst du einen Satz bilden?

Sieh dir die Sätze an, und schreib sie in der richtigen Reihenfolge auf.

1	Stunden	Wir	mit	gefahren.	Zug	sind	zwei	dem
2	Deutschland.	einmal	war	schon	Ich	in		
3	seit	Deutsch.	Ich	Jahren	lerne	zwei		

Was paßt nicht?

Welches Wort oder welcher Satz paßt nicht zu den anderen?

Beispiel
1 *D*

	A	B	C	D
1	**A** nett	**B** fleißig	**C** lustig	**D** spielt
2	**A** Bruder	**B** Schwester	**C** Großmutter	**D** Mutter
3	**A** Englisch	**B** Hausaufgabe	**C** Technik	**D** Religion
4	**A** Ich trage Zeitungen aus.	**B** Ich wasche Autos.	**C** Ich treffe mich mit meinen Freunden.	**D** Ich bin Babysitter/in.
5	**A** Wir holen dich am Flughafen ab.	**B** Hier spricht der Flugkapitän.	**C** Wir bitten alle Passagiere, sich anzuschnallen.	**D** Herzlich willkommen an Bord!
6	**A** Reiten	**B** Skifahren	**C** Fußball spielen	**D** Schach spielen

Hobbyfelder

Sieh dir das Diagramm an. Stimmt das oder nicht?

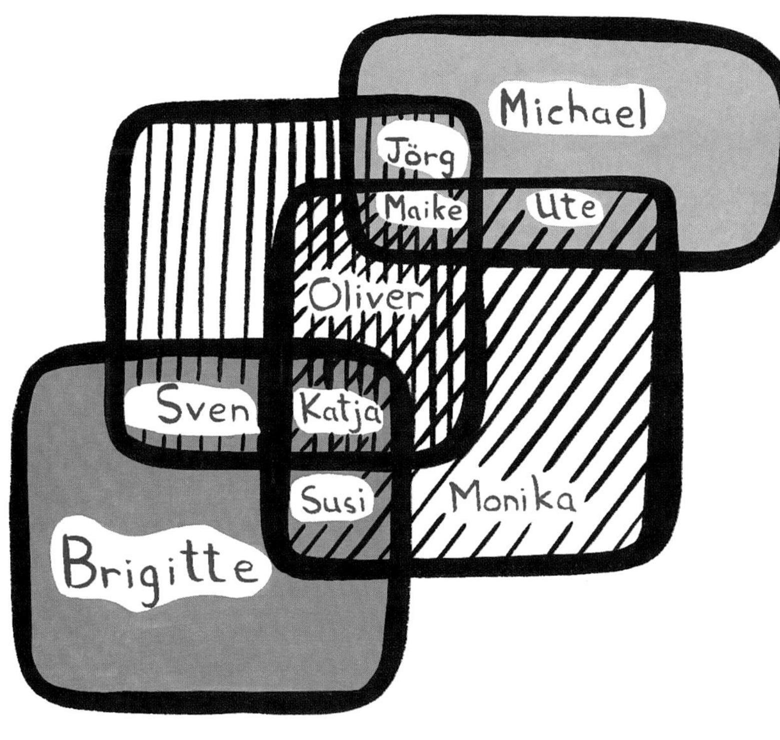

Beispiel
1 *Das stimmt.*

1 Sven sieht gern fern und schwimmt gern.
2 Ute spielt gern Fußball und hört gern Musik.
3 Brigitte hört nur gern Musik.
4 Jörg schwimmt gern, hört gern Musik und spielt gern Fußball.

Und was machen die anderen gern?

5 Monika?
6 Oliver?
7 Maike?
8 Michael?
9 Susi?
10 Katja?

Schlüssel

 schwimmt gern

 spielt gern Fußball

 sieht gern fern

 hört gern Musik

Chaotisches Telefonat

Schreib den Dialog in der richtigen Reihenfolge auf. Fang mit ‚Schmidt' an.

- Toll.
- Auch gut.
- Schmidt.
- Hallo Karin. Wie geht's?
- Hallo Frau Schmidt. Michi hier. Kann ich bitte Karin sprechen?
- Wann kommst du zu uns?
- Ja, natürlich … Karin, komm schnell … das ist für dich!
- Gut, danke. Und dir?
- Nächsten Dienstag.

sb Selbstbedienung

Lieber Herr Fletcher!

Lies diesen Brief und beantworte die Fragen.

Raphael Scherling
Hermannstraße 15
33428 Harsewinkel

Lieber Herr Fletcher!

Ich bin ein 15jähriger Schüler vom Max-Planck-Gymnasium in Gütersloh und hätte gern einen amerikanischen Brieffreund.

Ich bin in der 9. Klasse. Meine Lieblingsfächer sind Geschichte und Erdkunde. Meine Hobbys sind: Popmusik, Sport (Fußball, Skifahren, Squash) und in die Disco gehen. Ich war noch nie in Amerika – würde aber gerne mal dorthin fahren!

Ich wohne nicht direkt in der Stadt, sondern in einem Dorf in der Umgebung. Mein Vater ist Mechaniker, und meine Mutter hat eine Halbtagsstelle als Zahnartzthelferin. Ich habe zwei Brüder: Erich ist schon Student, aber Thomas geht noch zur Schule – er ist zwei Jahre jünger als ich. Wenn jemand aus Ihrer Schule mir gerne schreiben würde, finden Sie meine Adresse oben.

Ich hoffe auf eine baldige Antwort.

Mit freundlichem Gruß,

Raphael Scherling

1 Wie alt ist Raphael?
2 Was sucht er?
3 In welcher Klasse ist er?
4 Welche Sportarten treibt er gern?
5 Wie oft war er schon in Amerika?
6 Wo wohnt er?
7 Was ist sein Vater von Beruf?
8 Wie alt ist sein Bruder Thomas?

Ausschnitte

Nick und Volker sind Brieffreunde. Lies die Ausschnitte aus ihren Briefen, und sieh dir die Sätze unten an. Ist das richtig oder falsch?

1

Lieber Volker!
Ich bin Dein australischer Brieffreund. Ich heiße Nick Perry und bin 13 Jahre alt. Ich habe zwei Brüder, Sean und Robin, 12 und 15 Jahre alt. Deutsch und Physik sind meine Lieblingsfächer in der Schule. Was sind Deine Lieblingsfächer? Hast du auch Geschwister? Und was sind Deine Hobbys? Meine sind

2

Lieber Nick!
Ich habe mich sehr über Deinen Brief gefreut. Es ist gut, daß Du Dich für Computer interessierst. Ich verbringe nämlich auch viel Zeit damit. Schreibst Du auch Deine eigenen Programme? Vielleicht schreibe ich Dir nächstes Mal mit dem Computer. Aber jetzt erzähle ich Dir etwas über meine Familie. Ich bin ein Einzelkind

3

Lieber Volker!
Vielen Dank für Deinen Brief und auch für die Fotos. Dein Haus sieht sehr schön aus! Unser Haus ist nicht so schön, aber wir haben einen großen Garten, und nebenan ist ein Park. Ja, wir haben auch einen Hund, aber er ist nicht so alt wie Deiner! Er heißt

4

Da die Schule um ein Uhr aus ist, mache ich meine Hausaufgaben meistens nachmittags, um dann den Abend frei zu haben. Das Wetter hier ist kalt und stürmisch – gar nicht schön für Juni. Hoffentlich wird es bald besser, denn wir warten schon aufs Wochenende: 7 Wochen Ferien. Um noch mal auf Deine Fragen zurückzukommen: Ich

5

Brief hat mich am 10. August erreicht – am 12. war mein Geburtstag! Wir sind nach Sydney gefahren und sind am Abend zu einem neuen Film gegangen. Am Nachmittag bin ich einkaufen gegangen – siehst Du an meinem Brief, was ich mir gekauft habe?!

6

zu tun. Wie ich gut sehen konnte, hast Du einen neuen Drucker, der übrigens ein sehr gutes Schriftbild hat. Momentan habe ich Probleme mit meinem.
Wir freuen uns alle auf Deinen nächsten Brief. Schreib bald!
Dein Volker

Richtig oder falsch?

1 Volker hat zuerst an Nick geschrieben.
2 Volker hat keine Geschwister.
3 Nick hat kein Haustier.
4 Seit dem dritten Brief schreiben sie sich immer mit dem Computer.
5 Nick findet sein eigenes Haus schöner als Volkers.
6 Ende Juni war das Wetter bei Volker sehr schlecht.
7 Nick hat sich zu seinem Geburtstag etwas für seinen Computer gekauft.
8 An seinem Geburtstag ist Nick ins Kino gegangen.

1 Asking questions

Warst du schon einmal in Deutschland? Wie sind deine Deutschkenntnisse? Was sind deine Lieblingsfächer? Was ist deine Lieblingsgruppe? Ist Kuldip auch fünfzehn? Hat sie dieselben Hobbys wie du? Was machst du in deiner Freizeit? Wann kommst du zu uns?		*Have you been to Germany before?* *How good is your German?* *What are your favourite subjects?* *What's your favourite group?* *Is Kuldip fifteen as well?* *Has she got the same hobbies as you?* *What do you do in your spare time?* *When are you coming to us?*	
Wie war	der Flug? die Reise?	*How was the*	*flight?* *journey?*

2 Comparing ages

Mein Bruder Meine Schwester	ist 2 Jahre	älter jünger	als ich.	*My brother* *My sister*	*is 2 years*	*older* *younger*	*than me.*

3 Talking about how long you've been doing something

Vor	zwei Jahren. drei Monaten.		*Two years ago.* *Three months ago.*		
Ich lerne seit	einem Jahr zwei Jahren	Deutsch. Flöte.	*I've been learning*	*German* *the flute*	*for one year.* *for two years.*

4 Commenting on a journey

Der Flug Die Reise	war	(sehr) gut. nicht gut. fantastisch. furchtbar.		*The flight* *The journey*	*was*	*(very) good.* *not good.* *fantastic.* *terrible.*	
Ich habe im Flugzeug gegessen.				*I ate in the plane.*			
Ich bin Wir sind	zwei Stunden mit dem	Bus Zug Schiff	gefahren.	*I* *We*	*travelled*	*two hours by*	*bus.* *train.* *boat.*
Wir sind dann drei Stunden mit dem Bus weiter nach München gefahren.				*Then we travelled for three hours by bus to Munich.*			
Ich habe Wir haben	einen Hamburger gegessen. eine Cola getrunken. ein Buch gelesen. Karten gespielt.			*I* *We*	*ate a hamburger.* *drank cola.* *read a book.* *played cards.*		

Neue Mode!

Ich

Heute haben mich meine Eltern
neu eingekleidet.
Neues Hemd.
Neuer Pulli.
Neue Jacke.
Neue Hose.
Neue Schuhe.

Meine Mutter
und die Verkäuferinnen
haben immer gesagt,
alles passe gut zusammen –
und zu mir.
Aber,
wenn ich die neuen Sachen trage,
ist mir ganz komisch.
Ich weiß gar nicht mehr,
ob ich noch ich bin.

Manfred Mai

Familienrätsel

Wer sind die Großeltern?

Legende:

- ● ist der Bruder von
- ■ ist die Mutter von
- ▼ ist der Vater von
- ◆ ist die Schwester von

Gisela	■	Jörg
Heike	◆	Jörg
Heinz	▼	Heike
Alwin	▼	Claudia
Florian	●	Bettina
Jörg	●	Alwin

Lösung unten

Namenhitparade

Vor 80 Jahren waren diese Vornamen am populärsten:

Mädchen	Jungen
Anna	Adolf
Charlotte	Erich
Else	Franz
Erna	Friedrich
Frieda	Hans
Gertrud	Heinrich
Hedwig	Max
Margarethe	Otto

Vor 40 Jahren:

Bärbel	Gerhard
Gisela	Helmut
Hannelore	Horst
Helga	Jörg
Ilse	Klaus
Ingrid	Reiner
Renate	Siegfried
Ursel	Wolfgang

Heute sind diese Namen populär:

Alexandra	Andreas
Andrea	Dirk
Brigitte	Florian
Heike	Markus
Kerstin	Michael
Nicole	Oliver

Wie wäre es mit einer Namenhitparade bei dir?

Frankfurt-Nîmes-Austausch

Seit mehr als einem Jahr sind zwanzig Schüler und Schülerinnen einer Frankfurter Gesamtschule mit Schülern in Südfrankreich befreundet. Zuerst haben sie nur Briefe geschrieben. Dann sind die französichen Schüler nach Frankfurt zu Besuch gekommen. Dann sind die Frankfurter Schüler nach Nîmes gefahren. Eine Woche lang haben sie bei den Familien ihrer Austauschpartner gelebt.

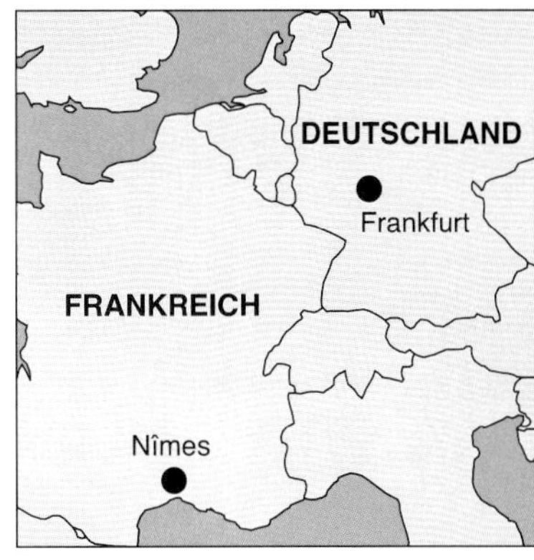

Hier berichten einige deutsche Schüler über ihre Erfahrungen in Nîmes.

Petra
Meine Gastfamilie hat mich sehr verwöhnt. Ich habe unheimlich viel zu essen bekommen. Wir waren viel unterwegs. Mir hat das alles gut gefallen.

Tim
Alles war super. Meine Gastfamilie, meine Brieffreundin und die Freizeit in Nîmes. Meine Gastfamilie hat mich wie ein richtiges Familienmitglied aufgenommen. Wir haben oft zusammengesessen. Wir haben über Deutschland gesprochen oder Karten gespielt. Abends sind wir lange ausgegangen. Da gibt es viele Discos, die viel kleiner und netter sind als die in Deutschland.

Tanja
Nîmes hat mir sehr gut gefallen. Da gibt es schöne alte Häuser und große Parks. Auch in die Kneipen bin ich gern gegangen. Als Souvenir habe ich ein T-Shirt und Jeans gekauft.

Marion
Abends bin ich mit meinen französischen Freunden durch die Stadt gegangen. In den Discos haben wir auch andere Leute kennengelernt. Wir haben mit anderen Jugendlichen Adressen ausgetauscht. Sie haben meine Freunde und mich immer eingeladen. Nîmes ist eine tolle Stadt. Ich würde gerne noch einmal auf Urlaub dorthin fahren.

Lösung: Gisela, Heinz

Lernziel 1
Bei der Gastfamilie

Daheim!

Hör zu und lies die Fotostory.

So, nun sind wir daheim.
Ja, gut. Die Wohnung ist schön.

Ich habe eine Kleinigkeit für Sie.
Oh, das ist aber lieb.
Komm mit, Kuldip. Ich zeig' dir, wo alles ist.

Also, links, siehst du, ist gleich die Küche.
Dann hier ist das Wohnzimmer …

… und hier die Toilette.
Die Schlafzimmer sind alle hier …

… und daneben das Badezimmer mit Dusche.

Du schläfst hier.
Schön.

Kommt, wir essen gleich.
Danke.

So. Guten Appetit.
Danke, gleichfalls.
Danke.

Was möchtest du trinken? Tee? Cola? Orangensaft?
Ich glaube, ich trinke lieber Orangensaft.

Brot, Kuldip?
Danke.
Und da ist auch Käse, Schinken, Aufschnitt.

Mmm, das schmeckt aber gut. Wie heißt das?
Bierwurst heißt das.

Na, Kuldip, was möchtest du noch?
Reichen Sie mir bitte die Butter?
Natürlich.

Kuldip, möchtest du noch etwas Kartoffelsalat?
Danke, das reicht.

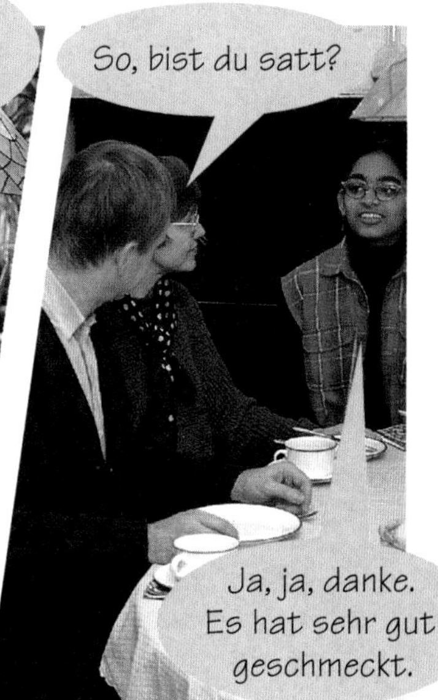
So, bist du satt?
Ja, ja, danke. Es hat sehr gut geschmeckt.

Wie würdest du antworten?

Stell dir vor, du bist bei deiner Gastfamilie in Deutschland zu Tisch. Wie würdest du Folgendes beantworten?

Beispiel
– Guten Appetit.
– Danke, gleichfalls.

Guten Appetit!

Was möchtest du trinken?

Was möchtest du noch?

Schmeckt dir der Käse?

Möchtest du noch etwas Aufschnitt?

Bist du satt?

Kartoffelsalat/Aufschnitt, bitte.

Ja, danke. (Es hat sehr gut geschmeckt.)

Ja, sehr gut.

Danke, gleichfalls.

Tee/Limo(nade)/Orangensaft, bitte.

Ja, gerne.

Partnerarbeit

Mach Dialoge am Tisch mit deinem Partner/deiner Partnerin. Ersetz die blaugedruckten Wörter.

A – Guten Appetit.
B – Danke, gleichfalls.
A – Was möchtest du trinken?
B – Cola, bitte.
A – Bedien dich.
B – Danke schön.
A – Noch etwas Kartoffelsalat?
B – Ja, gerne.
(15 Minuten später)
A – Noch etwas Käse?
B – Danke, das reicht.
A – Bist du satt?
B – Ja, danke. Es hat sehr gut geschmeckt.

Tip des Tages

Guten Appetit! Danke, gleichfalls.		
Was	möchtest du möchten Sie	trinken? essen? noch?
(Ich trinke lieber)	Cola, Orangensaft, Limonade,	bitte.
Noch etwas	Kartoffelsalat? Käse? Aufschnitt? Brot?	
Ja, gerne. Danke, das reicht.		
Bedien dich.		
Bitte schön. Danke schön.		
Reichst du Gibst du Reichen Sie Geben Sie	mir bitte	den Aufschnitt? die Butter? das Brot? die Tomaten?
Bist du satt?		
Ja, danke. Es hat sehr gut geschmeckt.		

Rätsel – am Tisch

Die Familie Jung und Kuldip sind am Tisch. Lies die Sprechblasen. Wer sitzt wo?

Beispiel
Christina **D**

Vati, reichst du mir bitte den Aufschnitt?

Christina

Nimm noch Brot, Kuldip.

Darf ich noch Kartoffelsalat nehmen?

Frau Jung

Anke

Christina

Christina

Möchtest du Limonade, Kuldip?

Anke, reichst du mir bitte die Limonade?

Herr Jung

Andrea

Noch Käse, Kuldip? Ja, bedien dich.

Schenkst du mir bitte noch Apfelsaft ein, Mutti?

Frau Jung

Frau Jung

Reichst du mir bitte die Butter, Christina?

Andrea, gibst du mir bitte die Tomaten?

Andrea

Alwin, ist noch Tee in der Kanne?

Gruppenarbeit

Jetzt bist du dran. Mach denselben Dialog am Tisch mit fünf Partnern.

Soll ich etwas tun?

Sieh dir die Bilder an und hör gut zu.
Diese Leute helfen zu Hause. Welches Bild ist das?
Was sagen sie?

Beispiel
1 *B*

Partnerarbeit

Du hilfst zu Hause. Sieh dir die Bilder an und mach Dialoge.

Beispiel
A – Soll ich etwas tun?
B – Ja, könntest du bitte die Spülmaschine ausräumen?
A – Ja, sicher. Mache ich sofort.

Tip des Tages

<table>
<tr><td>Darf
Kann
Soll</td><td>ich</td><td colspan="2">helfen?
etwas tun?
abspülen?
das Licht ausmachen?</td></tr>
<tr><td colspan="2" rowspan="2">(Ja.) Könntest du</td><td>den Tisch</td><td>decken?
abräumen?
abwischen?</td></tr>
<tr><td colspan="2">die Spülmaschine ausräumen?</td></tr>
</table>

Ja, sicher. OK.	Mache ich sofort.
(Nein, danke.)	Das ist nicht nötig. (Wir haben eine Spülmaschine.)

Wo kommt das hin?

Sieh dir das Bild an. Kannst du die Spülmaschine ausräumen? Wo kommt das alles hin?

Beispiel

Das Besteck kommt in die Schublade.

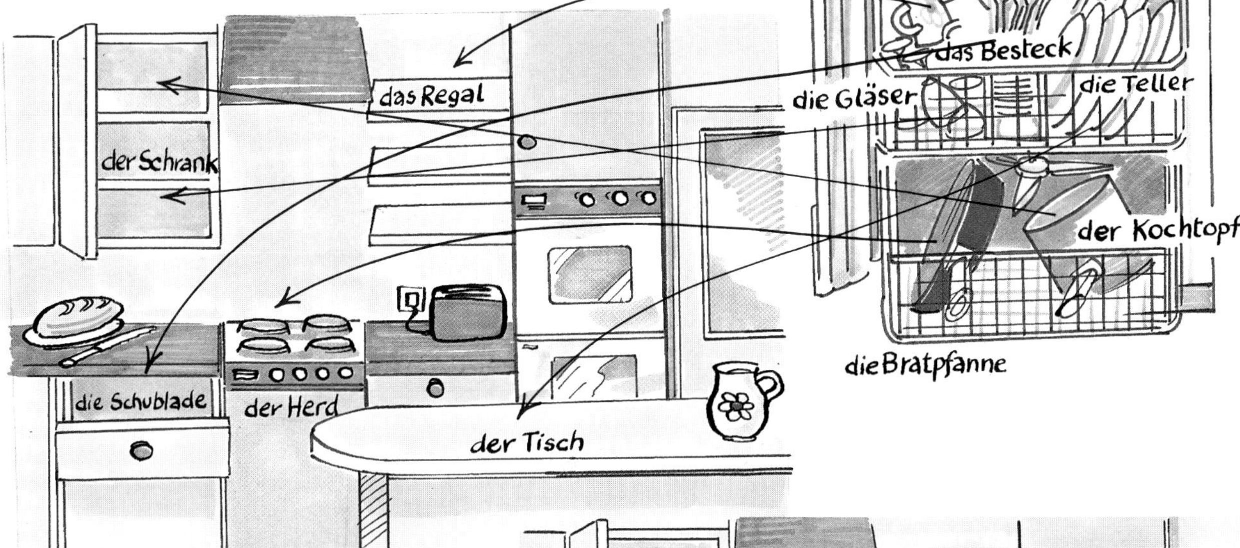

Alles fertig

Sieh dir das Bild an und lies die Sätze. Stimmt das?

Beispiel

1 *Das stimmt.*

1 Das Besteck ist in der Schublade.
2 Die Gläser sind auf dem Tisch.
3 Der Kochtopf ist im Schrank.
4 Die Tassen sind im Schrank.
5 Die Teller sind auf dem Regal.
6 Die Bratpfanne ist auf dem Herd.

Partnerarbeit

Sieh dir das Bild an und stell Fragen.

Beispiel

Wo ist ... ?
Wo kommt/kommen ... hin?

Tip des Tages

Wo kommt das Besteck hin? Wo ist das Besteck?	In die Schublade. In der Schublade.	Wo kommen die Gläser hin? Wo sind die Gläser?	In den Schrank. Im* Schrank.
Wo kommt die Bratpfanne hin? Wo ist die Bratpfanne?	Auf den Herd. Auf dem Herd.	Wo kommen die Tassen hin? Wo sind die Tassen?	Auf das Regal. Auf dem Regal.
Wo kommt der Kochtopf hin? Wo ist der Kochtopf?	In den Schrank. Im* Schrank.	Wo kommen die Teller hin? Wo sind die Teller?	Auf den Tisch. Auf dem Tisch.

*in dem → im

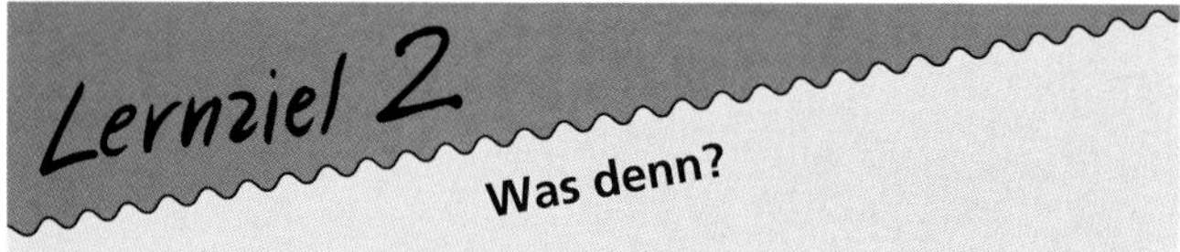

 Lieber nicht

Kuldip und Anke haben jetzt frei. Was will Kuldip machen? Hör zu und sieh dir die Bilder an. Wie ist die richtige Reihenfolge?

Beispiel

1 *A (ein Video ansehen)*

 Partnerarbeit. Was möchtest du machen?

Mach Dialoge wie Anke und Kuldip.

Beispiel

A – Willst du ein Video ansehen?
B – Lieber nicht.
A – Möchtest du Schach spielen?
B – Nein, das mag ich nicht so sehr.
A – Möchtest du Musik hören?
B – Ja, toll.

Wochenende

Hör zu und lies das Gedicht.

Seliges Wochenende!
Nichts Besonderes zu tun.
Hausaufgaben fertig –
Was nun?

Etwas Gutes im Fernsehen –
Guck ins Abendblatt.
Blöde Serien, Talk-Shows –
Lauter Quatsch.

Lieber 'was Aktives,
Nur nicht in der Stadt!
Busse und Straßenbahnen
Hab' ich satt.

Ich wär' im Bett geblieben,
Hätt' ich das gewußt.
Wieder ins Bett gehen?
Keine Lust!

Langweile mich zu Tode,
Hundertzehn Prozent.
Überhaupt nichts zu machen.
Elendes Wochenend'!

Tip des Tages

Willst du	ein Video ansehen? Musik hören? Briefmarken sortieren? Zeitschriften lesen? fernsehen?	
Möchtest du	Karten Schach Tischtennis mit dem Computer	spielen?

Ja,	gut. gerne. toll!
Lieber nicht.	
Ich würde lieber	'was anderes machen. Karten spielen.
Nein, das mag ich nicht so sehr.	

Probleme

Sieh dir die Fotos an und hör zu. Welches Foto ist das? Was sagt der Gast?

Beispiel

1 *D*

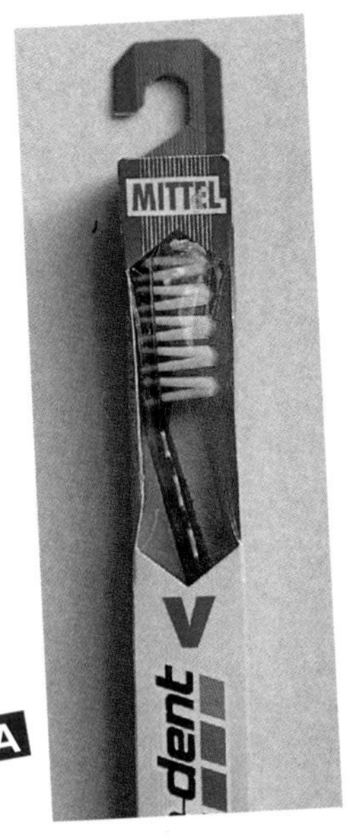

A

B

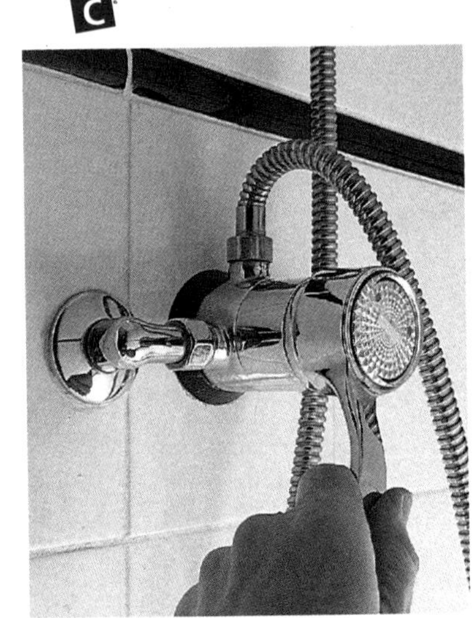

C

Partnerarbeit

Wähl eine Situation oder ein Bild, und mach einen Dialog mit deinem Partner/deiner Partnerin.

Beispiel

A – Ich möchte einen Brief schreiben, aber ich habe kein Schreibpapier.

B – Hier hast du Schreibpapier. Du kannst nehmen, soviel du willst.

A – Toll!

D

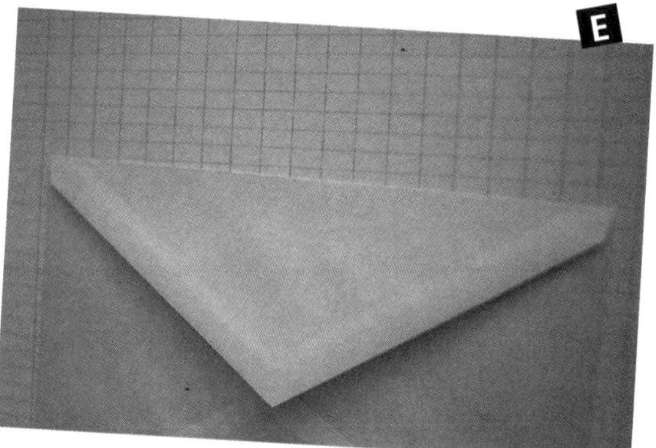

E

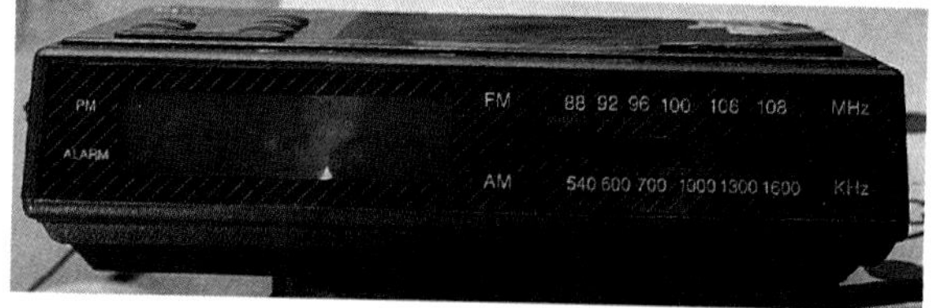

F

Tip des Tages

Kann ich	mich waschen? das Fenster zumachen? nach Hause telefonieren?	Ja, sicher.

Wie funktioniert die Dusche?	Ich zeig's dir.

Ich habe	meinen Wecker meine Zahnbürste	vergessen.
	kein Schreibpapier. schmutzige Wäsche.	

Kein Problem. Hier hast du	einen	Wäschekorb. Radiowecker.
	eine Zahnbürste.	
	Schreibpapier.	

Haushaltsklagelied

Hör zu und sing mit.

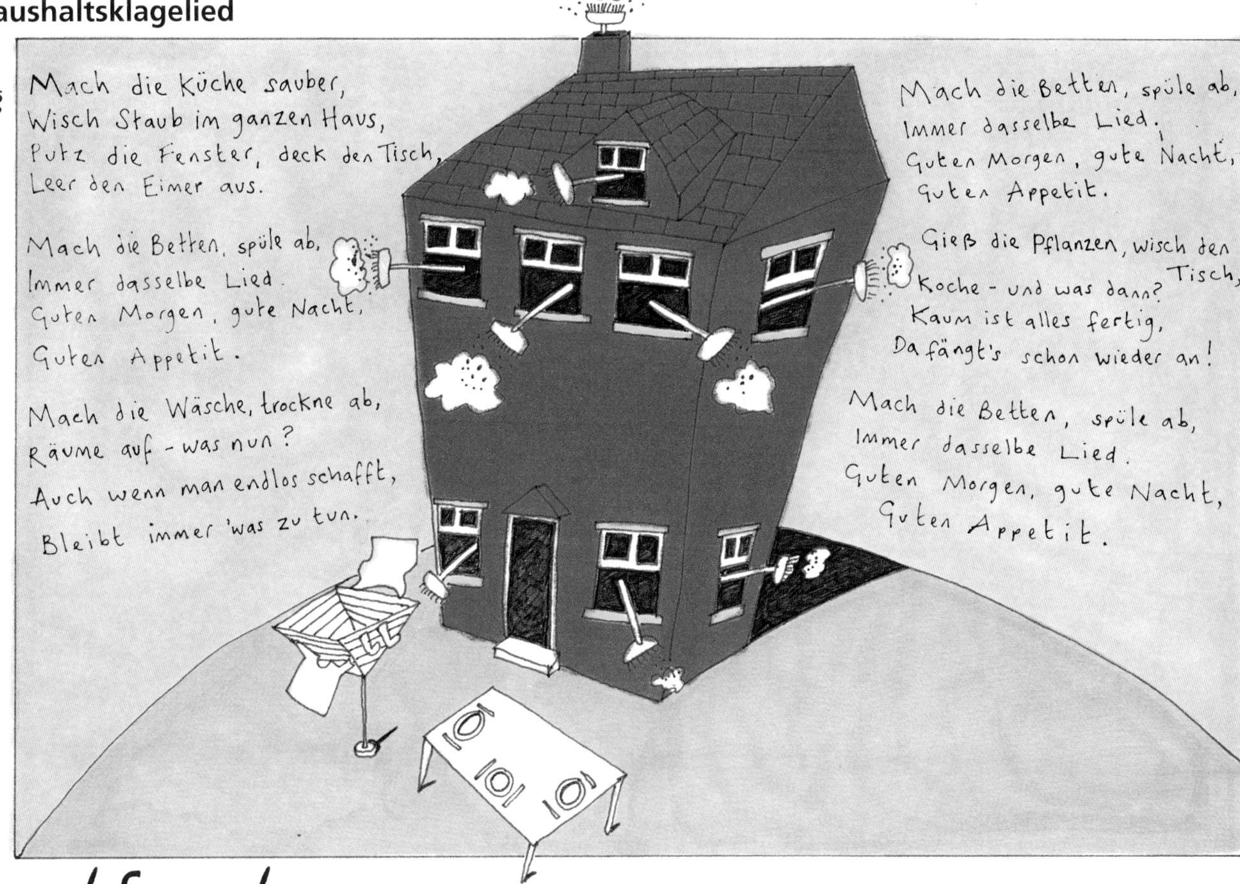

Mach die Küche sauber,
Wisch Staub im ganzen Haus,
Putz die Fenster, deck den Tisch,
Leer den Eimer aus.
Mach die Betten, spüle ab,
Immer dasselbe Lied.
Guten Morgen, gute Nacht,
Guten Appetit.
Mach die Wäsche, trockne ab,
Räume auf - was nun?
Auch wenn man endlos schafft,
Bleibt immer 'was zu tun.
Mach die Betten, spüle ab,
Immer dasselbe Lied.
Guten Morgen, gute Nacht,
Guten Appetit.
Gieß die Pflanzen, wisch den Tisch,
Koche - und was dann?
Kaum ist alles fertig,
Da fängt's schon wieder an!
Mach die Betten, spüle ab,
Immer dasselbe Lied.
Guten Morgen, gute Nacht,
Guten Appetit.

Steffi und Freunde

Was machst du denn da, Steffi?

Nix.

Nichts? NICHTS! Fünf Minuten von hier hast du ein wunderschönes Sportzentrum — das Freibad ist immer offen — ins Jugendzentrum kannst du immer — du könntest mit deinen Freunden eine Radtour machen oder Tischtennis spielen — meine Güte! — als ich in deinem Alter war . . .

. . . oder wenn du überhaupt nicht ausgehen willst, gibt es hier einen Computer im Haus, oder du könntest auch meinetwegen Klavier üben oder was weiß ich! Hausaufgaben mußt du doch wohl auch haben. Also beweg dich! Tu 'was! Nichts zu machen! Ist ja unerhört!

Wer würde es glauben? Endlich hab' ich Zeit, wo ich nichts machen muß — und was passiert? Meine Eltern kommen und VERSAUEN MIR ALLES!!!!!

Was ist das?

Sieh dir die Fotos und die Wörter rechts an. Was ist das?

Beispiel

1 *eine Spülmaschine*

der Aufschnitt
das Besteck
eine Zahnbürste
die Dusche
das Schreibpapier
eine Spülmaschine

1

2
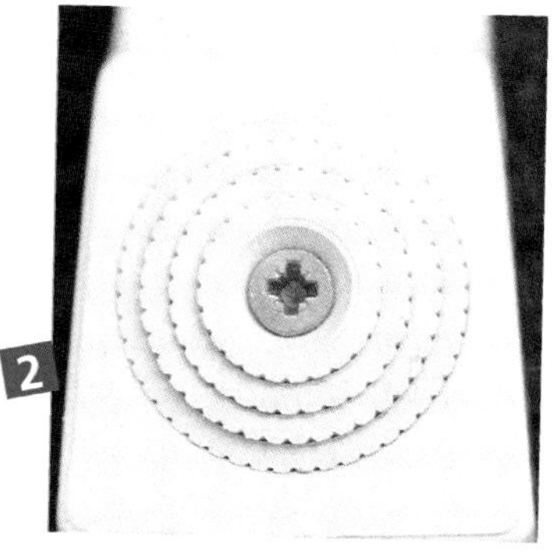

3
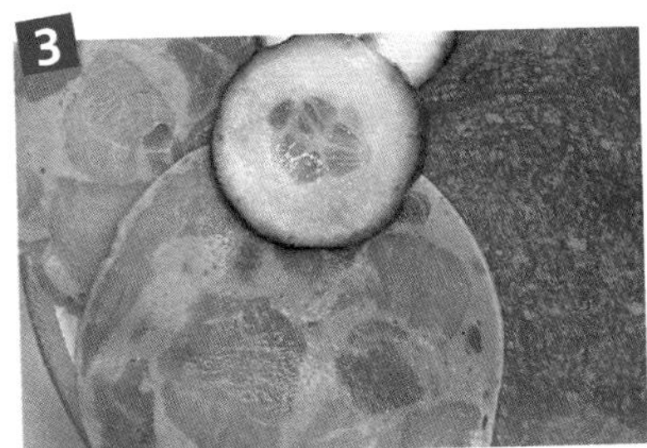

4

5

6
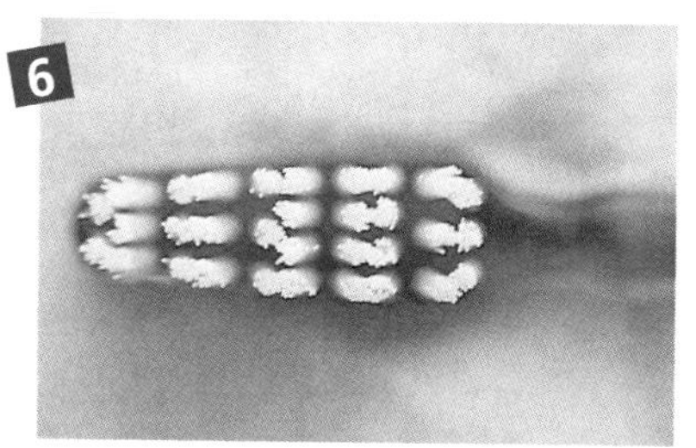

Ende gut, alles gut!

Schreib das richtig.

Beispiel

1 *D* – Wie funktioniert die Dusche?
– Ich zeig's dir.

1 Wie funktioniert die Dusche?
2 Ich habe meine Zahnbürste vergessen.
3 Ich habe kein Schreibpapier.
4 Kann ich nach Hause telefonieren?
5 Ich habe meinen Wecker vergessen.
6 Ich habe schmutzige Wäsche.

A Ich habe eine ganze Menge hier.
B Kein Problem. Hier hast du einen Radiowecker.
C Hier hast du einen Wäschekorb.
D Ich zeig's dir.
E Macht nichts. Hier hast du eine neue.
F Ja, sicher.

Möchtest du? Willst du?

Sieh dir die Bilder an und schreib die Vorschläge auf.

Beispiel

1 Möchtest du fernsehen?

Am Tisch

Stell dir vor, du sitzt mit deiner Gastfamilie in Deutschland am Tisch. Sieh dir den Tisch an. Schreib bis zu zehn Fragen und Antworten auf.

Beispiel

Frage	**Antwort**
Noch etwas Käse?	Danke, das reicht.
Reichst du mir ... ?	...

Gut, daß du mithelfen kannst!

Anna hilft, räumt aber alles falsch weg! Lies den Text und vervollständige ihn. Schreib die passenden Präpositionen auf.

Beispiel

1 *auf dem*

Frau Eckert sucht zuerst die Kaffeekanne, aber sie ist nicht (1) Tisch. Anna hat sie (2) Schrank gestellt. Dann sucht sie den Kochtopf, aber er ist nicht (3) Herd. Anna hat ihn (4) Regal gestellt. Die Tassen findet Frau Eckert oben (5) Schrank statt unten. Anna hat die Löffel (6) Schublade neben dem Herd gelegt, aber Frau Eckert sucht sie (7) Schublade neben dem Spülbecken. Nur die Bratpfanne, die (8) Regal kommt, hat Anna richtig weggeräumt. Aber Frau Eckert sieht sie nicht (9) Regal, sondern sucht sie (10) Spülmaschine. Sie weiß nicht, daß Anna die Bratpfanne gespült hat!

Präpositionen:

in den
auf das
auf das
auf dem
auf dem
auf dem
in die
in der
in der
im

sb Selbstbedienung

Gut, daß du kommst!

Dein(e) Briefpartner(in) hat dir geschrieben. Er/sie fragt: Was möchtest du abends bei uns machen? Beantworte die Frage mit mindestens acht Aktivitäten, die man zu Hause machen kann. Beginn deinen Brief folgenderweise:

> Liebe(r) ... !
> Vielen Dank für Deinen letzten Brief. Ich freue mich schon auf meinen Besuch bei Dir. Was ich abends bei Dir machen will? Na, ich möchte ...

Was ist dort anders?

In deutschen Häusern ist es oft anders. Sieh dir die Fotos und Texte an. Was paßt wozu? Schlag im Wörterbuch nach!

Beispiel

1 *E*

A

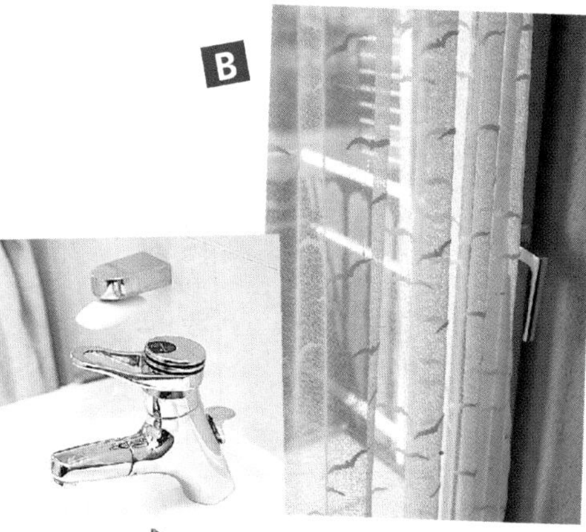
B

C

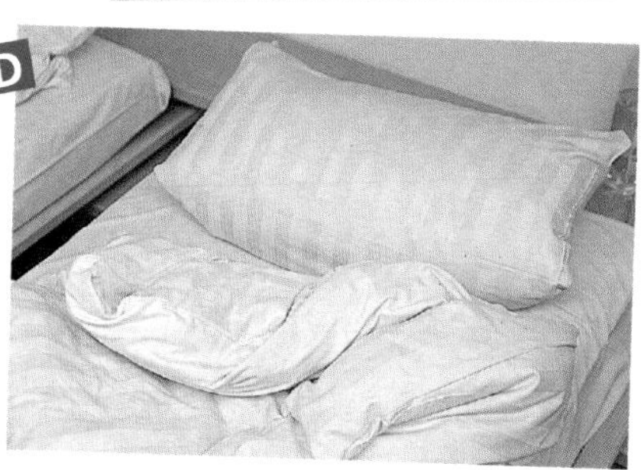
D

E

1 In einem modernen Badezimmer sieht der Wasserhahn meistens so aus. Man hebt den Hebel und dreht ihn nach links für heißes Wasser, nach rechts für kaltes Wasser. Mit dem kleinen Hebel hinten kann man den Stöpsel bewegen, damit das Wasser abfließen kann.

2 Das Kopfkissen ist so groß! Und die Bettdecke wird morgens zurückgefaltet.

3 Viele deutsche Häuser haben einen Keller. Ein Zimmer im Keller ist oft als Hobbyraum oder Partyraum ausgestattet.

4 Die Fenster haben häufig solche Gardinen aus Spitze. Man kann dieses Fenster entweder so  oder so  aufmachen.

5 Die Stecker haben nur zwei Stifte und die Steckdosen natürlich auch nur zwei Löcher.

Stell dir vor, du bist mit einem Freund in diesem Haus in Deutschland zu Besuch. Dein Freund versteht kein Deutsch. Übersetz ihm die Texte.

auf einen Blick

1 Table language

Guten Appetit! Danke, gleichfalls. Bedien dich.			*Enjoy your meal.* *Thank you. You too.* *Help yourself.*		
Gibst du Geben Sie Reichst du Reichen Sie	mir bitte	den Aufschnitt? die Tomaten?	*Can you pass me the*		*cold meats?* *tomatoes?*
Was	möchtest du willst du	trinken? essen? noch?	*What* *What*	*would you like* *do you want* *else would you like?*	*to drink?* *to eat?*
Danke,	das reicht. ich bin satt.		*That's enough,* *I'm full,*	*thanks.*	
Es hat sehr gut geschmeckt.			*That tasted really nice.*		

2 Offering and accepting help around the house

Kann Soll Darf	ich	helfen? etwas tun? abtrocknen?	*Can* *Should* *May*	*I*	*help?* *do something?* *do the drying up?*
Könntest du	abspülen?		*Could you*	*wash up?*	
	den Tisch	decken? abräumen? abwischen?		*lay* *clear* *wipe*	*the table?*
	die Spülmaschine ausräumen? das Licht ausmachen?			*empty the dishwasher?* *switch the light off?*	
Ja, sicher. Mache ich sofort.			*Yes, certainly. I'll do it straight away.*		

3 Asking to do things and how things work

Kann ich	mich waschen? das Fenster zumachen? nach Hause telefonieren?	*Can I*	*have a wash?* *close the window?* *phone home?*
Wie funktioniert die Dusche?		*How does the shower work?*	

4 Offering a gift, saying what you need and what you have forgotten

Ich habe	schmutzige Wäsche. kein Schreibpapier. eine Kleinigkeit für Sie.		*I've*	*got some dirty linen.* *no writing paper.* *brought you a small gift.*	
	meinen Wecker meine Zahnbürste	vergessen.		*forgotten my*	*alarm clock.* *toothbrush.*

5 Making and responding to suggestions for leisure activities

Möchtest du Willst du	ausgehen?	*Would you like* *Do you want*	*to go out?*
Ja, gerne.		*Yes, I'd love to.*	
Lieber nicht. Ich würde lieber zu Hause bleiben. Nein, das mag ich nicht so sehr.		*I'd rather not.* *I'd rather stay at home.* *No, I'm not so keen on that.*	

6 Saying where things go and where they are

Wo kommt der Kochtopf hin? Wo kommen die Gläser hin?	*Where does the saucepan go?* *Where do the glasses go?*
In den Schrank. In die Schublade. Auf das Regal.	*In the cupboard.* *In the drawer.* *On the shelf.*
Wo ist der Kochtopf? Wo sind die Gläser?	*Where is the saucepan?* *Where are the glasses?*
Im Schrank. In der Schublade. Auf dem Regal.	*In the cupboard.* *In the drawer.* *On the shelf.*

Was willst du heute machen?

Hör gut zu. Was wollen Uli und Simon heute machen? Sieh dir die Bilder an, und schreib die richtige Reihenfolge auf.

Beispiel

E …

Partnerarbeit. Was machen wir heute?

Mach Dialoge mit einem Partner/einer Partnerin.

A Was machen wir heute? Was willst du heute machen?
→ **B** Wir können vielleicht schwimmen gehen. Vielleicht ein Eis essen?
→ **A** Ach nein, dazu hab' ich keine Lust! / Ja, warum nicht? Und nachher?
→ **B** Wir können Musik hören. Hast du Lust, in die Stadt zu fahren? Oder willst du ein Video ansehen?
→ **A** Nein, das ist langweilig. / Ja, gute Idee. Und dann?
→ **B** Wollen wir Tennis spielen? Wir können ein bißchen bummeln. Oder hast du Lust, in ein Kaufhaus zu gehen?
→ **A** Nein, das ist zu langweilig. / Ja, das wäre ganz gut. Und was noch?
→ **B** Wir können zu Hause bleiben. Willst du ein bißchen fernsehen?
→ **A** Nein, das ist doof! Nein, das interessiert mich nicht. / Ja, toll!
→ **B** Also mach, was du willst! Tschüs!

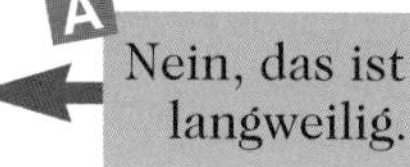

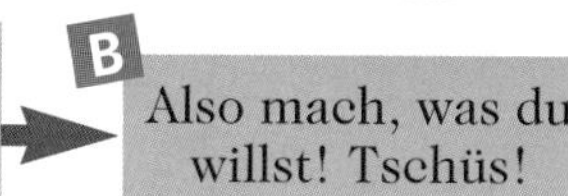

Tip des Tages

Wollen wir Willst du Vielleicht Wir können	Tennis spielen? ein Video ansehen? ein Eis essen? zu Hause bleiben.

Hast du Lust, in die Stadt zu fahren?

Ich muß Geld umtauschen

Hör zu und lies die Fotostory.

Da ist eine Bank am Bahnhof.

Haben Sie Ihren Paß, bitte?

Bitte unterschreiben Sie hier.

Jetzt kann ich mir ein paar Souvenirs kaufen.
Und ich möchte ein Eis.

Tolle Idee! Wohin gehen wir?
Zum Eiscafé in der Fußgängerzone. Das ist nicht so teuer.

Sitzt man da draußen auf der Straße?
Ja, oder drinnen. Wie man will.

Draußen ist schön. Da kann man die Leute beobachten. Aber es ist heute zu kalt. Ich glaube, wir sitzen lieber drinnen!

Tip des Tages

Ich möchte	einen Reisescheck zu	zwanzig fünfzig	Pfund einlösen.
	dreißig vierzig	Pfund umtauschen.	

Haben Sie Hast du	Ihren deinen	Paß?

Bitte	unterschreiben Sie unterschreib	hier.

Im Eiscafé

Hör gut zu und lies die Dialoge. Wer bestellt was?

Beispiel

Freddy – B …

Freddy

Kellner: Guten Tag. Was wünschen Sie?

Freddy: Ein Glas Mineralwasser und eine kleine Portion Vanilleeis, bitte.

Kellner: Mit Sahne?

Freddy: Nein, danke.

Monika

Kellnerin: Guten Tag. Was wünschen Sie?

Monika: Eine große Portion Eis, bitte – Erdbeer und Melone.

Kellnerin: Mit Sahne?

Monika: Ja, eine große Portion, bitte.

3 Uli and Anne

Kellnerin: So, was darf es sein?

Uli: Ja, also, ich nehme einen Milchshake Banane. Und du, Anne?

Anne: Auch einen Milchshake, aber Banane habe ich nicht so gern … mm … Zitrone schmeckt gut. Ja, ich nehme Zitrone.

Kellnerin: Also. Zweimal Milchshake – Banane und Zitrone.

A

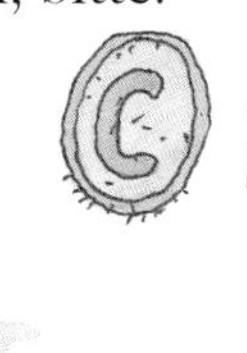

Partnerarbeit

Partner(in) A ist Kunde/Kundin im Eiscafé.
Partner(in) B ist Kellner(in). Lies die Karte und mach Dialoge im Eiscafé.

Heiße Getränke

	DM
Kaffee mit Milch	2,40
Kaffee – Espresso	2,60
Cappucino	2,80
Glas Tee mit Zitrone	2,60
Heiße Schokolade	2,60
Heiße Schokolade mit Sahne	2,80

Kalte Getränke

Cola	2,50
Fanta	2,50
Sprite	2,50
Mineralwasser	2,20
Orangensaft	3,00
Apfelsaft	3,00
Aprikosensaft	3,00
Tomatensaft	3,00
Milchshakes *Banane, Erdbeer usw.*	3,00

Eissorten

DM

Milcheis aus frischer Milch und Eiern

Vanille, Schokolade, Nuß, Mokka, Pistazien, Malaga, Stracciatella*

Fruchteis

Erdbeer, Melone, Banane, Zitrone, Aprikose, Maracuja, Kiwi

Eis-Portionen

Kleine Portion	1,90
Normale Portion	2,50
Große Portion	3,00
Portion Sahne, klein	0,60
Portion Sahne, groß	1,20

Eis-Spezialitäten

	DM
Spaghetti-Eis	5,50
Spezial-Früchte-Becher (Fruchteis mit Früchten, Sahne und Likör)	6,50
Erdbeerbecher (Nur nach Saison, Eis, frische Erdbeeren und Sahne)	6,50
Schwarzwaldbecher (Vanilleeis, Amaretto-Likör, Sahne, Kirschen und Schoko-Streusel)	7,50

* Mit Schoko-Kokossplitter

Inkl. Bedienung u. MwSt.

Tip des Tages

Was wünschen Sie?
Was darf es sein?

Eine	kleine große	Portion Eis.
Einen Zweimal	Milchshake.	

Banane und Zitrone.
Vanille und Schokolade.
Erdbeer und Melone.

Steffi und Freunde

Ich höre, du bist am Samstag mit Steffi ins Kino gegangen, um ‚Hero‘ zu sehen?
Ja, aber gesehen haben wir nicht sehr viel!

War es gut?
Und wie!

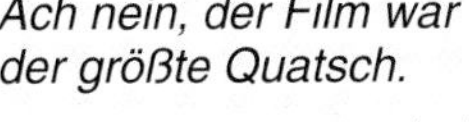

Nee, der Film, meine ich.
Ach nein, der Film war der größte Quatsch.

Gut.
Wieso gut?

Weil Steffi heute mit mir geht, um ihn zu sehen. Und ich möchte nicht, daß ich 'was Gutes verpasse.

Hast du Lust, ins Kino zu gehen?

Hier ist das Resultat einer Umfrage über Filme in Deutschland.
Die Frage: Was für Filme siehst du am liebsten?
Alter der Jugendlichen: 16 Jahre.

Jetzt bist du dran. Mach eine Umfrage in deiner Klasse über Filme.

Tip des Tages

Was läuft im Kino?
Was für ein Film ist das?

Ein	Western. Zeichentrickfilm. Liebesfilm. Abenteuerfilm. Krimi. Science-fiction-Film.
Eine	Komödie.

Was für Filme siehst du am liebsten?

Naturfilme.
Krimis.
Western.
Komödien.

 Was ist los?

Sieh dir die Poster und die Anzeigen an und hör gut zu. Wohin gehen die Leute?

Beispiel
1 *C*

Autokino
Donnerstag 18.08.
bis Mittwoch
24.08. um 21.00
Der mit dem Wolf tanzt
Snackbar 30 Min. vor
Filmbeginn geöffnet.

B

Treffen für Briefmarkenfreunde

Samstag 20.08.

ab 10.00 Uhr im

Gemeindehaus

C

Eis-Disco
mit Zephyrus Disco
und Video-Show.
Eislaufbahn
Freizeitzentrum
Samstag
17.00 – 22.00 Uhr

D

SB

STADTBIBLIOTHEK
Di und Mi 14 – 18 Uhr
Do 15 – 20 Uhr
jeden 1. Sa im Monat
10 – 13 Uhr

E

PIZZA · PASTA · GYROS
PIZZA KURIER
21 49 96 ☎ 2 23 13
3100 Celle
Hannoversche Str. 20
Montag bis Freitag: 11.00 - 23.00 Uhr
Samstag: 15.00 - 23.00 Uhr
Sonn- u. Feiertag: 15.00 - 23.00 Uhr
Telefon. Bestellung bis 22.30 Uhr
Wir liefern im gesamten Stadtgebiet aus!
Die Anfahrtkosten pro Bestellung betragen
je nach Entfernung zwischen 1,- und 2,- DM.
SALATE · GETRÄNKE

F

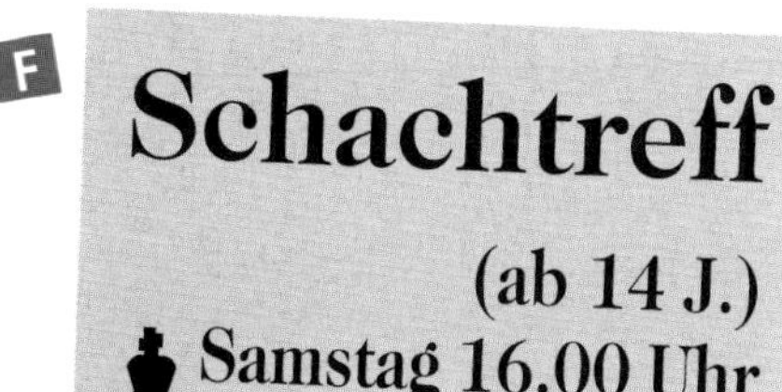

Schachtreff
(ab 14 J.)
Samstag 16.00 Uhr
Haus der
Jugend

G

Salat
das gesunde Essen
SalatPlatz
Montag bis Freitag 10.00-15.00 Uhr
Celle · Fuhsestr. 5 · ☎ 2 55 96

H

Popkonzert
WILLI DER WISCHER
und
Rizzo
im JUKC
Sam 19.00 Uhr

Richtig oder falsch?

1 Die Snackbar im Autokino ist abends um halb neun offen.
2 Die Pizzas kosten mehr, wenn man sie telefonisch bestellt.
3 Das Restaurant für Vegetarier ist auch am Wochenende offen.
4 Die Stadtbibliothek ist jeden Samstagvormittag offen.
5 Das Popkonzert fängt um sieben Uhr abends an.
6 In der Disco haben die Leute Schlittschuhe an.

Partnerarbeit. Wo warst du?

Sieh dir den Kreis an. Partner(in) A fängt in der Mitte an und wählt, wo er/sie war, mit wem, was er/sie getrunken und gegessen hat, und was er/sie danach gemacht hat.

Partner(in) B stellt Fragen. Wenn Partner(in) A mehr als fünfmal nein sagt, hat er/sie gewonnen. Nicht vergessen: Du darfst die dicken Linien nicht überqueren!

Beispiel

B – Warst du in einem Eiscafé?
A – Nein.
B – Warst du in einem Café?
A – Ja.

B – Warst du mit zwei Freunden zusammen?
A – Ja.
B – Hast du Mineralwasser getrunken?
A – Nein.

B – Hast du Kaffee getrunken?
A – Ja.
B – Hast du Kuchen gegessen?
A – Ja.

B – Bist du danach ins Sportzentrum gegangen?
A – Nein.
B – Bist du danach ins Popkonzert gegangen?
A – Ja.

Partner(in) A hat nur dreimal nein gesagt, also hat Partner(in) B gewonnen!

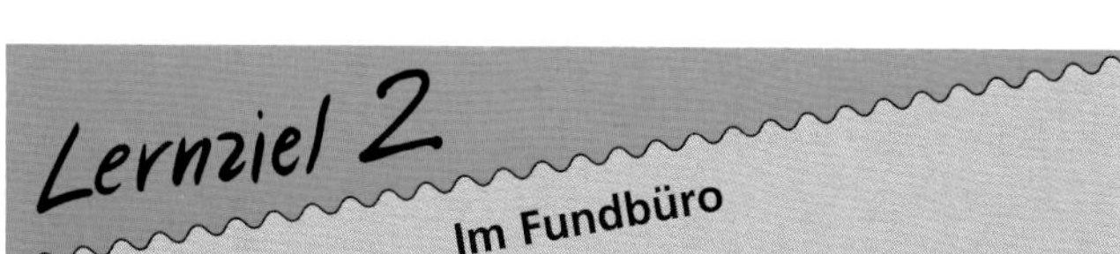

Zum Bahnhof zurück

Hör zu und lies die Fotostory.

Simon
Oh!
Uli
Was ist?
Du, mein Fotoapparat ist nicht da!
Bist du sicher?
Ja, guck mal.
Oh nein! Ich habe ihn bestimmt in der Bank gelassen. Was soll ich jetzt machen?
Tja, am besten fahren wir sofort zum Bahnhof zurück und gehen ins Fundbüro.
Also gut, aber schnell!

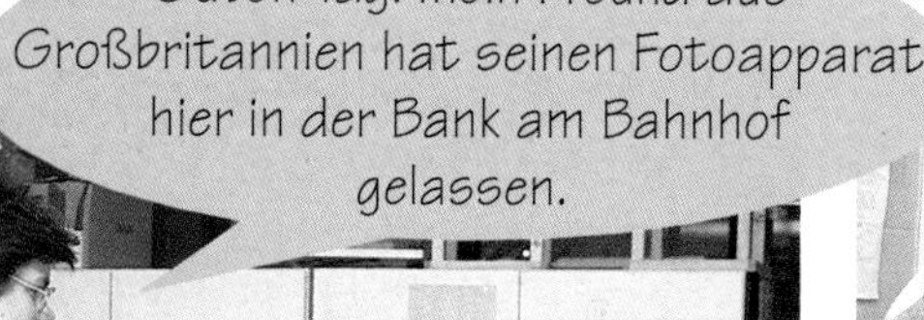

Guten Tag. Mein Freund aus Großbritannien hat seinen Fotoapparat hier in der Bank am Bahnhof gelassen.

Wie sieht die Kamera aus?

Es ist eine Nikon, schwarz.

Steht Ihr Name darauf?
Nein, leider nicht.

Hier, man hat diese Kamera heute morgen in der Bank gefunden.
Fantastisch! Vielen Dank.

Partnerarbeit. Ich habe meinen Fotoapparat verloren

Partner(in) A hat etwas verloren. Partner(in) B arbeitet im Fundbüro. Sieh dir die Bilder an und mach Dialoge.

Beispiel

A – Guten Tag. Ich habe heute morgen meinen Fotoapparat verloren.
B – Ja. Wo haben Sie ihn verloren?
A – Irgendwo in der Stadt.
B – Wie ist er?
A – Es ist eine Konica, braun.
B – Sie haben Glück! Er ist vor einer Stunde abgegeben worden. Hier, bitte.

heute morgen irgendwo in der Stadt	gestern abend im Zug	gestern morgen im Flughafen	gegen 10 Uhr im Kaufhaus	vor einer Stunde im Kino

Im Fundbüro

Hör gut zu und sieh dir die Bilder an. Welche Gegenstände sind im Fundbüro? Schreib ja oder nein auf.

Beispiel
1 *Ja*

Tip des Tages

Ich habe	meinen	Koffer Fotoapparat Rucksack Schal Regenschirm	verloren.
	meine	Reisetasche Aktentasche Handtasche Kamera	
	mein	Portemonnaie	

Wie sieht	er sie es	aus?

Er Sie Es	ist	braun rot gestreift gepunktet kariert	und aus	Plastik. Metall. Leder. Wolle. Holz. Nylon.

Wo ist die Bombe?

Ein Terrorist war in diesem Fundbüro und hat eine Bombe abgegeben. Es gibt vierzehn Gegenstände im Büro. Die Bombe ist in einem davon versteckt. Die Polizei untersucht alles. Hör zu, lies den Text und finde heraus, wo die Bombe ist. Du hast nur fünf Minuten, bevor sie explodiert. Mach schnell!

Ist sie in dem grauen Koffer? Nein.
Im alten schwarzen Flötenkasten? Nein.
Im braunen Paket? Nein.
In der schwarzen Aktentasche? Nein.
Im braunen Lederkoffer? Nein.
Im kleinen braunen Fotoapparat? Nein.
In der weißen Handtasche? Nein.

In der roten Einkaufstasche? Nein.
In der braunen Aktentasche? Nein.
In der gelben Reisetasche? Nein.
In der weiß-braunen Reisetasche? Nein.
Im schwarzen Gitarrenkasten? Nein.
In der kleinen braunen Handtasche? Nein.
In ... Ja, endlich!

 **Partnerarbeit**

Partner(in) A versteckt ‚die Bombe' und Partner(in) B muß sie finden.

Ralf der Räuber

Hör zu und lies den Text.

Ein Schokoladeneis

Hör zu und sing mit.

Es war im Sommer.
Du warst am Strand.
Dein ganzes Eis
War voller Sand.
Ich sah dich an,
Dann sahst du mich.
Es war so schön,
Nur du und ich …

Und ein Schokoladeneis
In der Sonne.
Ein Schokoladeneis.

Ich wollte dich
Gern wiederseh'n.
Du hast gesagt,
Du müßtest geh'n.
Du hast gesagt,
Es muß so sein.
Hast mich geküßt.
Ich stand allein …

Mit dem Schokoladeneis
In der Sonne.
Mit dem Schokoladeneis.

Die besten Sachen
Auf dieser Welt
Für die brauchst du
Kein bißchen Geld.
Doch, laß sie sein,
Denn jedenfalls
Sie halten nicht,
Nicht länger als …

Ein Schokoladeneis
In der Sonne.
Ein Schokoladeneis.

sb Selbstbedienung

Was machen wir?

Ersetz die Bilder durch die passenden Wörter.

Beispiel
1 *Wollen wir zu Hause bleiben?*

1 Wollen wir  bleiben?

2 Wir können vielleicht [Bild] gehen.

3 Vielleicht ein  essen?

4 Wir können  hören.

5 Willst du eine  machen?

6 Hast du Lust, in die  zu fahren?

Was wünschen sie?

Die Clique ist im Eiscafé. Der Kellner fragt, was jede Person nimmt. Wie antworten sie jeweils?

Beispiel
Florian: *Ich möchte ein Vanilleeis.*

Wo denn?

Sieh dir die Bilder an und lies die Informationen. Wo sind diese Gegenstände?

Beispiel
1 *C*

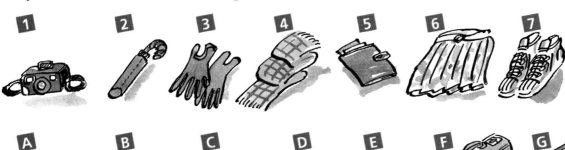

Der Fotoapparat ist in der braunen Aktentasche.
Der Schal ist in der roten Reisetasche.
Die Handschuhe sind in dem braunen Koffer.
Das Portemonnaie ist in der roten Handtasche.
Die Turnschuhe sind in der braunen Reisetasche.
Der Radiorecorder ist in dem roten Koffer.
Der Rock ist in der roten Aktentasche.
Der Regenschirm ist in der braunen Handtasche.

Geldwechsel und Banken

Geldwechsel und Banken

Wechselstube Lübeck-Hauptbahnhof

An- und Verkauf von Reisedevisen
Bargeld gegen Euroschecks und Kreditkarten

Reisegeld
für
alle Welt

Täglich geöffnet. Auch an Sonnabenden und Sonntagen. Telefon 8 42 52

DEUTSCHE VERKEHRS-KREDIT-BANK

Richtig oder falsch?

1 Diese Wechselstube ist sehr praktisch für Touristen, die mit dem Zug nach Lübeck fahren.
2 Sie ist auch am Wochenende geöffnet.
3 Sie ist freitags geschlossen.
4 Man muß eine Kreditkarte haben.
5 Man kann hier nur Reiseschecks einlösen.

Chaotisches Gespräch

Schreib das Gespräch in der richtigen Reihenfolge.

– So, DM 60, bitte schön.
– Bitte unterschreiben Sie hier.
– Haben Sie Ihren Paß dabei?
– Guten Tag. Ich möchte einen Reisescheck einlösen.
– Ich muß Geld umtauschen.
– Vielen Dank. Auf Wiedersehen.
– Es gibt eine Wechselstube am Bahnhof.

Was zahlen die Leute?

Fünf Freunde sind in einem Eiscafé. Sascha geht nach Hause, bevor die Rechnung kommt. Sieh dir die Rechnung an. Was müssen die Personen jeweils bezahlen? Was hat Sascha gegessen? Was muß er bezahlen?

A Detlev hat einen Hamburger mit Pommes frites, Cola und einen Eisbecher bestellt.
B Maren hat Pizza mit Salat, Cola und einen Eisbecher bestellt.
C Michael hat Pizza mit Salat, Mineralwasser und Kaffee bestellt.
D Simone hat einen Hamburger mit Pommes frites, Tee mit Zitrone und einen Eisbecher bestellt.

Rechnung

	Preis	DM
Hamburger m. Pommes frites	8,50	17,–
Pizza	12,–	36,–
Salat	3,50	7,–
Eisbecher	6,–	24,–
Kaffee	3,50	3,50
Orangensaft	3,50	3,50
Tee mit Zitrone	3,–	3,–
Mineralwasser	2,50	2,50
Cola	3,–	6,–
	Endsumme	102,50

sb Selbstbedienung

Videofilme

Die Clique will einen Videofilm ausleihen. Was ist der beste Kompromiß?

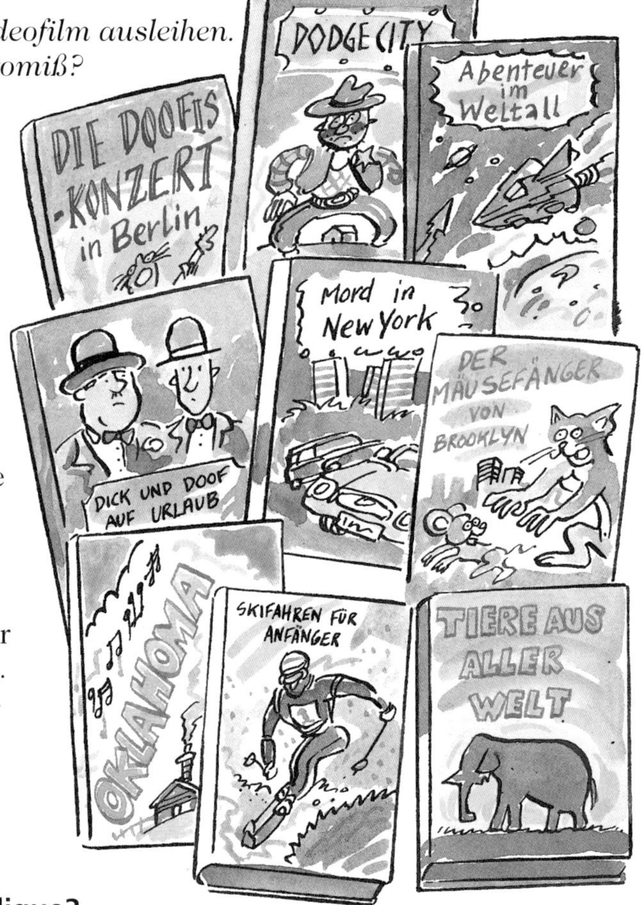

Dieter interessiert sich für Abenteuerfilme, Musicals und alte amerikanische Komödien. Er sieht Western nicht gern.

Monika interessiert sich für Science-fiction, Cowboyfilme und Tierfilme. Sie hat überhaupt kein Interesse an Filmen über Popgruppen.

Bernd ist sehr sportlich und interessiert sich sehr für alle Filme über Sport. Er sieht auch gerne Tier- und Naturfilme. Er sieht oft Charlie-Chaplin-Filme. Er haßt aber Abenteuerfilme.

Dorit sieht gern Zeichentrickfilme und alte Komödien, wie zum Beispiel *Dick und Doof*. Sie interessiert sich überhaupt nicht für Tierfilme.

Mora sieht nicht gern Musicals oder Science-fiction. Am liebsten sieht sie Filmkomödien aller Art – alte und moderne.

Ali interessiert sich überhaupt nicht für Western oder Trickfilme. Da er kein guter Sportler ist, kann er Filme über Sport nicht leiden. Seine Lieblingsfilme sind alte Komödien.

Was macht die Clique?

Hier sind Informationen über vier Freunde. Was machen sie alle zusammen in diesen drei Situationen?

Situation 1
Die Clique bleibt zu Hause. Es regnet.

Situation 2
Jetzt scheint die Sonne. Welche Sportart treibt die Clique?

Situation 3
Die Clique fährt abends in die Stadt. Was macht die Clique da?

Karl möchte

- Fußball spielen
- radfahren
- ein Fußballspiel sehen
- in eine Disco gehen
- Kaffee und Kuchen in einem Café haben
- Karten spielen
- Freunde besuchen
- Tischtennis spielen
- Tennis spielen
- schwimmen gehen

Stefan möchte

- Musik hören
- Fußball spielen
- reiten gehen
- Tennis spielen
- einkaufen gehen
- in die Disco gehen
- fernsehen
- Karten spielen
- Tischtennis spielen

Maria möchte

- Kaffee und Kuchen in einem Café haben
- in eine Disco gehen
- ein Fußballspiel sehen
- fernsehen
- CDs hören
- Karten spielen
- radfahren
- reiten gehen
- Tennis spielen

Susi möchte

- Kaffee und Kuchen in einem Café haben
- ins Jugendzentrum gehen
- in eine Disco gehen
- Karten spielen
- Musik hören
- fernsehen
- Tennis spielen
- reiten gehen
- zu einem Fußballspiel gehen

Kauf dir ein Eis!

Du hast nur DM 10 mit. Was kannst du im Eiscafé kaufen? Sieh dir Seite 52 an. Schreib es auf.

auf einen Blick

1 Suggesting things to do

Wollen wir Willst du Vielleicht Wir können	Tennis spielen? ein Video ansehen? ein Eis essen? zu Hause bleiben.	*Shall we* *Do you want to* *Perhaps we could* *We could*	*play tennis?* *watch a video?* *have an ice-cream?* *stay at home.*
Hast du Lust, in die Stadt **zu** fahren?		*Would you like to go into town?*	

2 Changing money and traveller's cheques

Ich möchte	einen Reisescheck zu 20 Pfund	einlösen.	*I'd like to*	*cash a £20 traveller's cheque.*
	30 Pfund	umtauschen.		*change £30.*
Haben Sie Hast du	Ihren deinen	Paß?	*Do you have your passport?*	
Bitte unterschreiben Sie Bitte unterschreib	hier.		*Please sign here.*	

3 Ordering ice-cream

Was wünschen Sie? Was darf es sein?			*What would you like?* *What can I get you?*		
Eine	kleine große	Portion Eis.	*A*	*small* *large*	*portion of ice-cream.*
Einen Zweimal	Milchshake.			*milkshake.*	
			Two	*milkshakes.*	
Banane und Zitrone. Vanille und Schokolade. Erdbeer und Melone.			*Banana and lemon.* *Vanilla and chocolate.* *Strawberry and melon.*		

4 Talking about films

Was läuft im Kino? Was für ein Film ist das?		*What's on at the cinema?* *What kind of film is that?*	
Ein	Abenteuerfilm.	*An*	*adventure film.*
	Western. Zeichentrickfilm. Liebesfilm. Krimi. Science-fiction-Film.	*A*	*western.* *cartoon.* *love story.* *detective film.* *science fiction film.*
Eine	Komödie.		*comedy.*
Was für Filme siehst du am liebsten?		*What kind of films do you like best?*	

5 Describing what you have lost

Ich habe	meinen	Koffer Fotoapparat Rucksack Schal Regenschirm		verloren.	*I've lost my*			*suitcase.* *camera.* *rucksack.* *scarf.* *umbrella.*
	meine	Reisetasche Aktentasche Handtasche Kamera						*travel bag.* *briefcase.* *handbag.* *camera.*
	mein	Portemonnaie						*purse.*
Wie sieht	er sie es	aus?			*What does it look like?*			
Er Sie Es	ist	braun rot gepunktet gestreift kariert	und aus	Plastik. Metall. Leder. Wolle. Holz. Nylon.	*It's*	*brown* *red* *spotty* *stripy* *checked*	*and made of*	*plastic.* *metal.* *leather.* *wool.* *wood.* *nylon.*

Hausrätsel

Wo sind diese jungen Leute?

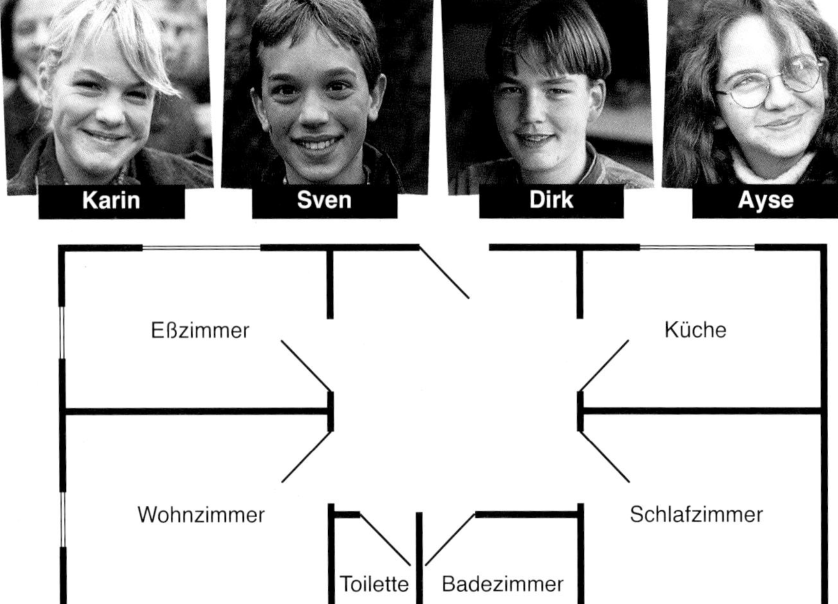

1 Ein Junge und ein Mädchen sind allein im Wohnzimmer.
2 Zwei Mädchen sind allein in der Küche.
3 Sven ist entweder in der Toilette oder in der Küche.
4 Thomas ist nicht im Wohnzimmer und auch nicht im Schlafzimmer.
5 Karin ist nicht bei Ayse.
6 Thomas ist entweder im Badezimmer oder in der Toilette.

Spielen wir Karten?

Kennst du Skat? Das ist ein deutsches Kartenspiel für drei Spieler.

❶ Hier sind die Karten (man spielt nur mit den Karten von der 7 an aufwärts):

die Herz-Sieben **die Pik-Acht** **die Kreuz-Neun** **die Karo-Zehn** **der Kreuz-Bube** **die Herz-Dame** **der Pik-König** **das Karo-As**

❷ Man teilt aus: Jeder Spieler bekommt zehn Karten.

❸ Ein Spieler spielt gegen die beiden anderen. Ziel des Spiels: Mehr als 61 Punkte zu bekommen.

❹ Jeder Spieler legt eine Karte auf den Tisch. Die höchste dieser drei Karten gewinnt. Das ist ein **Stich**.

Paß auf! Buben sind alle **Trumpf** (das heißt, sie sind höher als die anderen Karten).

❺ Dann zählt man die Punkte. Wie? Ganz einfach! Hier sind die Punkte für jede Karte:

Karte	Punkte
Siebener	0
Achter	0
Neuner	0
Zehner	10
Buben	2
Damen	3
Könige	4
Asse	11

❻ Wie viele Punkte sind das?

Touristen in der Großstadt

Bitte, das Hotel zur Post?
Bahnhofsplatz vier.

Tut mir sehr leid,
Ich bin auch fremd hier.

Die Stadthalle, bitte?
Ist es sehr weit?

Zwei Stunden zu Fuß.
Haben Sie viel Zeit?

Ich such' 'ne Wechselstube
Oder eine Bank.

Dort drüben gibt's eine.

Recht vielen Dank.

Ich möchte Geld umtauschen.

Das mach' ich nicht hier.
Gehen Sie darüber.
Sehen Sie – Schalter vier.

Diesen Scheck möchte ich einlösen.

Wieviel Mark sind denn das?

Zweihundertfünfzig Mark.

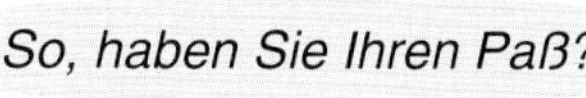

So, haben Sie Ihren Paß?

Touristen in der Großstadt
Stellen so viele Fragen.
Verstehen sie alle Antworten?
Vielleicht … das kann ich
nicht sagen.

Lösungen:
Hausrätsel
Wohnzimmer: Karin, Dirk
Badezimmer: Thomas
Küche: Susi, Ayse
Toilette: Sven
Skat
37 Punkte

Konkrete Poesie

Fundbüro

Hast du etwas verloren? Vergiß nicht, es ist alles im Fundbüro zu finden.

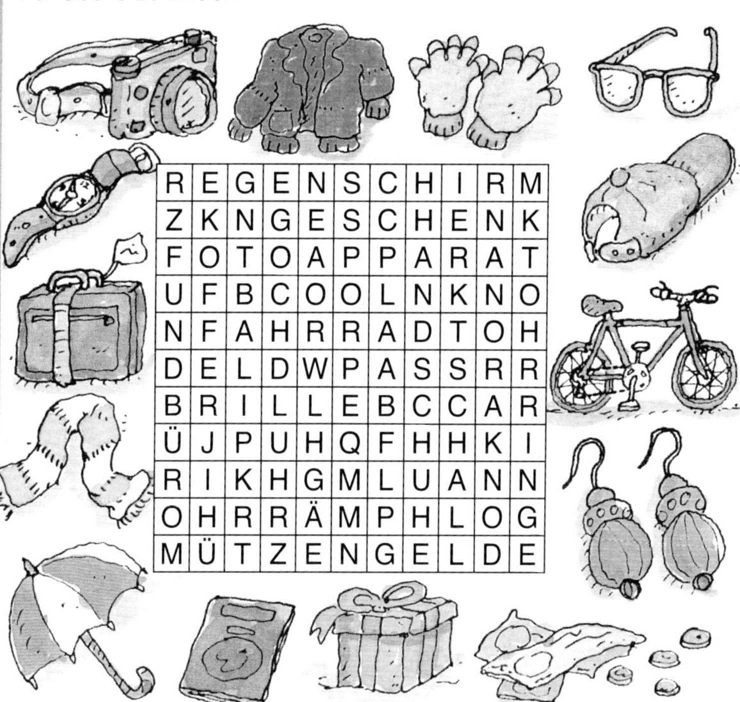

R	E	G	E	N	S	C	H	I	R	M
Z	K	N	G	E	S	C	H	E	N	K
F	O	T	O	A	P	P	A	R	A	T
U	F	B	C	O	O	L	N	K	N	O
N	F	A	H	R	R	A	D	T	O	H
D	E	L	D	W	P	A	S	S	R	R
B	R	I	L	L	E	B	C	C	A	R
Ü	J	P	U	H	Q	F	H	H	K	I
R	I	K	H	G	M	L	U	A	N	N
O	H	R	R	Ä	M	P	H	L	O	G
M	Ü	T	Z	E	N	G	E	L	D	E

Fundbüro	Mütze	Fahrrad
Fotoapparat	Geld	Anorak
Ohrringe	Uhr	Brille
Handschuhe	Pass	Koffer
Regenschirm	Schal	Geschenk

5 Unter uns

Lernziel 1
Verhältnisse und Probleme

Kommst du gut mit deiner Familie aus?

Acht Teenager sprechen über ihre Familie. Was sagen sie? Ist das positiv oder negativ? Hör zu und lies die Texte.

Beispiel

	positiv	negativ
1 *Anke*	✗	

1 Anke

Ich komme mit meinen Eltern sehr gut aus. Wir verstehen uns gut.

2 Ersun

Ich verstehe mich gut mit meiner Familie.

3 Emine

Ich finde meine Schwester doof, und mein Bruder nervt mich.

4 Thomas

Ich verstehe mich sehr gut mit meinem Bruder.

5 Tina

Ich mag meinen Stiefvater nicht.

6 Jörg

Manchmal gibt es Krach.

7 Murat

Meinen Bruder finde ich ganz toll, aber ich verstehe mich überhaupt nicht mit meinen Eltern.

8 Britta

Es gibt immer Streit. Das nervt mich.

Partnerarbeit. Wer ist das?

Lies die Sätze hier. Wer ist das? Partner/in A stellt die Frage und Partner/in B antwortet. Dann stellt Partner/in B die Frage.

Beispiel

A – Sie findet ihre Schwester doof, und ihr Bruder nervt sie. Wer ist das?
B – Emine. Er versteht sich gut mit seiner Familie. Wer ist das?

1 Sie findet ihre Schwester doof, und ihr Bruder nervt sie.
2 Er versteht sich gut mit seiner Familie.
3 Sie mag ihren Stiefvater nicht.
4 Manchmal gibt es Krach bei ihm.
5 Sie kommt mit ihren Eltern sehr gut aus. Sie verstehen sich gut.
6 Es gibt immer Streit bei ihr. Das nervt sie.
7 Seinen Bruder findet er ganz toll, aber er versteht sich überhaupt nicht mit seinen Eltern.
8 Er versteht sich sehr gut mit seinem Bruder.

Tip des Tages

Kommst du gut mit	deiner	Familie	aus?

Verstehst du dich gut mit	deiner	Schwester? Stiefmutter?
	deinen	Eltern?

Ich	finde	meinen	Bruder Stiefvater	doof. toll.
		meine	Schwester	
	mag	meine	Eltern	nicht.

Manchmal gibt es	Streit. Krach.

Er Sie	nervt mich.

Wann gibt es Krach?

Hör zu, lies die Texte und sieh dir die Bilder an. Welches Bild ist das?

Beispiel

1 *G*

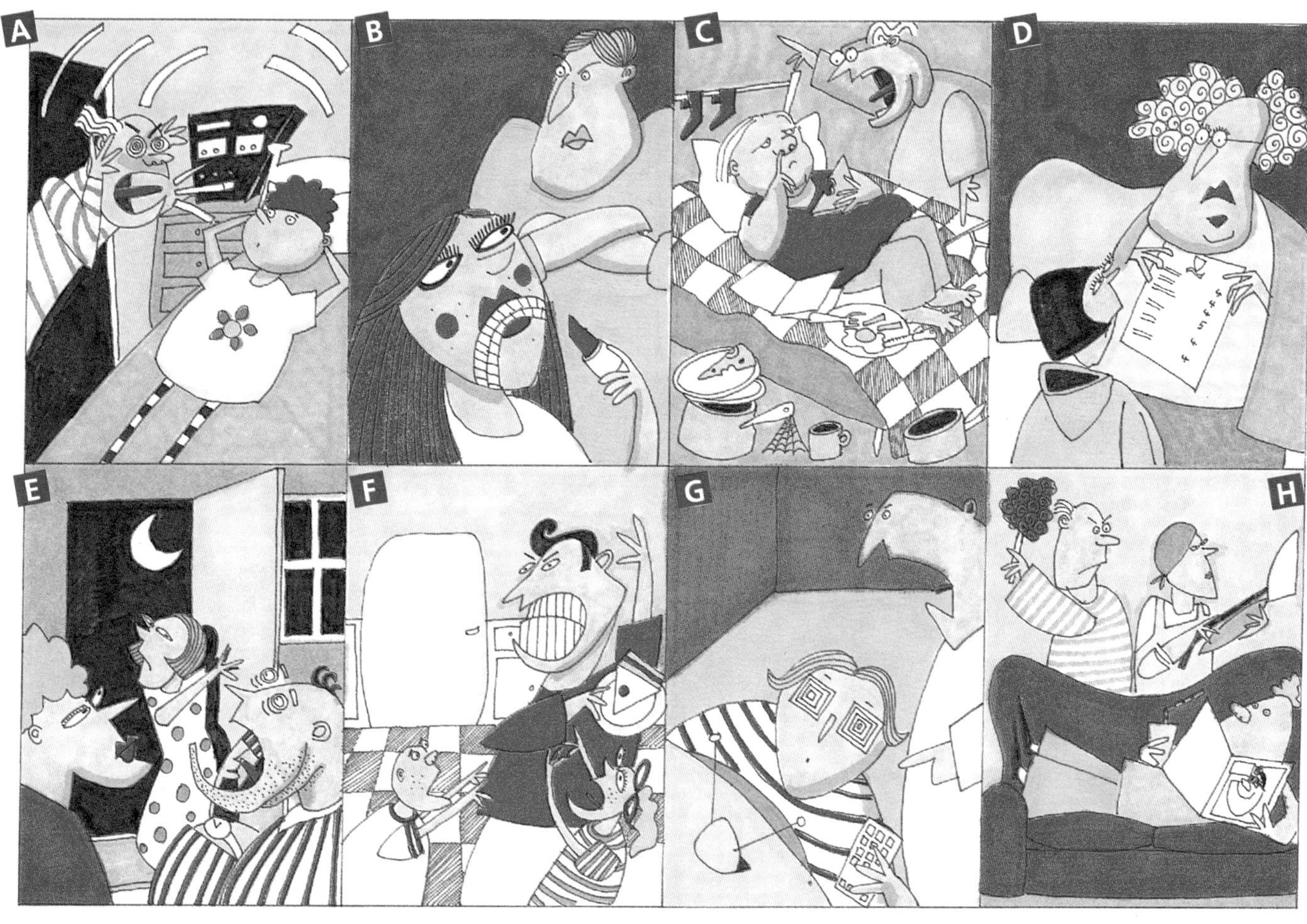

1 Wenn ich zuviel fernsehe.

2 Wenn ich die Musik zu laut stelle.

3 Wenn ich Streit mit meinem Bruder und meiner Schwester habe.

4 Wenn ich zuviel Make-up trage.

5 Wenn ich abends zu spät nach Hause komme.

6 Wenn ich nicht im Haushalt helfe.

7 Wenn ich schlechte Noten bekomme.

8 Wenn ich mein Zimmer nicht aufräume.

Wie ist es bei dir? Wann gibt es Krach? Stell und beantworte die Frage.

Tip des Tages

<table>
<tr><td>Wann gibt es</td><td>Streit
Krach</td><td>bei dir?</td></tr>
<tr><td rowspan="3">Wenn ich</td><td colspan="2">mein Zimmer nicht aufräume.
nicht im Haushalt helfe.
die Musik zu laut stelle.</td></tr>
<tr><td>zuviel</td><td>fernsehe.
Make-up trage.</td></tr>
<tr><td colspan="2">abends spät nach Hause komme.
schlechte Noten bekomme.
Streit mit meinem Bruder habe.</td></tr>
</table>

Was nervt dich?

Sieh dir die Bilder an und hör zu.
Was paßt zu wem? Welches Bild ist das?

Beispiel

1 *A*

Mich nervt …

A

B

C

D

E

Mich nerven …

F

G

H

Jetzt bist du dran. Was nervt dich? Du kannst es malen oder illustrieren.

Tip des Tages

Was	nervt dich? geht dir auf die Nerven?	
Mich nervt	das	frühe Aufstehen. Wetter.
	die	Schule.
	mein	Bruder.

Mich nerven	die Lehrer. meine meckernden Eltern. die Autobahnen und Straßen.
Mich nervt es, wenn	es regnet. ich mein Zimmer aufräumen muß.

Partnerarbeit. Probleme

Diese jungen Leute sprechen über ihre Probleme. Was für Probleme sind das eigentlich? Geldprobleme? Familienstreit? Schulprobleme? Lies die Texte und wähl die passende Kategorie.

	Familie	Geld	Freunde	Schule
Beispiel	*A*			

A

Ich habe Tiere so gern, aber ich darf zu Hause keine Tiere haben, weil meine Mutter dagegen ist. Ich finde das unfair.

Asla, Köln.

B

Plötzlich will mein bester Freund nichts mehr mit mir zu tun haben. Ich versteh' das einfach nicht.

Bernd, Zürich.

C

Ich finde, ich muß zuviel im Haushalt helfen. Ich muß die Wäsche machen, ich muß kochen, spülen – alles, nur weil meine Eltern arbeiten.

David, Trier.

D

Meine Freundinnen haben so tolle Klamotten. Ich aber habe nicht genug Geld, um mir neue Kleidung zu kaufen.

Brigitte, Kiel.

E

Ich hasse meinen Lehrer. Er beleidigt mich immer und macht sich über meinen Namen lustig.

Bifat, Hamburg.

F

Alle machen sich lustig über mich, weil ich so dünn bin. Sie nennen mich Skelett. Das macht mich sehr unglücklich.

Cigden, Hameln.

G

Ich muß immer um neun Uhr zu Hause sein, aber meine Freunde dürfen alle viel länger wegbleiben.

Michael, Graz.

H

Meine Eltern mögen meine Freunde nicht. Jetzt sagen sie, ich darf sie nicht mehr treffen. Aber ich hab' doch keine anderen Freunde.

Susanne, Wuppertal.

I

Ich bin in ein Mädchen in meiner Klasse verliebt, aber sie interessiert sich gar nicht für mich. Was kann ich tun?

Peter, Düsseldorf.

J

Meine beste Freundin geht mit meinem Freund aus. Ich hab' die beiden so gern, aber ich bin dabei so unglücklich.

Renate, München.

K

Ich bin in meiner Klasse so unglücklich. Die Arbeit ist schwer und die Lehrer sind meistens langweilig.

Yilmaz, Dortmund.

L

Ich will mir einen neuen Computer kaufen, aber meine Eltern sagen, ich muß dafür mein Taschengeld sparen. Das kostet aber jede Menge Geld und ich bekomme nur DM 30 im Monat. Ich finde das unmöglich!

Nicole, Koblenz.

Nach dem Krach

Hör zu und sing mit.

In der Familie, in der Familie
Verstehen wir uns nicht immer gut.
Es geht uns häufig auf die Nerven,
Was jemand sagt, was jemand tut.
Der eine meckert, der andere schreit.
Dann gibt es Krach. Dann gibt es Streit.

Nach dem Krach
Kommen wir besser aus.
Seit dem Streit
Sind wir Freunde.

Unter Freunden, unter Freunden
Kommt man oft nicht sehr gut aus.
Der eine möchte was unternehmen,
Der andere nicht – der will nach Haus'.
Der eine meckert, der andere schreit.
Dann gibt es Krach. Dann gibt es Streit.

Nach dem Krach usw.

Zwischen Ländern, zwischen Ländern
Geht es oft auch nicht so glatt.
Zwar diplomatisch – doch alle wissen,
Was für Probleme das andere hat.
Der eine meckert, der andere schreit.
Dann gibt es Krach. Dann gibt es Streit.

Nach dem Krach usw.

Gute Freunde

Wie kann man seine Freunde beschreiben?
Lies die Texte und sieh dir die Adjektive unten an. Vervollständige die Sätze.

Beispiel
1 *sportlich*

großzügig schüchtern ausgeflippt
sportlich lebendig witzig
geduldig intelligent

1. Mein Freund ist so stark und fit. Er ist sehr –
2. Meine Freundin ist fantastisch. Sie hat viel Humor. Ich finde sie sehr –
3. ‚Keine Panik', sagt meine Freundin immer. Sie hört immer gut zu. Sie ist sehr –
4. Mein Freund ist so lieb, aber er sagt nicht viel in der Schule. Er ist sehr –
5. Meine Freundin ist ganz anders. Sie hat immer tolle Ideen, ein bißchen verrückt aber ganz witzig. Sie ist echt –
6. Mein Freund hat so viel Energie, er will alles unternehmen. Er ist –
7. Alle finden meine Freundin ganz nett, aber ich finde sie besonders interessant. Sie weiß alles und interessiert sich für alle Fächer. Sie ist sehr –
8. Alle finden meinen Freund so hilfsbereit. Er ist sehr –

Jetzt hör gut bei den richtigen Antworten zu.
Beschreib einen (idealen) Freund/eine (ideale) Freundin. Wie ist er/sie?

Partnerarbeit

Partner/in A wählt einen Text oder ein Adjektiv und liest ihn/es vor. Partner/in B muß jeweils das passende Adjektiv oder den passenden Text finden.

Beispiel
A – Witzig.
B – Meine Freundin ist fantastisch. Sie hat viel Humor.

Wie reagierst du?

Persönlichkeitstest. Lies die acht Situationen und wähl die passenden Reaktionen. Dann sieh dir die Auswertung unten an. Schreib deine Antworten auf (a, b oder c).

1 Du bekommst in deinem Zeugnis sehr schlechte Noten.
- **a** Du fühlst dich deprimiert, aber sagst nichts.
- **b** Du ärgerst dich.
- **c** Es ist dir egal.

2 Du bekommst keine Einladung zu einer Party, wo all deine Freunde/Freundinnen hingehen.
- **a** Du fragst: ‚Warum nicht?'.
- **b** Du bleibst zu Hause und fühlst dich unglücklich.
- **c** Du sagst nichts und gehst anderswohin.

3 Eine gute Freundin kritisiert deine Kleidung.
- **a** Du machst dir keine Gedanken darüber.
- **b** Du sagst danke und kaufst dir 'was Neues.
- **c** Du fühlst dich beleidigt, aber machst nichts.

4 Deine Eltern schreien dich wegen deines Aussehens an.
- **a** Du schweigst.
- **b** Du schreist zurück.
- **c** Du besprichst es ruhig mit ihnen.

5 Dein Freund/deine Freundin kommt eine Stunde zu spät zu einer Verabredung.
- **a** Du ärgerst dich.
- **b** Du vergibst ihm/ihr sofort.
- **c** Du sagst nichts, aber du bleibst schlechter Laune.

6 Dein Freund/deine Freundin geht mit deiner Freundin/deinem Freund aus.
- **a** Du bist unglücklich, aber sagst nichts.
- **b** Du reagierst aggressiv.
- **c** Du schüttelst die Sache von dir ab und gehst mit anderen aus.

7 Dein kleinerer Bruder will immer alles mit dir unternehmen.
- **a** Du bist geduldig und läßt ihn mitmachen.
- **b** Du verbringst viel Zeit mit ihm, aber sagst auch manchmal nein.
- **c** Du bist gemein – der bleibt zu Hause!

8 Dein Freund lädt dich zu einem Konzert ein – du willst nicht hin.
- **a** Du schlägst etwas anderes vor.
- **b** Du gehst mit, um ihn nicht zu beleidigen.
- **c** Du hast eine glaubwürdige Ausrede.

Unten hast du die Auswertung.

Wie viele Punkte hast du? Lies den Kommentar – stimmt das? Welchen Rat bekommst du?

Punkte:

	a	b	c
1	1	5	10
2	5	1	10
3	10	5	1
4	1	5	10
5	5	10	1
6	1	5	10
7	1	10	5
8	10	1	10

Auswertung:

8–21 Du reagierst ziemlich passiv auf Probleme. Zeig deine Gefühle ein bißchen mehr.

22–50 Du reagierst offen auf Probleme, aber bist manchmal aggressiv. Nimm dir mehr Zeit, die Situation zu analysieren.

51–80 Du bist sehr selbstbewußt und läßt die Dinge nicht zu Problemen werden. Aber Vorsicht! Du solltest dich nicht isolieren.

Lernziel 2

Sorgenbriefe, Rauchen und Sucht

Partnerarbeit. Was darfst du?

Mach Dialoge mit einem Partner/einer Partnerin.

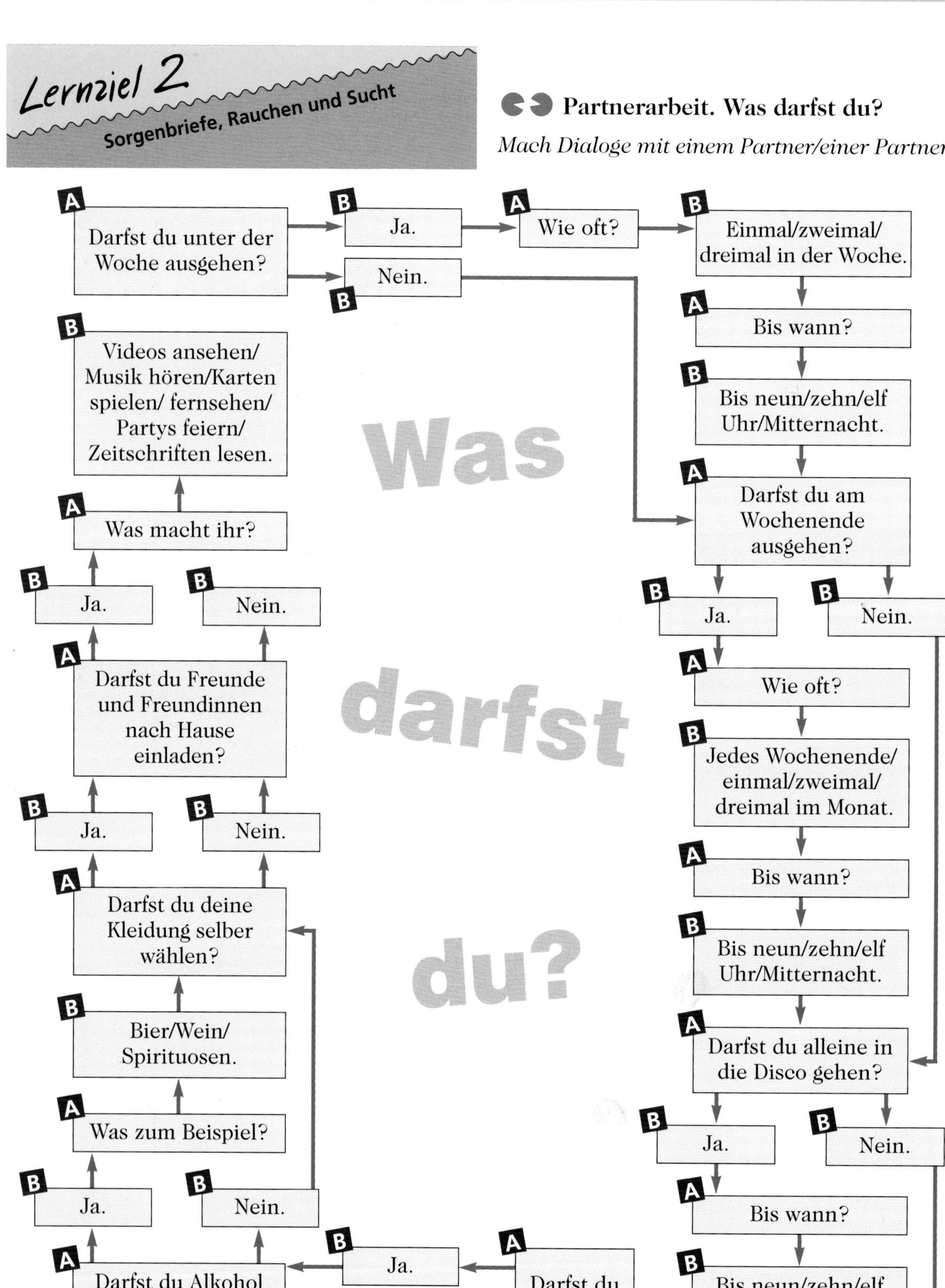

Meckerecke

Lies die Briefe und beantworte die Fragen.

Meckernde Eltern

Meine Eltern verstehen mich einfach nicht. Sie behandeln mich mal wie ein Kind, mal wie eine Erwachsene. Zum Beispiel, wenn ich abends ausgehen will, dann sagen sie: ‚Kinder sollten nach neun Uhr im Bett sein.' Andererseits, wenn ich arbeiten soll, dann heißt es: ‚Jetzt bist du schon 14 Jahre alt und kannst ruhig in der Küche helfen.'

Sie wollen auch meine Freunde für mich wählen – nur richtige Streber, die den ganzen Tag nur lernen. Sobald ich über Jungen sprechen will, meckert meine Mutter: ‚Mit 14 durfte ich nicht mit einem Jungen ausgehen.' Sie öffnet auch meine Post und ärgert sich, wenn ich sie frage: ‚Was würdest du sagen, wenn ich deine Post öffnete?'

Warum sind meine Eltern so unfair?

Katja, 14

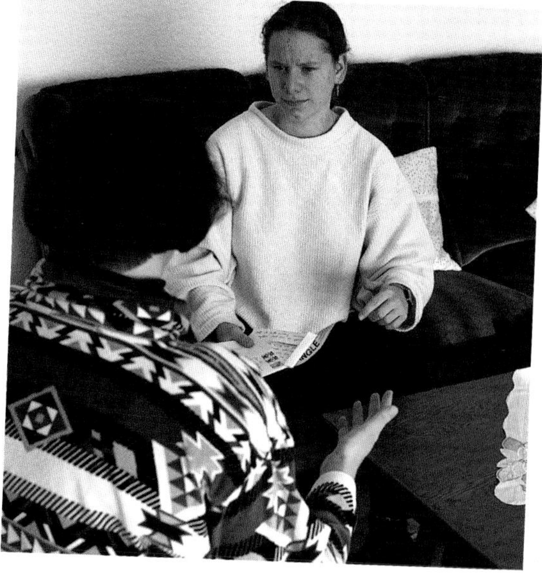

Stell dir vor, du bist Katja. Beantworte die Fragen:

1 Was darfst du nicht, Katja?
2 Wann behandeln sie dich wie eine Erwachsene?
3 Was für Freunde wählen sie für dich?
4 Wie reagiert deine Mutter, wenn du sie fragst: ‚Was würdest du machen, wenn ich deine Post öffnete?'
5 Wie findest du deine Eltern?

Alle lachen mich aus

Jetzt bist du nochmal dran. Beantworte die Fragen.

1 Wie alt bist du, Gerd?
2 Was willst du machen?
3 Warum sagt dein Vater nein?
4 Wer hat ihm mit 15 ein Mofa bezahlt?
5 Wie reagieren deine Freunde?
6 Was hältst du von dieser Situation?

Ich bin 15 Jahre alt und würde gern den Mofaführerschein machen, aber mein Vater sagt nein – nicht weil es zu gefährlich ist, sondern aus purem Sadismus!

Das Geld für die Prüfung habe ich schon, aber das ist ihm egal. Das Beste kommt noch: Ich habe ihn gefragt: ‚Hattest du mit 15 ein Mofa?' ‚Ja', hat er geantwortet, ‚und meine Eltern haben es mir bezahlt.'

Alle meine Freunde haben ein Mofa, nur ich nicht. Sie reden über ihre Mofas und lachen mich aus, weil ich keins habe. Das macht mich echt unglücklich.

Gerd, 15.

Rauchen ist doof

Hör zu und lies die Texte. Hier sind einige Meinungen zum Rauchen.

Ich finde Rauchen doof. Es stinkt, und man hustet dabei.

Ich rauche gern. Meine Mutter raucht selbst, und sie hat mir das Rauchen erlaubt. Warum auch nicht?

Mein Onkel ist an Lungenkrebs gestorben und hat viel geraucht. Ich habe nach seinem Tod aufgehört, zu rauchen.

Ich finde es nicht gut für die Gesundheit, aber ich rauche trotzdem. Es beruhigt manchmal.

Ich treibe viel Sport, also kann ich es mir nicht erlauben, zu rauchen.

Ich halte nichts vom Rauchen. Wenn andere Leute rauchen wollen, ist das mir egal.

Ich hasse Rauchen. Es ist gesundheitsschädlich und unheimlich teuer.

Alle anderen in der Clique rauchen. Ich will nicht der einzige sein, der nicht raucht.

Ich bin Nichtraucher, aber ich finde, ich rauche immer mit, auch wenn ich keine Zigarette habe. Das nervt mich.

Und du? Was meinst du? Wähl die passenden Texte und schreib sie auf.

Nikotin macht Küsse so sexy

Gefällt dir das Poster über Rauchen? Mach dein eigenes Poster.

NIKOTIN
macht Küsse
so sexy

Steffi und Freunde

Ja, ehrlich, du, ich finde es nicht so toll, daß du rauchst …

Könntest du es nicht mal aufgeben?

Ja, es ist nicht so einfach. Meine Eltern sagen immer, daß ich nicht rauchen sollte.

Aber wenn ich jetzt aufhöre, dann glauben sie, es ist wegen ihnen.

Aber wenn ich's aufgebe, dann ist es nur, weil ich es will und nicht sie!

Na, so muß ich weiterrauchen, siehst du?

Du, ich glaube jemand kommt nach oben.

O nein, mach das Fenster schnell auf!!

Bist du süchtig?

Wie süchtig bist du?
Sieh dir die Kategorien an.
Was trinkst du am meisten?
Was ißt du?
Wieviel rauchst du?

Wieviel Cola trinkst du?

Cola trinke ich nie.

Cola ist mein Lieblingsgetränk – ich trinke bis zu zehn Flaschen die Woche.

Wie viele Zigaretten rauchst du?

Ich bin Nichtraucher.

Ich rauche bis zu zwanzig Stück die Woche.

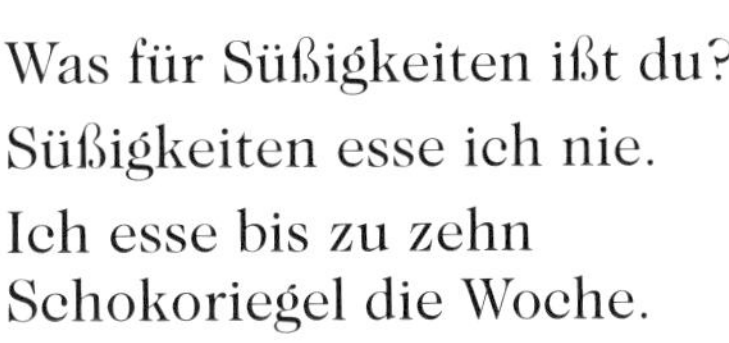

Was für Süßigkeiten ißt du?

Süßigkeiten esse ich nie.

Ich esse bis zu zehn Schokoriegel die Woche.

Wie viele Stunden spielst du am Computer?

Ich habe keine Computerspiele.

Bis zu zwei Stunden pro Tag.

Wie viele Stunden siehst du fern?

Nur zwei bis drei Stunden die Woche. Ich finde es zu langweilig.

Ich sehe normalerweise drei Stunden pro Tag fern.

Wonach bist du süchtig?	
Ich bin süchtig nach	Cola. Zigaretten. Süßigkeiten. Computerspiele. Fernsehen.

Und du? Wonach bist du süchtig?
Mach eine Umfrage in der Klasse.
Wonach seid ihr am meisten süchtig?
Wer könnte seine Sucht eine Woche lang aufgeben?

sb Selbstbedienung

So einfach ist das Leben nicht!

Lies folgende Sorgenbriefe und finde die passende Antwort unten.

Beispiel
1 *C Ja, Zucker macht die Zähne kaputt!*

1 Meine Mutter sagt: ‚Du ißt zu viele Bonbons und zuviel Schokolade. Das ist nicht gut für die Zähne.' Hat sie Recht?
Bettina, 14, Hannover.

2 Ich habe einen neuen Freund. Er ist fünfzehn Jahre alt. Er ist groß, blond und sehr nett. Aber ich habe ein Problem mit ihm. Immer hat er Kaugummi im Mund. Auch wenn er mich küßt!
Sonja, 14, Nürnberg.

3 Ich bin ziemlich dick. In der Schule sagen sie alle ‚Nudelbaby' zu mir. Wie kann ich schlank werden?
Pitt, 13, Hamburg.

A Suche einen neuen Freund.
B Du mußt gesund essen und Sport treiben.
C Ja, Zucker macht die Zähne kaputt!

Es gibt Krach

Sag, wann es Krach gibt (Sieh dir Seite 67 an).

Beispiel
1 *Wenn ich nicht genug im Haushalt helfe.*

nicht Wenn ich Haushalt helfe. im genug

zuviel Wenn ich fernsehe.

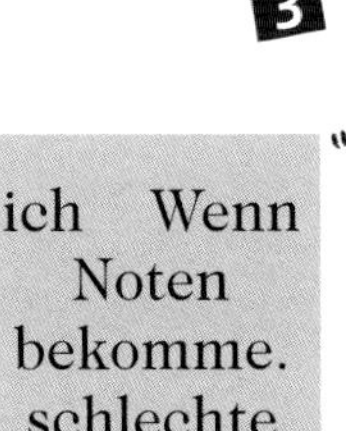

ich Wenn Noten bekomme. schlechte

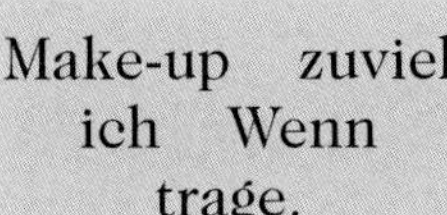

Make-up zuviel ich Wenn trage.

Wenn mit ich Streit Bruder meinem habe.

Welche Antwort paßt?

Was gehört zusammen?

Beispiel
1 *E*

1 Wie kommst du mit deiner Familie aus?
2 Was nervt dich?
3 Wann gibt es Krach bei dir?
4 Verstehst du dich gut mit deinen Eltern?
5 Darfst du bis elf Uhr abends wegbleiben?

A Nur am Wochenende.
B Ja, sehr gut.
C Das frühe Aufstehen.
D Wenn ich rauche.
E Sehr gut.

Schreib andere solche Sätze. Dein Partner/deine Partnerin muß dann die passenden Paare finden.

Quatsch!

Lies folgende Sätze – stimmt das oder nicht?
Wenn ja, schreib: ‚Ja, das stimmt.'
Wenn nein, schreib: ‚Quatsch!'

Beispiel
1 *Quatsch!*

1 Ich komme mit meinem Bruder sehr gut aus. Er nervt mich.
2 Meine beste Freundin erzählt immer Witze und hat viel Humor. Sie ist sehr witzig.
3 Ich bin siebzehn, aber ich darf nicht alleine in die Disco gehen. Das ist unfair.
4 Bernd ist sehr gemein. Er ist am populärsten in der Clique.
5 Es gibt Krach, wenn ich gute Noten bekomme.
6 Meine Lehrerin macht sich lustig über meinen Namen. Das macht mich unglücklich.

Ich hör' dir zu ...

Lies folgenden Text über das Sorgentelefon – ein guter Service für Kinder, die Fragen, Probleme oder Sorgen haben – und vervollständige ihn mit den passenden Wörtern unten.

Fragen, Sorgen, Probleme?
Ruf uns an. Wir hören zu.
Sorgentelefon
für Kinder Mo-Fr 14-19h.
467777

Ilse

– Kindertelefon Frankfurt, Ilse Müller. ____ Tag!
– Ja, Ilse, guten Tag. Ich heiße Emin und bin elf ____ alt. Ich habe ein ____. Ich habe heute mein Zeugnis bekommen und in Deutsch habe ich eine Sechs. Mit dieser Note habe ich ____, nach Hause zu gehen.
– Ja, das ist ein großes Problem für dich, Emin. Wie sind deine ____ in den anderen Fächern? Sicher hast du da bessere Noten!
– Das schon. In Englisch habe ich eine ____. Mein Vater wird aber nicht verstehen, wie ich in eine ____ Schule gehen kann und dann eine Sechs in ____ kriege.
– Ja, du mußt ihm halt ____ Noten zeigen. Du mußt ihm eben erklären, daß du mit dem ____ Deutsch immer noch Schwierigkeiten hast. Wie lange bist du schon in Deutschland?
– Neun ____.
– Na, sag deinem ____, das wird bestimmt besser, ____ du länger hier in der Schule bist.
– Gut, das mach' ich. Ich ____ mit meinem Vater. Vielen Dank. Tschüs!
– ____.

Deutsch
deutsche Zwei
Problem
spreche Noten
wenn Vater
Guten Angst
Monate alle
Tschüs Fach
Jahre

Emin

Nimm dieses Gespräch mit deinem Partner/deiner Partnerin auf Kassette auf.

Darfst du? Das ist die Frage

Sieh dir das Kreuzworträtsel an – mach eine Kopie davon und füll die Lücken aus.

Benutze jetzt die acht Wörter oben und bilde acht Fragen. Wenn du Hilfe brauchst, sieh dir Seite 72 an.
Beispiel
Darfst du alleine in die Disco gehen?

```
      _ISCO
    R_UCHEN
  BIE_
      _REUNDE
PARTY_
   MI_TERNACHT
 KLEI_UNG
    M_SIK
```

sb Selbstbedienung

Vier junge Leute

Hier schreiben vier junge Leute über ihre Probleme. Es ist alles durcheinander. Sortiere die Texte in vier Gruppen (von jeweils drei Zitaten), und schreib sie ab:

Beispiel
1 *A + G + I*

A + … + …

B + … + …

C + … + …

D + … + …

A Seit 9 Monaten gehe ich mit einem Jungen aus. Wir haben uns sehr lieb, aber meine Eltern können ihn einfach nicht leiden.

B Ich habe es satt mit meinen Eltern. Die erwarten einfach zuviel von mir! Ich bin zwar nicht dumm, aber auch kein Genie!

C Ich hab' einen Bruder, der zwei Jahre älter ist als ich. Er ist sehr nett. Das Problem ist, er ist der Liebling meiner Eltern.

D Ich finde es wahnsinnig nervend, daß ich am Wochenende um elf Uhr zu Hause sein muß!

E Wenn ich z.B. in der Schule mal keine Eins, sondern eine Drei schreibe, sagen meine Eltern gleich, ich werde als Klofrau enden.

F In den Augen meiner Eltern kann er nichts falsch machen. Und wenn er ab und zu doch 'was Blödes macht, sagen sie nichts.

G Jetzt sagen sie, ich darf ihn nicht mehr sehen.

H Ich tue doch mein Bestes, aber das ist für sie nicht genug. Die Folge ist natürlich, daß mir die Schule gar keinen Spaß mehr macht.

I Ich verstehe gar nicht, was sie gegen ihn haben, aber sie wollen die Sache ja nie besprechen. Wir sehen uns trotzdem immer noch.

J Ich bin immerhin fast 16, und gerade um diese Zeit wird es doch meistens erst lustig.

K Wenn ich dagegen 'was Blödes mache, heißt es immer: ‚Wieso kannst du nicht vernünftiger sein, wie Stephan?'

L In dieser Beziehung finde ich meine Eltern viel zu streng, zumal sie eigentlich immer wissen, wo ich bin. Da ich so früh nach Hause fahren muß, gibt es immer Auseinandersetzungen mit meinen Freunden.

Hier find' ich keine Freundin

Was ist Daggis Problem? Lies ihren Brief an Treff Jugendmagazin und beantworte die Fragen unten.

An Inge
Treff Redaktion

Liebe Inge!

Vor gut einem Jahr sind wir umgezogen. In Göttingen (da habe ich vorher gewohnt) hatte ich viele gute Freundinnen. In meiner neuen Klasse sind wir mit mir nur sieben Mädchen. Ich bin schon ein halbes Jahr in der Klasse, fühl' ich mich aber immer noch wie die ‚Neue'. Die meisten Mädchen in meiner Klasse denken nur an Kleidung und Jungen.

In den Ferien war ich wieder in Göttingen und es war ganz, ganz toll. Dann war noch meine Freundin aus Göttingen hier bei uns und wir haben uns total gut verstanden. Heute früh ist sie weg, und ich war so traurig und habe geweint. Hier habe ich keine richtige Freundin. Oft machen sich die anderen Mädchen lustig über mich, weil ich in ihren Augen so blöd gekleidet bin.

Ich bin so unglücklich. Ich habe als richtige Freundin nur meine Hündin. Ach, könnte ich doch wieder in Göttingen sein! Hier find' ich keine Freundin.

Deine unglückliche Daggi.

Richtig oder falsch?

1. Daggi hat in ihrer neuen Schule noch keine Freundin gefunden.
2. Sie war in Göttingen sehr unglücklich.
3. Sie will nicht nur über Kleidung und Jungen sprechen.
4. Es gibt viele Mädchen in ihrer Klasse.
5. In den Ferien war ihre alte Freundin aus Göttingen bei ihr zu Besuch.
6. Danach hat sie sich ein bißchen besser gefühlt.
7. Daggis Kleider sind ein bißchen altmodisch.
8. Ihre einzige Freundin ist ihr Haustier.

Schreib eine Lösung für Daggis Problem.

1 Talking about family relationships

Kommst du gut mit	deiner	Familie	aus?	*Do you get on with*	*your*	*family?*
Verstehst du dich gut mit	deiner	Schwester? Stiefmutter?				*sister? stepmother?*
	deinen	Eltern?				*parents?*
Ich finde	meinen	Bruder Stiefvater	doof. toll.	*I think my*	*brother stepfather sister*	*is stupid. great.*
	meine	Schwester				
Ich mag	meine	Eltern	nicht.	*I don't like my parents.*		

2 Saying what causes family rows

Wann gibt es	Streit Krach	bei dir?	*When are there*	*arguments rows*	*at home?*
Wenn ich	mein Zimmer nicht aufräume. nicht im Haushalt helfe.		*When I don't*	*tidy my room. help around the house.*	
	die Musik zu laut stelle.		*When I*	*play music too loud.*	
	zuviel	fernsehe. Make-up trage.		*watch too much TV. wear too much make-up.*	
	abends spät nach Hause komme. schlechte Noten bekomme. Streit mit meinem Bruder habe.			*come home late at night. get bad marks. argue with my brother.*	

3 Saying what gets on your nerves

Was	nervt dich? geht dir auf die Nerven?		*What gets on your nerves?*	
Mich nervt	das	frühe Aufstehen. Wetter.	*Getting up early The weather*	*gets on my nerves.*
	die	Schule.	*School*	
	mein	Bruder.	*My brother*	
Mich nerven	die Lehrer. meine meckernden Eltern. die Autobahnen und Straßen.		*Teachers My moaning parents Motorways and roads*	*get on my nerves.*
Mich nervt es, wenn	es regnet. ich mein Zimmer aufräumen muß.		*It gets on my nerves when*	*it rains. I have to tidy my room.*

4 Describing people

Mein Freund Meine Freundin	ist	sportlich. witzig. ausgeflippt. großzügig.	*My friend is*	*sporty. witty. zany. generous.*

5 Saying what you are allowed to do

Darfst du	unter der Woche ausgehen? trinken? deine Kleidung selber wählen?	*Are you allowed to*	*go out in the week? drink? choose your own clothes?*
Ich darf (nicht) rauchen.		*I'm (not) allowed to smoke.*	

6 Talking about 'addictions'

Wonach bist du süchtig?		*What are you addicted to?*	
Ich bin süchtig nach	Süßigkeiten. Cola. Fernsehen. Computerspiele.	*I'm addicted to*	*sweets. cola. TV. computer games.*

Lernziel 1

Hast du Lust, in den Zoo zu gehen?

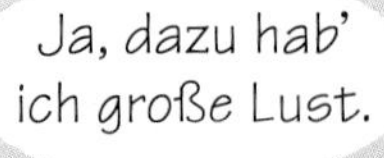

Wie fahren wir dahin?

Sieh dir die Texte und die Bilder an. Was gehört zusammen?

Beispiel
1 *C*

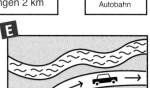

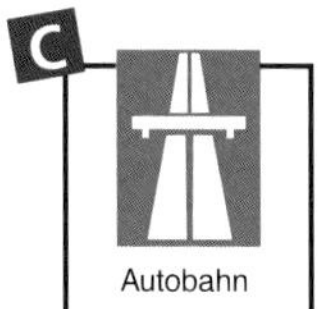

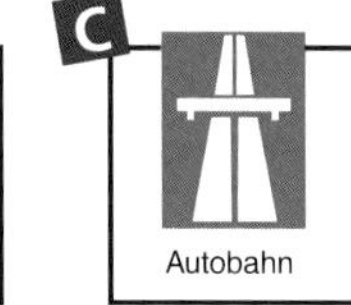

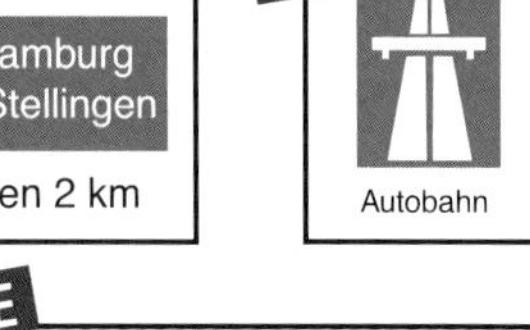

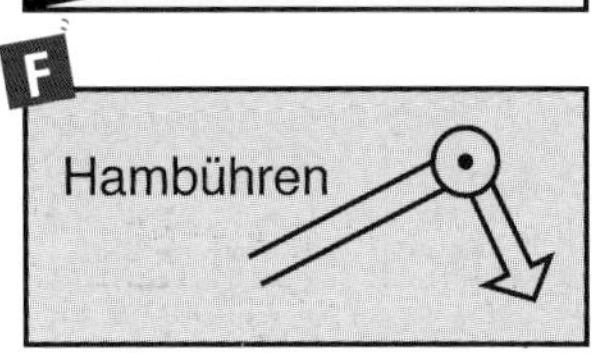

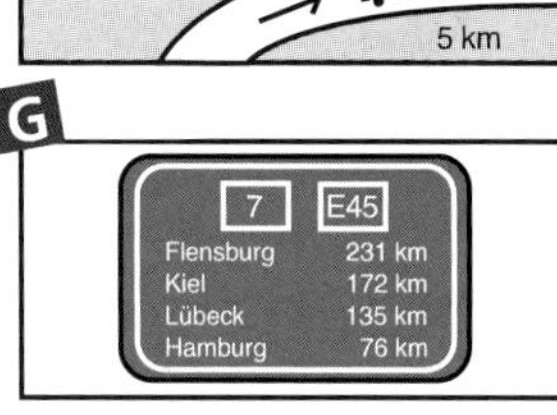

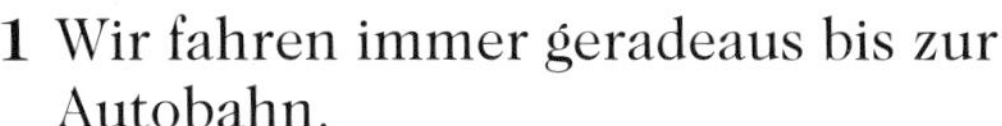

1 Wir fahren immer geradeaus bis zur Autobahn.
2 Bei Hambühren biegen wir nach rechts ab.
3 Wir fahren nach Stellingen.
4 Zuerst fahren wir aus Celle heraus.
5 Wir fahren ungefähr 80 km Richtung Hamburg.
6 Wir fahren diesen Fluß entlang – ungefähr 5 km.
7 Wir biegen in Bergen nach links ab.

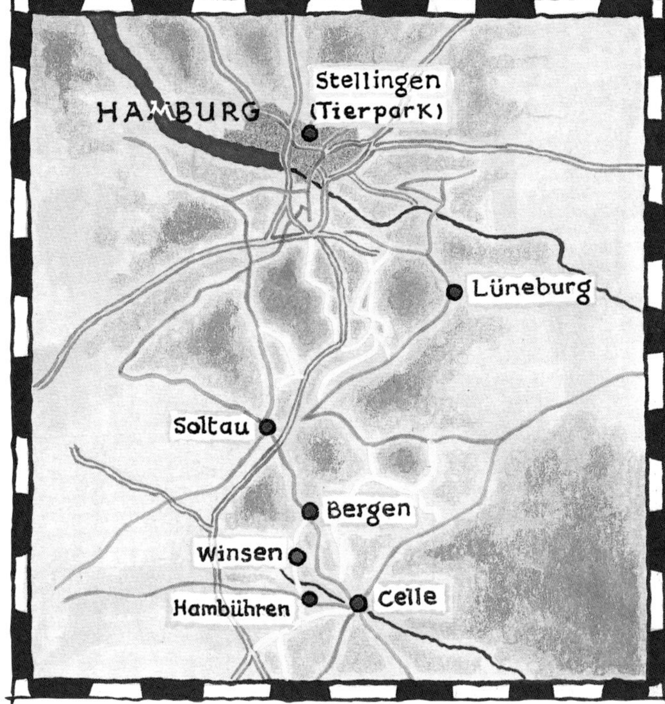

Jetzt zeigt Jörg auf die Karte und beschreibt den Weg. Hör zu. Wie ist die richtige Reihenfolge der Bilder?

Beispiel
1 *D, …*

Tip des Tages

Wie fahren wir dahin?					
Wir biegen	in bei	Bergen Hambühren	nach	links rechts	ab.

Wir fahren	aus Celle heraus. diesen Fluß entlang. immer geradeaus. Richtung Hamburg. bis zur Autobahn.

Los!

Die Familie Schneider fährt heute mit Andy zum Tierpark. Sie sind aber zu spät aufgestanden und haben nicht sehr viel Zeit. Sie suchen alle etwas. Hör gut zu. Wie ist die richtige Reihenfolge?

Beispiel

E, …

A die Brille	B die Reisetabletten	C der Regenschirm	D der Fotoapparat
E der Hausschlüssel	F der Radiorecorder	G die Kassetten	H die Autoschlüssel
I der Stadtplan	J der Führerschein	K die Landkarte	L Geld und Kreditkarte

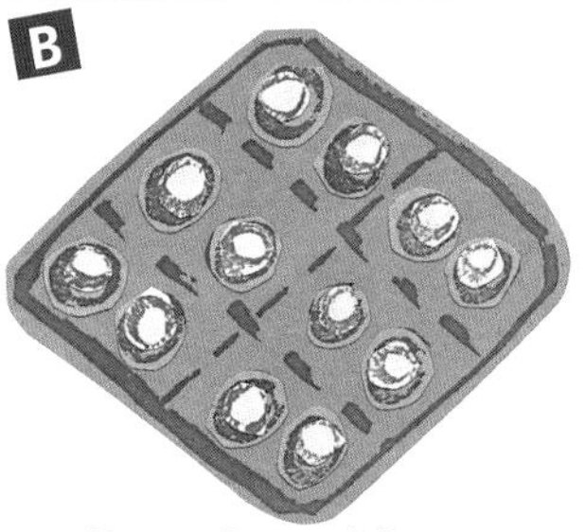

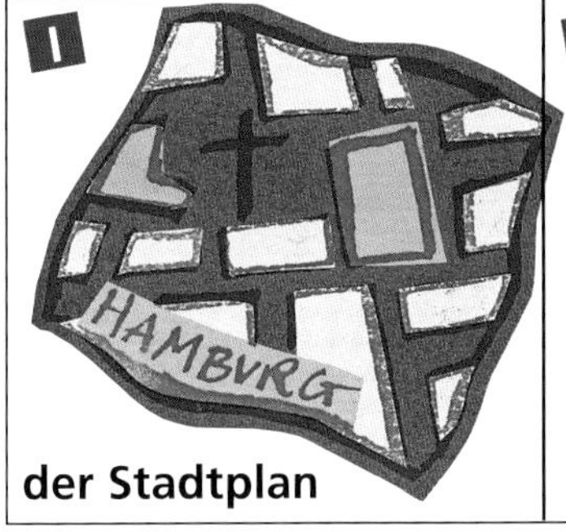

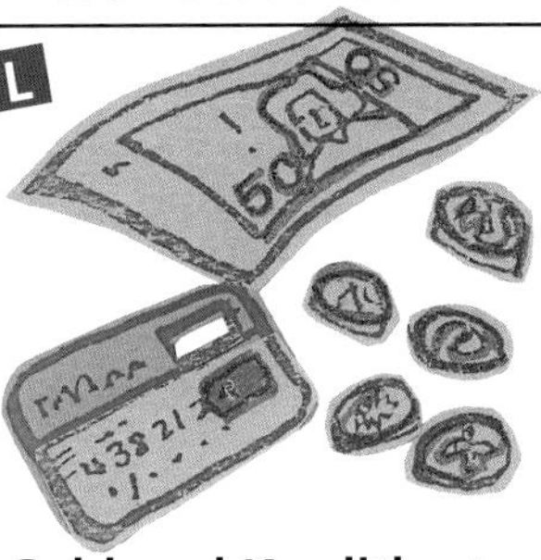

Gruppenarbeit. Hast du alles für die Reise?

Mach einen Dialog. Benutz die Fragen unten im Tip des Tages.

Tip des Tages

Hast du	Geld	dabei?
	den	Hausschlüssel? Regenschirm?
	die	Landkarte?
	die	Reisetabletten?

Ist	mein	Führerschein	da?
	meine	Handtasche	

Wo	ist	der	Stadtplan?
	sind	die	Kassetten? Autoschlüssel?

Unterwegs

Die Schneiders und Andy sind unterwegs. Sie sprechen miteinander im Auto. Hör gut zu. Welcher Satz paßt zu welchem Bild?

Beispiel

1 *D*

1 Sitzt du lieber vorne oder hinten?

2 Soll ich mich anschnallen?

3 Andys Tür ist nicht zu.

4 Links ist nicht frei.

5 Also los!

6 Machst du mal das Radio an, bitte?

7 Machst du bitte dein Fenster zu?

A B C D E F G

Partnerarbeit. Verkehrszeichen

Sieh dir die Zeichen an. Welche Definition paßt jeweils?

Beispiel

1 *C*

1

2

3

4

5

A Hier soll man sehr langsam fahren.
B Hier kann man die Autobahn verlassen.
C Alle Ampeln bleiben immer grün, wenn man sechzig fährt.
D Hier muß man langsamer fahren, wenn es regnet.
E Das zeigt, wie schnell man in Deutschland fahren darf.

Ich muß tanken

Welcher Text paßt zu welcher Sprechblase?

Beispiel

1 *F*

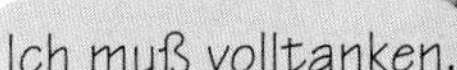

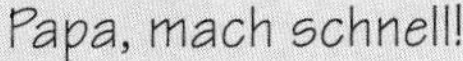

Papa, mach schnell!

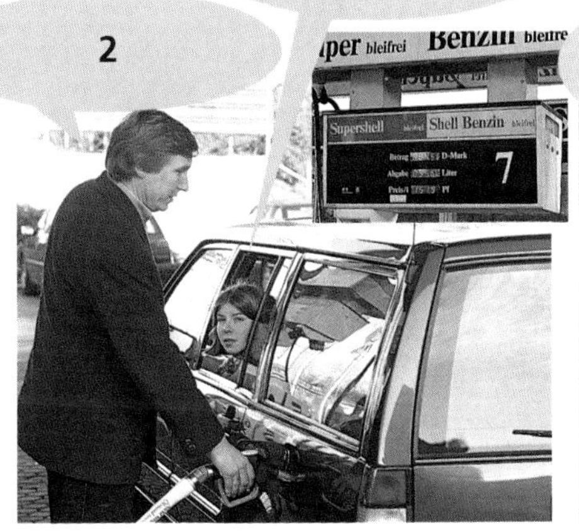

Ich prüfe jetzt mal die Reifen.
3

Was machst du denn jetzt?
4

So, los! Wo steckt die Michaela?
6

A Was?! Die Reifen jetzt auch noch?!
B Sie ist auf der Toilette.
C Hm, fünfundfünfzig Liter. Der Tank war also doch leer.
D Nummer sieben. Fünfundfünfzig Liter bleifrei.
E Mach schnell! Sonst kommen wir nie zum Zoo!
F Ach Papa! Warum hast du nicht gestern abend getankt?
G Ich prüfe den Ölstand natürlich.

 *Hör jetzt gut zu. Hast du richtig gewählt?*

Tip des Tages

Ich muß jetzt	volltanken.	
	die Reifen den Ölstand	prüfen.

Fünfundfünfzig Liter bleifrei, bitte.

Verkehrsstau

Hör zu und lies das Gedicht.

Es muß ein Ende haben,
Aber wo?
Keinen Sinn, zu hupen,
Aber die Leute hupen
Sowieso.

Bald muß es gehen,
Aber wann?
Eine Stunde später
Kaum hundert Meter
Weiter voran.

Jemand sollte 'was machen,
Aber wer?
Niemand ist daran schuld.
Nun gibt's keine Ungeduld.
Kein Hupen mehr.

Etwas muß los sein,
Aber was?
Die lange Schlange kriecht.
Die ganze Welt riecht
Nach Auspuffgas.

Geisterfahrer

Lernziel 2
Im Zoo

- Ich hätte gerne zwei Karten für Erwachsene und zwei Kinderkarten.
- Ja. Für Erwachsene kostet das DM 19,00 und für Kinder DM 14,00.
- Meine Kinder sind fünfzehn und vierzehn, geht das?
- Nein, leider nicht. Der Kinderpreis ist nur für Kinder unter vierzehn.
- Schade. Da muß ich vier Karten für Erwachsene kaufen.
- Ja, das macht DM 76,00.
- Hier, bitte.
- Danke schön.
- Kann man die Tiere füttern?
- Ja, aber nicht alle Tiere. Dort drüben sind die Automaten für das Futter.

Eintrittskarten

Hör zu und lies den Dialog.

Tierpark Carl Hagenbeck GmbH, Postfach 540 930
22509 Hamburg (Stellingen), Tel.: 040/54 000 1-0
Auskunft 040/54 000 147-148, Fax 040/54 000 132
Ganzjährig täglich ab 9.00 Uhr geöffnet

Tageskarten		
Erwachsene	DM	19,-
Kinder	DM	14,-
Delphinarium		
Erwachsene	DM	6,-
Kinder	DM	4,-
Elefantenreiten	DM	3,-
Dromedarreiten	DM	3,-
Märchenbahn	DM	2,50

Hagenbeck

Was weißt du über Tiere?

Finde die richtigen Antworten auf die Fragen.

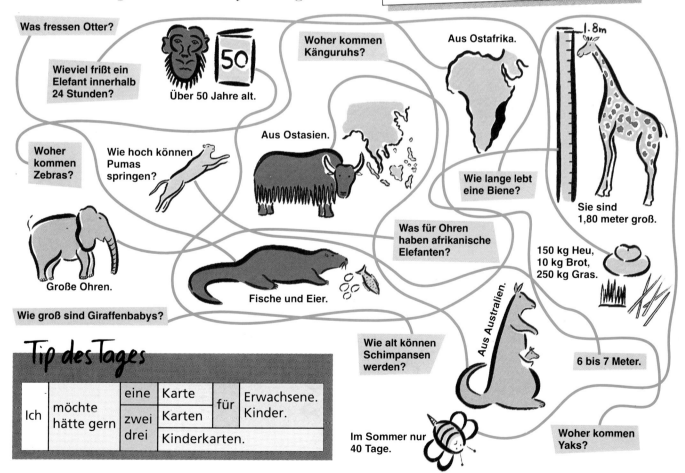

Was fressen Otter?

Wieviel frißt ein Elefant innerhalb 24 Stunden?

50

Über 50 Jahre alt.

Woher kommen Känguruhs?

Aus Ostafrika.

1.8m

Woher kommen Zebras?

Wie hoch können Pumas springen?

Aus Ostasien.

Wie lange lebt eine Biene?

Sie sind 1,80 meter groß.

Was für Ohren haben afrikanische Elefanten?

150 kg Heu, 10 kg Brot, 250 kg Gras.

Große Ohren.

Fische und Eier.

Aus Australien.

Wie groß sind Giraffenbabys?

Wie alt können Schimpansen werden?

6 bis 7 Meter.

Im Sommer nur 40 Tage.

Woher kommen Yaks?

Tip des Tages

<table>
<tr><td rowspan="3">Ich</td><td rowspan="3">möchte
hätte gern</td><td>eine</td><td>Karte</td><td rowspan="2">für</td><td rowspan="2">Erwachsene.
Kinder.</td></tr>
<tr><td rowspan="2">zwei
drei</td><td>Karten</td></tr>
<tr><td colspan="3">Kinderkarten.</td></tr>
</table>

Zoorätsel

Alle Tiere sind in der Nacht entkommen. Der neue Tierpfleger hat die Käfigtüren offengelassen. Wohin gehören die Tiere? Lies die Tips und finde heraus, wohin sie gehören.

Beispiel

3 *Pinguine*

Hier sind einige Tips:

Die Pinguine haben einen Teich. Vor den Pinguinen ist ein Eiskiosk. Die Lamas wohnen links von den Pinguinen.

Die Kaninchen haben einen Kinderspielplatz an zwei Seiten.

Die Affen und Schimpansen sind Nachbarn. Die Schimpansen sind links von den Toiletten. Vor dem Affenkäfig steht ein Eiskiosk.

Die Seelöwen sind zwischen den Kaninchen und den Löwen. Sie haben natürlich ein Gehege mit einem Teich.

Die Giraffen sind in einer Ecke rechts, nicht weit vom Eingang. In der Ecke ist eine Telefonzelle.

Die Vögel sind gleich rechts vom Eingang. Vor dem Käfig ist eine Wurstbude, und dahinter ist der Parkplatz.

Die Löwen sind in der Mitte des Zoos, hinter den Toiletten. Sie haben die Seelöwen als Nachbarn.

Die Zebras sind gleich rechts vom Ausgang, neben dem Parkplatz. Ihre Nachbarn sind die Lamas.

Die Eisbären haben einen Teich. Rechts haben sie die Bisons als Nachbarn und links die Pinguine.

Die Krokodile wohnen links vom Eingang. Sie haben einen Teich.

Die Pferde haben die Vögel als Nachbarn. Vor den Pferden ist eine Telefonzelle, dahinter ist ein Parkplatz.

Die Tiger wohnen rechts im Zoo. Von ihrem Käfig aus können sie die Löwen sehen.

Die Bisons haben die Eisbären und die Wildschweine als Nachbarn.

Die Nashörner wohnen in der Nähe vom Souvenirgeschäft. Sie sehen die Besucher, wenn diese ihre Souvenirs und Ansichtskarten kaufen. Sie haben die Wölfe und Wildschweine als Nachbarn.

Vor dem Käfig der Leoparden gibt es eine Telefonzelle. Sie haben die Tiger und die Giraffen als Nachbarn.

Die Wölfe wohnen rechts im Zoo. Sie sehen die Leute im Café vor ihrem Käfig.

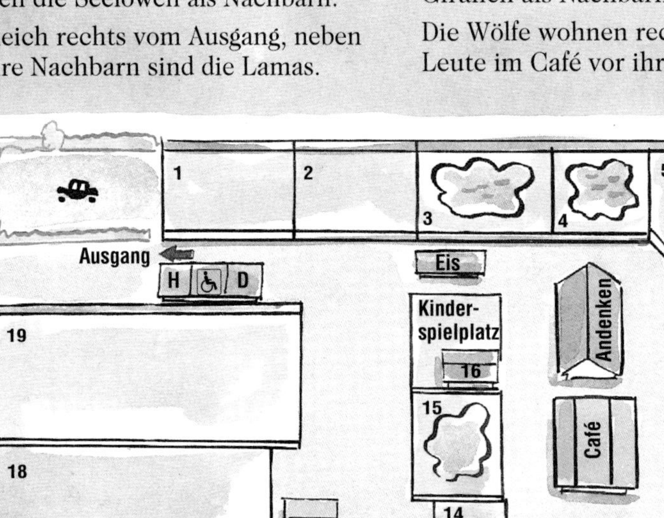

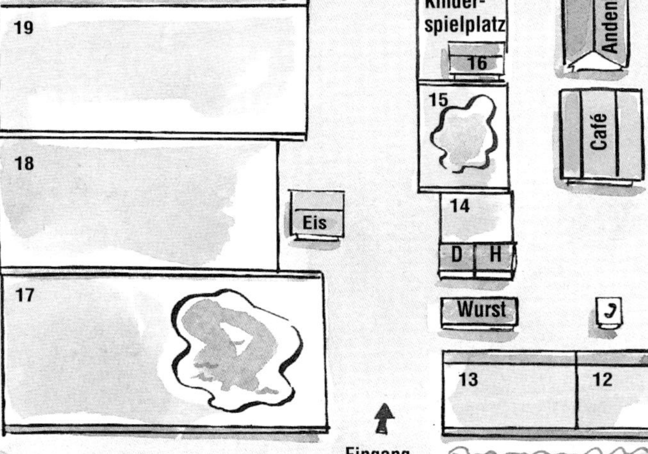

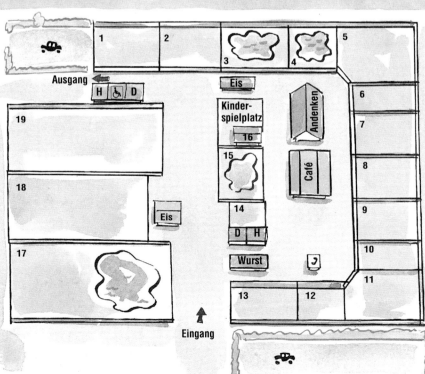

Bist du für oder gegen Zoos?

Hör gut zu und lies den Text. Das sind alles Meinungen über Zoos. Welche Meinungen sind positiv? Und welche sind negativ? Mach zwei Listen.

Beispiel

Für Zoos	Gegen Zoos
	1

2 Ich interessiere mich überhaupt nicht für Zoos.

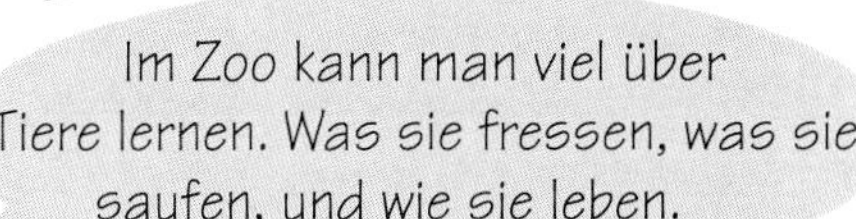

3 Im Zoo kann man viel über Tiere lernen. Was sie fressen, was sie saufen, und wie sie leben.

1 Zoos sind nur für kleine Kinder!

4 Die Tiere im Zoo wohnen zu eng. Sie haben keinen Platz.

5 Die Tiere im Zoo sind nur Spielzeuge für Menschen. Das find' ich schlimm.

6 Die Tiere haben ein gutes Leben im Zoo. Sie bekommen zweimal am Tag Futter.

8 Das Klima hier ist nicht gut für manche Tiere. Es ist hier viel zu warm für Pinguine und Eisbären.

7 Die Käfige sind groß, warm und trocken.

10 Ohne Zoos würden viele Tiere aussterben.

9 Es ist langweilig für die Tiere im Zoo.

11 Die Delphine oder die Affen machen ein paar Tricks und die Leute lachen über sie. Das find' ich doof.

Und du?

Was hältst du von Zoos? Schreib deine Meinung auf.

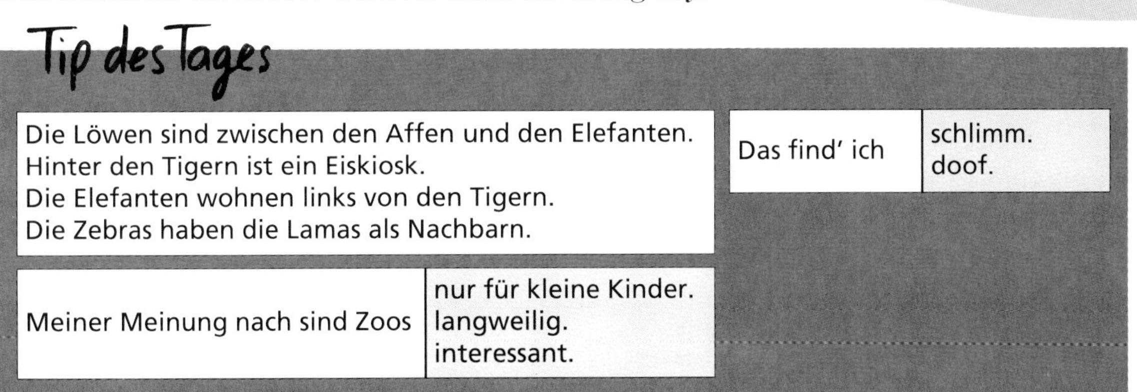

Tip des Tages

Die Löwen sind zwischen den Affen und den Elefanten.
Hinter den Tigern ist ein Eiskiosk.
Die Elefanten wohnen links von den Tigern.
Die Zebras haben die Lamas als Nachbarn.

Das find' ich	schlimm. doof.

Meiner Meinung nach sind Zoos	nur für kleine Kinder. langweilig. interessant.

Charlys Geschichte

Sieh dir die Bilder von Charly an.
Kannst du seine Geschichte richtig ordnen?

Beispiel
1 *A*

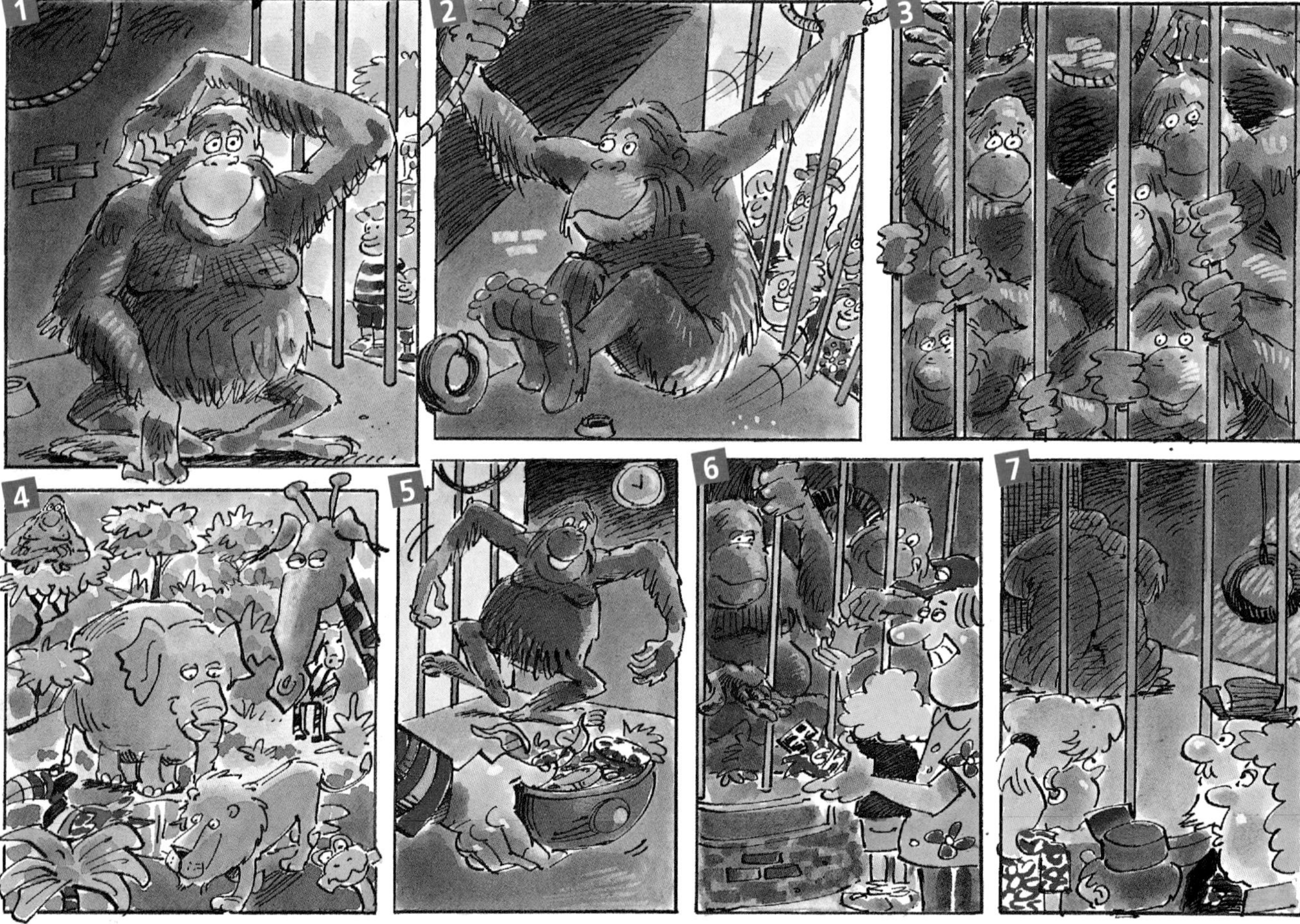

A Mein Name ist Charly. Ich bin seit sieben Jahren im Zoo. Ich bin aber nicht hier geboren. Ich bin in Afrika geboren, und meine Familie und meine Freunde wohnen noch dort.

B Hier im Zoo bekomme ich mein Futter regelmäßig zweimal am Tag.

C Manchmal sitze ich ganz still in einer Ecke und sehe die Leute nicht an.

D Im Käfig ist es langweilig. Die Menschen starren mich an und lachen, wenn ich von Seil zu Seil springe.

E Manchmal sind die Zoobesucher nicht nett zu mir. Sie geben mir Schokolade und Bonbons. Das macht meine Zähne ganz kaputt, und ich bekomme Magenschmerzen.

F Der Käfig ist zu klein für mich, und ich kann mich nicht richtig austoben. Wir sind fünf Affen in einem Käfig.

G In Afrika leben meine Geschwister in der Wildnis mit anderen Tieren zusammen. Sie müssen aber selber für Futter sorgen. Das ist manchmal schwierig, besonders im Winter.

Vorsicht GIFT!

Vorsicht GIFT!

Zucker, Schokolade, Süßigkeiten und verdorbene Lebensmittel sind Gift für alle Tiere und dürfen daher **nicht** verfüttert werden. Fütterungserlaubnis für: Hutaffen, Antilopen, Rinder, Kamele, Hirsche, Elefanten, Kodiakbären, Paviane.

Fütterungsverbot

für Menschenaffen, Giraffen, Robben, Pinguine und alle Fleischfresser.

Fütterungszeiten und Vorführungen

Robben	10.15	13.00	15.30 Uhr
Pinguine	10.15		15.30 Uhr
Delphinarium	14.00		

Beantworte die Fragen:

1. Welche Lebensmittel sind giftig?
2. Welche Tiere dürfen gefüttert werden?
3. Welche Tiere dürfen überhaupt nicht gefüttert werden?
4. Um wieviel Uhr werden die Pinguine gefüttert?

Im Safaripark

Sieh dir das Bild an. Ist das richtig oder falsch?

1 Ein Orang-Utan spielt mit einem Reifen.
2 Ein Schimpanse nimmt ein Rad.
3 Der Elefant ist im Kofferraum.
4 Die Schlange hat die Scheibenwischer genommen.
5 Die Batterie ist hinter dem Baum.
6 Die Schlange ist in den Auspuff verliebt.
7 Die Giraffe ist auf der Windschutzscheibe.
8 Die Affen nehmen das Lenkrad und die Handbremse.
9 Der Papagei sitzt auf der Stoßstange.
10 Die Scheinwerfer sind im Baum.

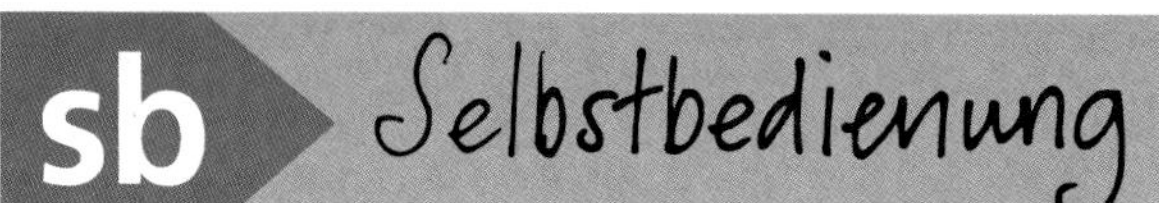

Nummernschilder

Sieh dir die Nummernschilder in den Fotos an. Woher kommen die Autos?

Beispiel
1 *HD = Heidelberg*

Welches Tier ist das?

Sieh dir die Bilder an. Welches Tier ist das?

Beispiel
1 *ein Elefant*

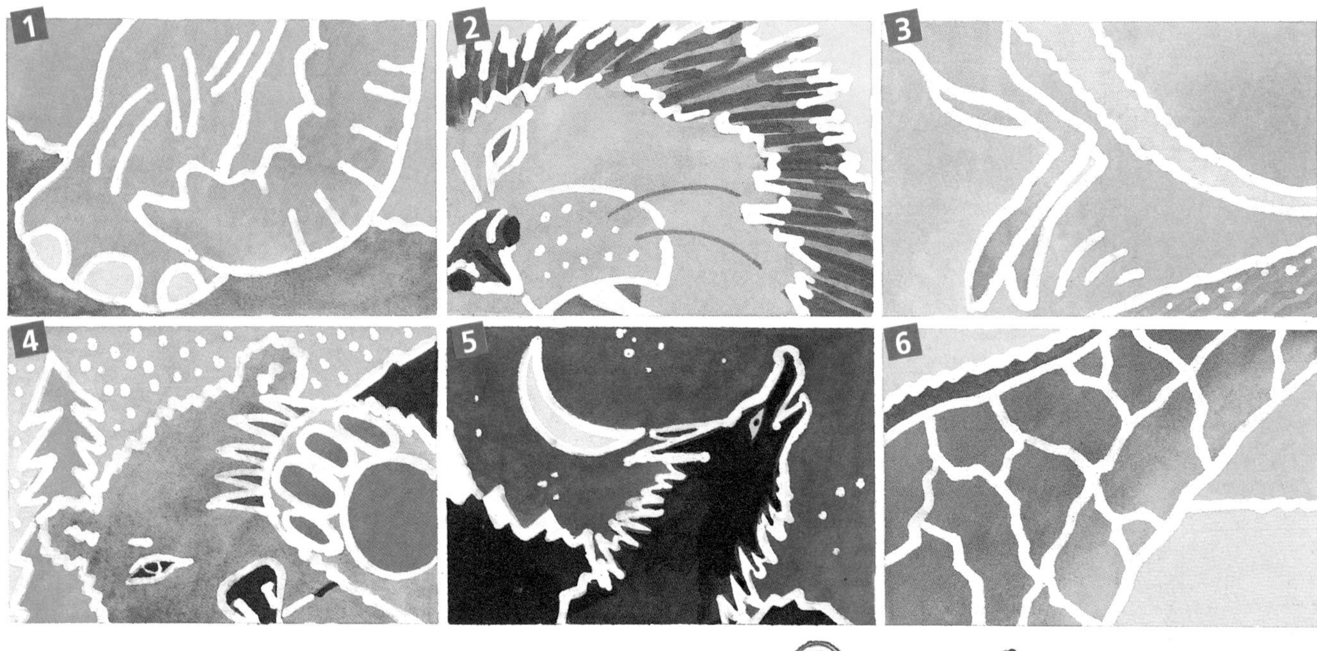

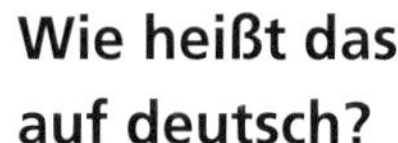

Wie heißt das auf deutsch?

Sieh dir das Fahrrad auf dem Bild an. Wie heißen die Teile auf deutsch?

Beispiel
1 *die Lenkstange*

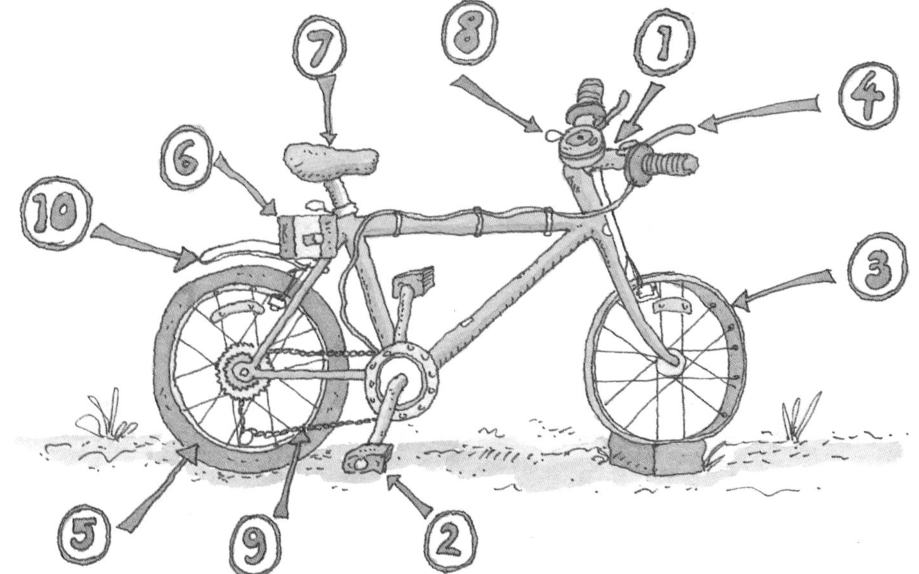

Wollen Sie tanken?

Wie ist die richtige Reihenfolge?

Beispiel

– *Guten Abend. Wollen Sie tanken?*
– …

– Ja, stimmt der Luftdruck?
– Danke. Auf Wiedersehen.
– Guten Abend. Wollen Sie tanken?
– Was macht das?
– Hier. Danke.
– Ja, 50 Liter Super, bitte.
– Gut, sonst noch etwas?
– Der ist in Ordnung.
– DM 75.

Beim Schrotthändler

Sieh dir das Bild an. Ist das richtig oder falsch?

1 Alle Windschutzscheiben sind kaputt.

2 Zwei Autos haben Stoßstangen.

3 Es gibt einen Wagen mit nur einem Rad.

4 Die Scheinwerfer von dem alten Sportwagen sind kaputt.

5 Es gibt fünf Batterien auf einem Haufen.

6 Die Scheibenwischer von dem Mercedes sind in Ordnung.

Wo wohnen die Tiere?

In welchen Käfigen wohnen die Tiere?

1 Die Elefanten und die Zebras sind Nachbarn.

2 Die Zebras wohnen rechts von den Pferden.

3 Die Löwen sind links von den Wölfen.

4 Die Wölfe wohnen zwischen den Löwen und den Tigern.

5 Die Tiger wohnen zwischen den Wölfen und den Pferden.

6 Die Pferde wohnen rechts von den Tigern.

sb Selbstbedienung

Fahren wir nach Itzehoe?

Du fährst mit einer Freundin nach Itzehoe. Kannst du den Weg beschreiben?

Beispiel

Zuerst fahren wir aus Wedel heraus …

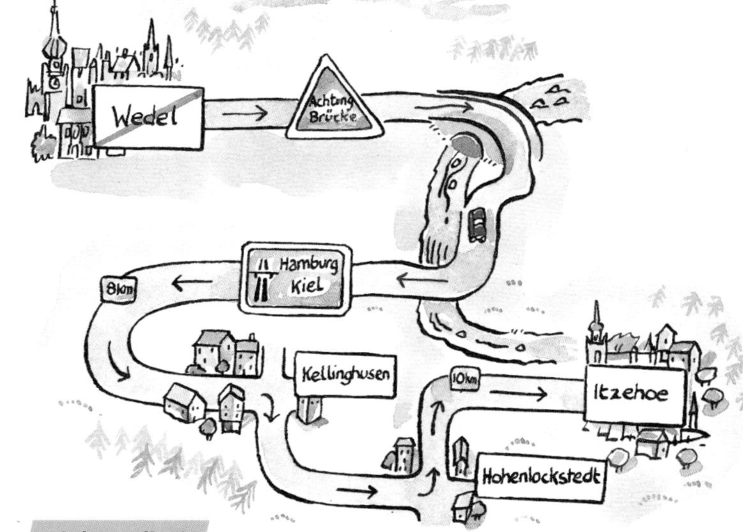

Auf der Autobahn

Sieh dir die Texte und die Fotos an.
Was paßt zusammen?

Beispiel

1 *C*

1. Wie schnell darf man fahren?
2. Wo kann man essen?
3. Wo darf man parken?
4. Wo kann man tanken?
5. Wo kann man Hilfe suchen?
6. Wo darf man die Autobahn verlassen?

Ist das Auto in Ordnung?

Sieh dir die Bilder an.
Bilde Dialoge.

Beispiel

Bild A :

– Stimmt der Luftdruck?
– Ich prüfe die Reifen … Nein, die Reifen haben zu wenig Druck.

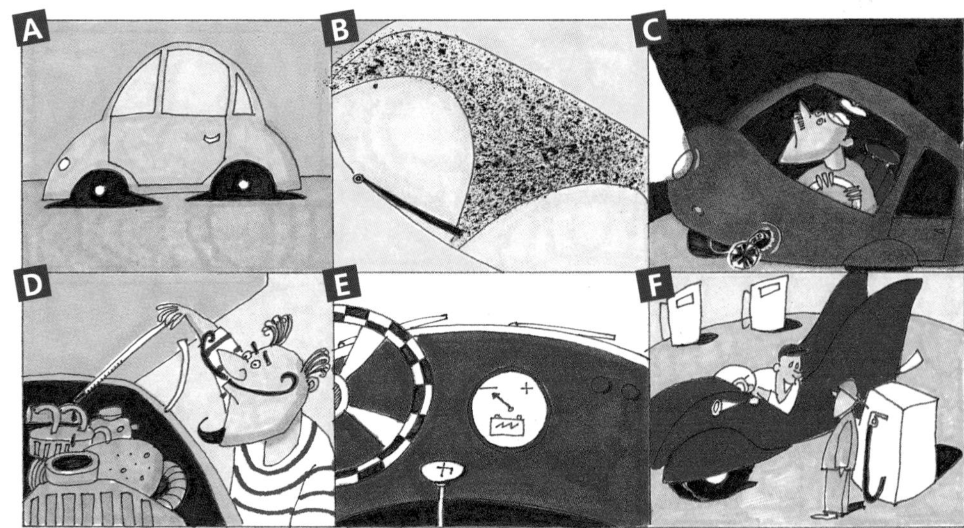

Zoodebatte

Schreib deine Meinung über Zoos in einem Brief an eine Zeitung. Du kannst für oder gegen Zoos sein.

auf einen Blick

1 Describing a journey

Wie fahren wir dahin?						*How do we get there?*			
Wir fahren	aus Celle heraus. diesen Fluß entlang. immer geradeaus. Richtung Hamburg. bis zur Autobahn.					*We drive*	*out of Celle. along this river. straight ahead. in the direction of Hamburg. to the motorway.*		
Wir biegen	in bei	Bergen Hambühren	nach	links rechts	ab.	*In*	*Bergen, Hambühren,*	*we turn*	*left. right.*

2 Preparing for a journey

Hast du	Geld	dabei?		*Have you got*	*some money with you?*	
	den	Hausschlüssel? Regenschirm?			*the house key? the umbrella?*	
	die	Landkarte?			*the map?*	
	die	Reisetabletten?			*travel sickness tablets?*	
Ist	mein meine	Führerschein Handtasche	da?	*Is my*	*driving licence handbag*	*there?*
Wo	ist	der	Stadtplan?	*Where*	*is the*	*street map?*
	sind	die	Kassetten? Autoschlüssel?		*are the*	*cassettes? car keys?*

3 Getting your car checked

Ich muß jetzt	volltanken.		*I need to*	*fill up with petrol.*	
	die Reifen den Ölstand	prüfen.		*check*	*the tyres. the oil.*
Fünfundfünfzig Liter bleifrei, bitte.			*Fifty-five litres of lead-free petrol, please.*		
Stimmt der Luftdruck?			*Is the tyre pressure all right?*		
Sie brauchen	vorne hinten	etwas Luft.	*The*	*front back*	*tyres need some air.*
Das Öl Die Batterie Das Wasser	ist in Ordnung.		*The*	*oil battery water level*	*is OK.*

4 Buying tickets

Ich	möchte hätte gern	eine	Karte	für	Erwachsene. Kinder.	*I'd like*	*one*	*adult's ticket.*
		zwei drei	Karten				*two three*	*children's tickets.*
			Kinderkarten.					

5 Talking about where the animals live in the zoo

Die Löwen sind zwischen den Affen und den Elefanten.	*The lions are between the monkeys and the elephants.*
Hinter den Tigern ist ein Eiskiosk.	*There's an ice-cream kiosk behind the tigers.*
Die Elefanten wohnen links von den Tigern.	*The elephants live to the left of the tigers.*
Die Zebras haben die Lamas als Nachbarn.	*The zebras have the llamas as neighbours.*

6 Giving opinions about zoos

Meiner Meinung nach sind Zoos	nur für kleine Kinder. langweilig. interessant.	*In my opinion zoos are*	*just for small children. boring. interesting.*
Das find' ich	schlimm. doof.	*I think that's*	*bad. stupid.*

Mein Wunschzettel

Liebe Mutti, lieber Vati

Ich wünsch mir,
daß Ihr nicht immer unangemeldet in mein Zimmer platzt, wenn ich Freunde zu Besuch habe.

Es wäre schön,
wenn ich abends endlich auch mal länger wegbleiben dürfte – wie alle anderen in meiner Klasse.

Denkt mal daran,
unaufgefordert mein Taschengeld zu erhöhen, und sagt mir nicht die ganze Zeit, wie ich's ausgeben soll.

Versucht auch mal,
meine Meinung gelten zu lassen, ohne daß es gleich zum Streit kommt.

Es wäre super,
wenn Ihr Euch auch für meine Projekte interessiertet.

Seid nicht gleich sauer,
wenn ich mit einer schlechten Note nach Hause komme. Dadurch werde ich auch nicht besser.

Erlaubt mal,
daß ich mir meine Klamotten selbst aussuchen darf und nicht immer das nehmen muß, was Ihr praktisch findet.

Schimpft nicht gleich,
wenn ich mich flippig schminke und mich nicht nach Eurem Geschmack anziehe.

Sorgt bitte dafür,
daß ich nicht so oft im Haushalt helfen muß. Laßt uns mal einen gerechteren Plan aufstellen.

Vertraut mir bitte mal,
und öffnet nicht immer meine Post.

Überlaßt es bitte mir,
wie ich mein Zimmer einrichte, und laßt mich die Poster aufhängen, die ich mag.

Denkt bitte mal darüber nach!

Eure **Karin**

Hier sind zwei Gedichte über Freunde. Welches Gedicht gefällt dir am besten? Warum?

Du

Du bist der, der mit mir durch's Leben geht.
Du bist der, der mit mir meine Laune teilt.
Du bist der, der mit mir weint und lacht.
Du bist der, der mich versteht.
Du bist der, der meine Probleme teilt.
Du bist der, der mir sagt: ‚Ich liebe dich!'
Du bist der, der immer zu mir steht.
Du bist der, den ich Freund nenne.

Sandra Keller

Für dich

Für Dich
vernachlässige ich meine Freunde.
Für Dich
gebe ich das auf, was mir wichtig ist.
Für Dich
nehme ich Streit mit meinen Eltern in Kauf.
Aber
Für mich
wird es Zeit, mein Leben zu leben.
Für mich
wird es Zeit, mein eigenes ‚Ich' zu finden.

Karin Gerst

Humor

HAGENBECKS TIERPARK

Im Jahre 1848 hat der Fischhändler Gottfried Hagenbeck sechs Seehunde gekauft. Er hat sie auf dem Hamburger Fischmarkt zur Schau gestellt. Sie waren eine große Attraktion.

Er hat dann viele andere Tiere gekauft. Der Star dieser Tiere war ein Grönland-Eisbär.

Nach 1866 hat der älteste Sohn von Gottfried Hagenbeck, Carl, Afrika und Amerika besucht. Dort hat er viele Tiere gekauft und sie nach Hamburg gebracht.

Im Jahre 1874 hat er Carl Hagenbecks Tierpark in Hamburg eröffnet.

Dieser Zoo war 1907 der erste Zoo ohne Gitter in der Welt. Die Tiere lebten in einer Parklandschaft mit Seen und Hügeln.

Carl Hagenbeck ist im Jahre 1913 gestorben. Nach seinem Tod haben seine Söhne Heinrich und Lorenz den Zoo übernommen. Zwischen 1918 und 1936 hat der Zirkus Hagenbeck überall in der Welt gespielt – in Japan, in China, in Indien, in Ägypten, in Uruguay und in Argentinien.

Im zweiten Weltkrieg haben Bomben den Zoo in neunzig Minuten zu achtzig Prozent zerstört. Neun Mitarbeiter und 450 Tiere sind dabei gestorben. Nach dem Krieg haben die Elefanten geholfen, die Trümmer zu beseitigen.

In den 50er Jahren hat man neue Häuser gebaut. 1960 hat man das Troparium eröffnet, und 1971 hat man dann das Delphinarium eröffnet.

1984 haben die Dschungelnächte begonnen. Der Zoo ist abends beleuchtet und bis Mitternacht geöffnet.

Auch heute ist der Zoo immer noch ein Familienunternehmen.

7 Unsere Welt

Lernziel 1
Die Erde und die Planeten

Das Sonnensystem

Sieh dir die Planeten an.

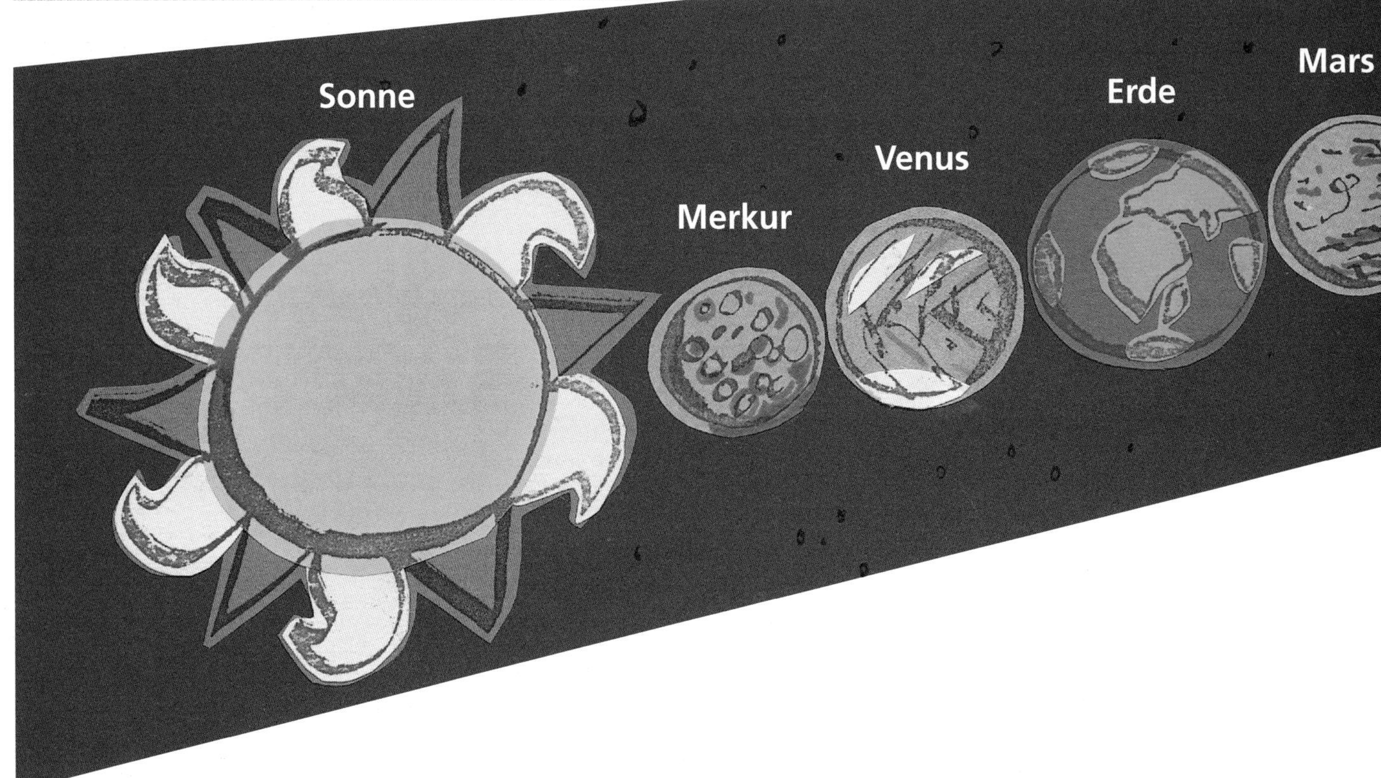

Partnerarbeit. Planetenquiz

Was weißt du über das Sonnensystem? Stell und beantworte Fragen.

Beispiel

1 *Merkur*

1 Welcher Planet ist am nächsten zur Sonne?
2 Welcher Planet ist am weitesten von der Sonne entfernt?
3 Was ist der kleinste Planet?
4 Was ist der größte Planet?
5 Was ist der einzige Planet mit Leben?
6 Was ist der kälteste Planet?
7 Was ist der heißeste Planet?

Tip des Tages

Welcher Planet ist	am	nächsten	zur	Sonne?
		weitesten	von der	Sonne entfernt?

Was ist der	kleinste größte heißeste kälteste	Planet?

Es ist	am	kältesten heißesten	in	Wostok. Libyen.
Es regnet	am	wenigsten	in der	Atacama Wüste.

Mein Vater Erklärt Mir Jeden Sonntag Unsere Neun Planeten
Jupiter
Saturn
Uranus
Neptun
Pluto

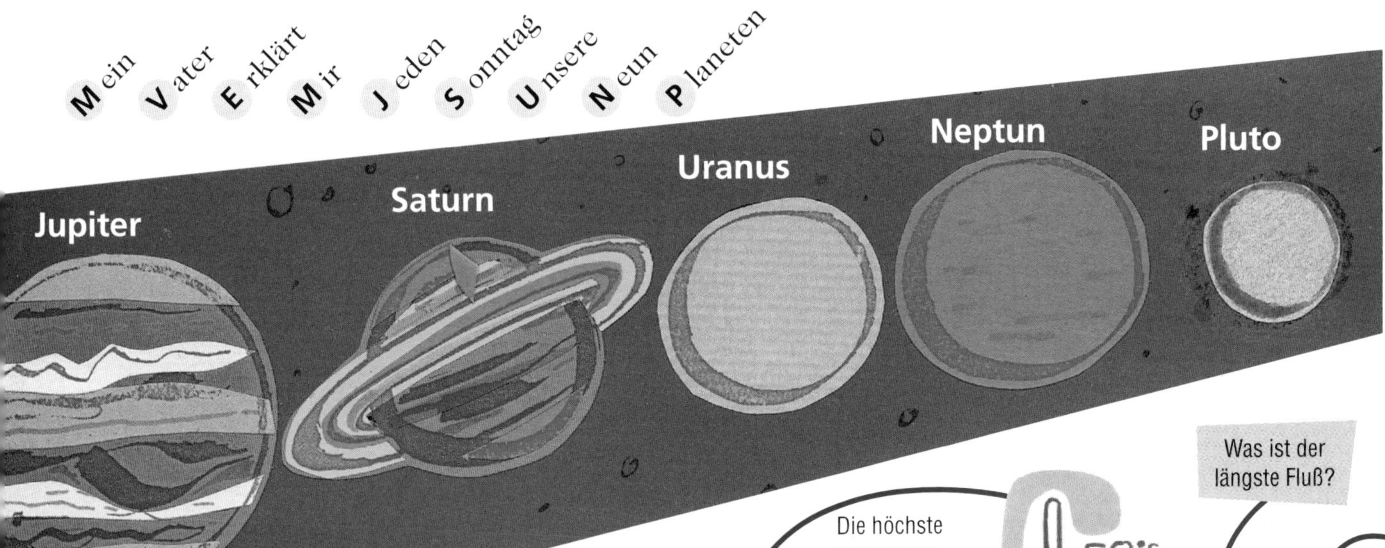

Weltrekorde

Sieh dir die Fragen und die Antworten an. Was paßt wozu?

Beispiel

Die größte Insel der Welt ist Australien.

Was ist die größte Insel der Welt?
Die höchste gemessene Temperatur war 58 Grad Celsius in Libyen.
-58°c
Was ist der längste Fluß?
Wo ist der höchste Wasserfall?
Es regnet am wenigsten in der Atacama Wüste in Chile. Es regnet dort weniger als ein Millimeter pro Jahr.
Der höchste Berg ist der Mount Everest. Er ist 8848 Meter hoch.
Wo ist es am kältesten?
Die größte Bergschlucht ist der Grand Canyon in den Vereinigten Staaten.
Was ist die größte Bergschlucht?
Es ist am kältesten in Wostok am Südpol.
Der höchste Wasserfall ist der Salton Angel in Südamerika. Er ist 979 Meter hoch.
Wo ist es am heißesten?
Der längste Fluß ist der Nil. Er ist 6671 Kilometer lang.
Wo regnet es am wenigsten?
Die größte Insel ist Australien mit 7,7 Millionen Quadratkilometern.
Was ist der höchste Berg?

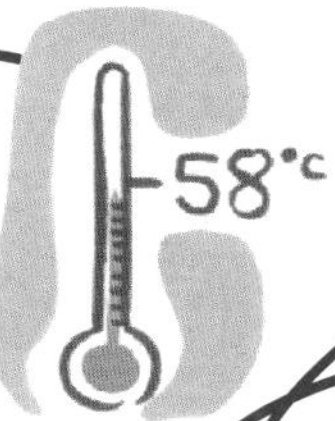

der höchste Berg

die größte Bergschlucht

Partnerarbeit

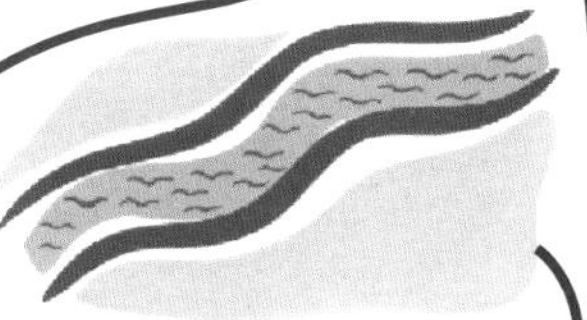

Stell und beantworte Fragen.

Beispiel

A – Was ist der längste Fluß?
B – Der Nil.
A – Richtig.

Kennst du andere Weltrekorde?

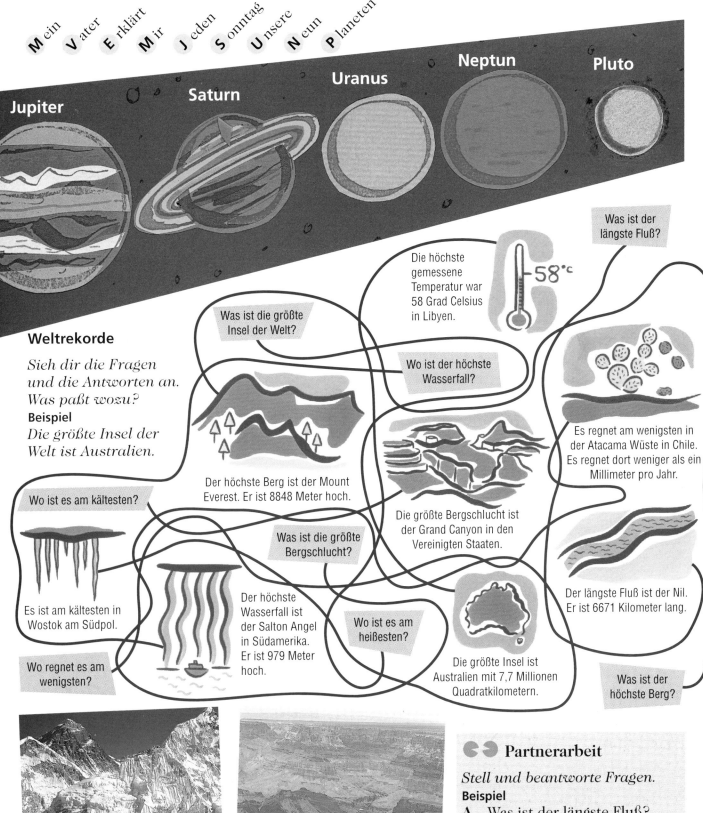

Wie ist das Wetter bei euch?

Hör zu und lies die Sätze. Wer spricht?

Beispiel

1 *Mamoud*

1 Es ist sehr heiß am Tage und kalt in der Nacht. Es regnet fast nie.

2 Im Sommer ist es immer sehr heiß. Es ist nicht sehr kalt im Winter, aber manchmal regnet es.

3 Das Wetter hier ist nie zu heiß und nie zu kalt. Es kann im Sommer, im Winter, im Frühling und im Herbst regnen.

4 Im Sommer ist es sehr heiß, und im Winter ist es sehr kalt.

5 Es ist immer sehr heiß, und es regnet sehr oft.

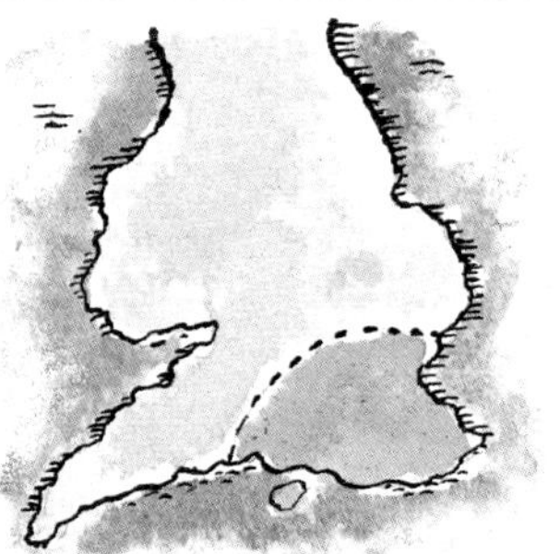

Michaela wohnt in Südostengland.

Jean-Claude wohnt am Mittelmeer in Südfrankreich.

Mamoud wohnt in der Sahara Wüste.

Max wohnt in New York.

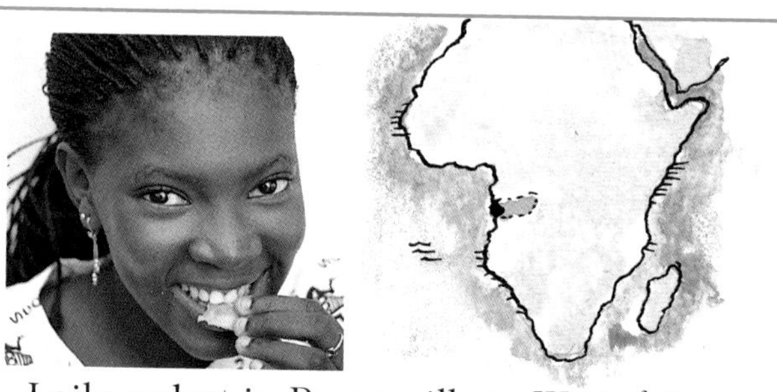

Leila wohnt in Brazzaville in Westafrika, nicht weit vom Äquator.

Und wie ist das Leben bei euch?

Jetzt sprechen dieselben Jugendlichen von ihrem Leben. Hör gut zu, sieh dir die Tabelle unten an und mach Notizen.

Beispiel

Michaela: Englisch – Doppelhaus – Protestantisch – …

Sprache	Unterkunft	Religion	Schule	Lieblingsessen
Französisch Englisch Arabisch Hausa	Wohnung Doppelhaus Haus	Islamisch Protestantisch Katholisch Evangelisch	Ja Nein	Curry Couscous Hähnchen Hamburger Fisch

 Weltstädte

Hör gut zu. Mach Notizen, dann lies den Text und beantworte die Fragen.

Im Jahre 1900 wohnten neunzig Prozent der Menschen auf dem Land. Heutzutage wohnen vierzig Prozent der Weltbevölkerung in Städten. Besonders die Städte in Südamerika, Afrika und Asien wachsen sehr schnell. In den Großstädten der dritten Welt gibt es große Unterschiede zwischen den Vierteln, wo die armen Leute wohnen und den Vierteln, wo die reichen Leute wohnen.

1 Wieviel Prozent der Menschen wohnten auf dem Land im Jahre 1900?
2 Und wie ist es heutzutage?
3 Wo wachsen die Städte sehr schnell?
4 Was ist ein Problem in den Großstädten der dritten Welt?

Warum zieht die Großstadt so viele Menschen an?

Sieh dir die Bilder an und schreib Sätze auf.

Beispiel

Weil man in Hotels arbeiten kann.
Weil es Krankenhäuser gibt.
Weil man in Kinos gehen kann.

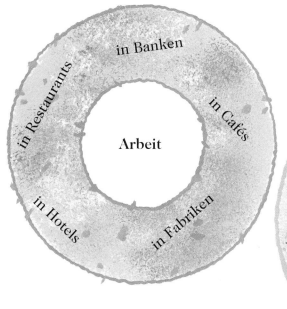

Freizeit
Kinos
Theater
Fußballstadien
Schwimmbäder
Sportzentren

Arbeit
in Banken
in Cafés
in Fabriken
in Hotels
in Restaurants

Dienstleistungen
Krankenhäuser
Schulen
Universitäten
die Polizei
Müllabfuhr
die Post

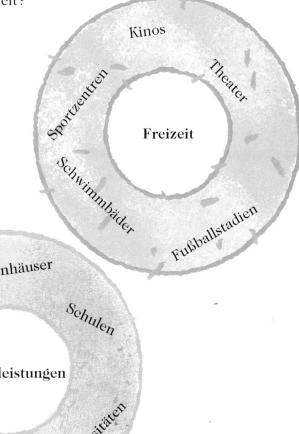

Tip des Tages

<table>
<tr><td colspan="4">Warum zieht die Großstadt so viele Menschen an?</td></tr>
<tr><td rowspan="2">Weil man in</td><td>Banken
Fabriken</td><td>arbeiten</td><td rowspan="2">kann.</td></tr>
<tr><td>Fußballstadien</td><td>gehen</td></tr>
</table>

Weil es	Schulen Universitäten die Polizei	gibt.

Ballade von der Großstadt und dem Lande

Hör zu und sing mit.

Die Großstadt und das Land,
Die gehen Hand in Hand.
Immer Hand in Hand.

1 Die Großstadt macht das Geld.
Das Land ernährt die Welt.

Die Großstadt und das Land,
Die gehen Hand in Hand.
Immer Hand in Hand.

2 Doch alles ist so grau!
Dort lauter grün und blau!

Die Großstadt und das Land,
Die gehen Hand in Hand.
Immer Hand in Hand.

3 Da sieht man keinen Stern!
Da ist ja nichts modern!

Die Großstadt und das Land,
Die gehen Hand in Hand.
Immer Hand in Hand.

4 Da ist es viel zu groß!
Da ist ja gar nichts los!

Die Großstadt und das Land,
Die gehen Hand in Hand.
Immer Hand in Hand.

5 Da hat man keine Zeit!
Es gibt viel Einsamkeit!

Die Großstadt und das Land,
Die gehen Hand in Hand.
Immer Hand in Hand.

6 Lauter Lärm und Schmutz!!
Lauter Umweltschutz!!

Die Großstadt und das Land,
Die gehen Hand in Hand.
Immer Hand in Hand.

Lernziel 2
Die Umwelt

Umweltprobleme

Sieh dir die Fotos und die Texte an und hör gut zu. Welcher Text beschreibt welches Foto?

Beispiel

1 *C*

1

das Atommüllproblem

2

die Abholzung der tropischen Wälder

3

der Treibhauseffekt

A Jedes Jahr sterben viele Tierarten aus. Fische sterben, weil viele Flüsse und Seen mit chemischen Produkten verseucht werden. Auch Walfische im Meer sind gefährdet, und man tötet Elefanten wegen dem Elfenbein.

B Fabriken und Autos verpesten die Atmosphäre mit Abgasen. Die Gase verbinden sich mit Sauerstoff und Regenwasser zu Schwefelsäure, und die fällt dann zur Erde. Dieser saure Regen zerstört die Pflanzen.

C Radioaktive Stoffe sind eine große Gefahr für die Umwelt. Besonders gefährlich ist es, wenn ein Atomkraftwerk nicht in gutem Zustand ist. Die Entsorgung von radioaktivem Müll ist auch sehr teuer

4

bedrohte Tierarten

5

Ölverschmutzung

6

saurer Regen

D Öltanker sind manchmal ein großes Problem. Wenn ein Unfall passiert, fließt das Öl in die See. Viele Seevögel und Fische sterben. Das Öl bedeckt auch Strände und Felsen an der Küste.

E Man zerstört viele Wälder in Südamerika. Man exportiert das Holz in die reichen Länder, um Möbel daraus zu machen. Man zerstört auch Wälder, um Rinder zu züchten. Aus dem Fleisch macht man dann Wurst und Hamburger.

F Wenn man Elektrizität herstellt, gelangen viele Kohlenstoffe in die Atmosphäre. Wenn es zu viele Kohlenstoffe in der Atmosphäre gibt, wird die Erde immer wärmer. Es entstehen dann Überflutungen und Trockenheiten.

Unsere Welt steht in Gefahr, oder … ?

Hör zu und lies die Texte. Wer schreibt etwas Positives? Wer schreibt etwas Negatives?

Beispiel
Holger – negativ

Wir verpesten die Welt und machen die Wälder kaputt. Wir zerstören die Atmosphäre mit Spraydosen und werfen jede Menge Dreck ins Meer.

Holger.

Wir zerstören unsere Umwelt. Wir wollen immer mehr Fortschritt, auch wenn dabei unser ganzer Planet vor die Hunde geht.

Michaela.

Viele Menschen machen etwas für die Umwelt. Sie kaufen zum Beispiel keine Wegwerfflaschen und benutzen keine Plastiktüten.

Sven.

Wir tun unser Bestes für die Umwelt. Wir waschen mit einem umweltfreundlichen Waschmittel. Wir sammeln Flaschen und werfen sie in den Container. Altpapier bringen wir vor die Tür und lassen es abholen. Pfandflaschen bringen wir zum Laden zurück.

Miriam.

Umweltverschmutzung

Und ihr? Macht ihr etwas für die Umwelt?

Geldstrafe wegen Umweltverschmutzung!

Tip des Tages

Wir	verpesten zerstören	die Welt. die Atmosphäre. unsere Umwelt.
	tun	unser Bestes.
	waschen mit einem umweltfreundlichen Waschmittel.	
	lassen	das Altpapier abholen.

Was machst du für die Umwelt?

Hier sagen viele Leute, was sie für die Umwelt machen. Hör gut zu und lies die Texte. Welches Bild paßt jeweils?

Beispiel
1 *E*

1 Ich benutze Plastiktüten mehr als einmal.
2 Ich verzichte auf Plastiktüten im Supermarkt.
3 Ich mache immer das Licht aus, wenn ich ein Zimmer verlasse.
4 Ich kaufe bleifreies Benzin und ungebleichtes Klopapier.
5 Ich sammle und trenne Flaschen, Dosen, Zeitungspapier, Plastik und Karton.
6 Ich fahre heutzutage viel langsamer.
7 Ich gehe oft zu Fuß oder fahre mit dem Rad.
8 Ich spare Gas, Wasser, Elektrizität und Benzin.
9 Ich mache Türen und Fenster zu, wenn die Heizung läuft.
10 Ich bin Mitglied eines Umweltschutzvereins.

Tip des Tages

Ich	mache	das Licht immer aus. Türen und Fenster zu.
	kaufe	bleifreies Benzin. ungebleichtes Klopapier. umweltfreundliche Produkte.
	benutze	Plastiktüten mehr als einmal.
	fahre	langsamer. mit dem Rad.
	spare	Benzin. Gas. Elektrizität. Wasser.
	sammle	Altpapier. Batterien. Dosen.
	trenne	Flaschen. Karton. Plastik.
	bin	Mitglied eines Umweltschutzvereins.

Und du? Was machst du für die Umwelt? Mach eine Liste.

Statistik – Umweltfreundlich sein in Deutschland

Was tun die Deutschen für die Umwelt? Lies diese Informationen. Schlag die unbekannten Wörter in der Wörterliste nach, und schreib einen kurzen Artikel über die Statistik auf englisch für eine Schülerzeitung.

■ Umweltfreundliche Produkte

Jede dritte Person ist bereit, mehr Geld für umweltfreundliche Produkte auszugeben.

■ Tempo 130

Mehr als ein Drittel der Autofahrer fahren nicht schneller als 130 auf den Autobahnen.

■ Chemie im Haushalt

Fast jeder dritte sagt nein zu chemischen Desinfektionsmitteln in Küche, Bad und Toilette.

■ Altglas

Zwei von drei Deutschen benutzen Altglas-Container.

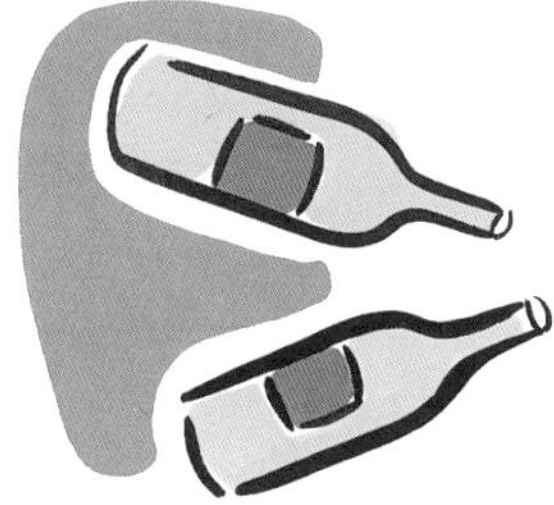

■ Einkaufstaschen

Vor allem Frauen (61% gegenüber 39% der Männer) sagen nein zu Plastiktüten.

■ Wassersparen

benutzen den Geschirrspüler oder die Waschmaschine nur dann, wenn diese wirklich voll sind.

Wovor hast du Angst?

Diese Jugendlichen haben alle Angst vor etwas. Wovor? Lies die Texte und übersetze ins Englische, was jede Person sagt.

Beispiel

Ibrahim: I'm scared that there'll be an atomic war.

Ich habe Angst, daß ein Atomkrieg ausbricht.

Ibrahim

Ich habe Angst, daß die Umweltzerstörung noch schlimmer wird.

Doris

Ich habe Angst, daß immer mehr Menschen in der Welt verhungern.

Sven

Ich habe Angst, daß ein Atomkraftwerk explodiert.

Dirk

Ich habe Angst, daß ich keine Arbeit finde.

Anna

Und du? Wovor hast du Angst?

Wer ist daran schuld?

Wer ist schuld an den Umweltproblemen? Hör zu und lies die Texte. Wer spricht?

Beispiel

1 *Peter*

Die großen Fabriken sind daran schuld. Sie verpesten die Luft und die Erde mit Chemikalien.

Rebekka

Ich glaube, daß jede Familie mehr tun sollte.

Elsa

Der Staat ist daran schuld.

Oliver

Meiner Meinung nach sind wir alle daran schuld. Wir sollten alle 'was machen.

Peter

Die Schule und die Lehrer sind daran schuld. Man sollte in der Schule mehr über die Umwelt lernen.

Anne

Die Stadtverwaltung ist daran schuld, mein' ich. Es gibt nicht genug Recycling-Container.

Serkan

Und du? Was meinst du? Wer hat deiner Meinung nach recht?

Tip des Tages

Wovor hast du Angst?

Ich habe Angst, daß	ein Atomkrieg ausbricht. ein Atomkraftwerk explodiert. die Umweltzerstörung noch schlimmer wird. ich keine Arbeit finde. immer mehr Menschen in der Welt verhungern.

Wer ist daran schuld?

Der Staat Die Stadtverwaltung Die Familie	ist	daran schuld.
Die großen Fabriken Die Schule und die Lehrer	sind	

sb Selbstbedienung

Welcher Planet ist das?

Beispiel
1 *Pluto*

Wer ist die größte?

Sieh dir das Bild an und beantworte die Fragen.

Beispiel
1 *Katja*

1 Wer ist die größte?
2 Wer ist die kleinste?
3 Wer ist die zweitgrößte?
4 Wer ist die dickste?
5 Wer ist die älteste?
6 Wer ist die dünnste?

Großstadt oder Dorf?

Wo wohnen sie? In einer Großstadt oder in einem Dorf?

Beispiel
Peter – Großstadt

Ich wohne in einem Hochhaus.
Peter

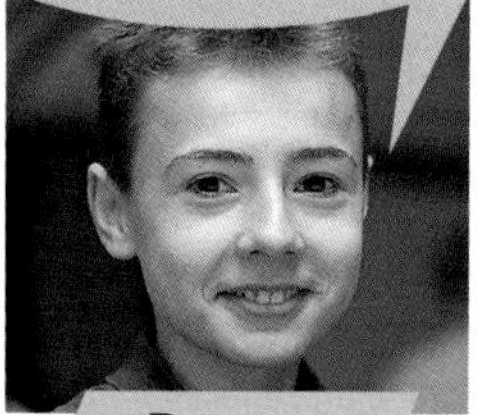

Es gibt ein großes Einkaufszentrum um die Ecke.
Danny

Es gibt ein paar kleine Geschäfte am Marktplatz.
Uschi

Es gibt eine kleine Bäckerei in der Hauptstraße.
Claudia

Es gibt kein Gymnasium.
Mehmet

Der Bus fährt zweimal am Tag.
Oliver

Es gibt ein Parkhaus für fünfhundert Autos.
Tina

Planetensystem

Sieh dir die Planeten an und beantworte die Fragen.

Beispiel
1 *Zent*

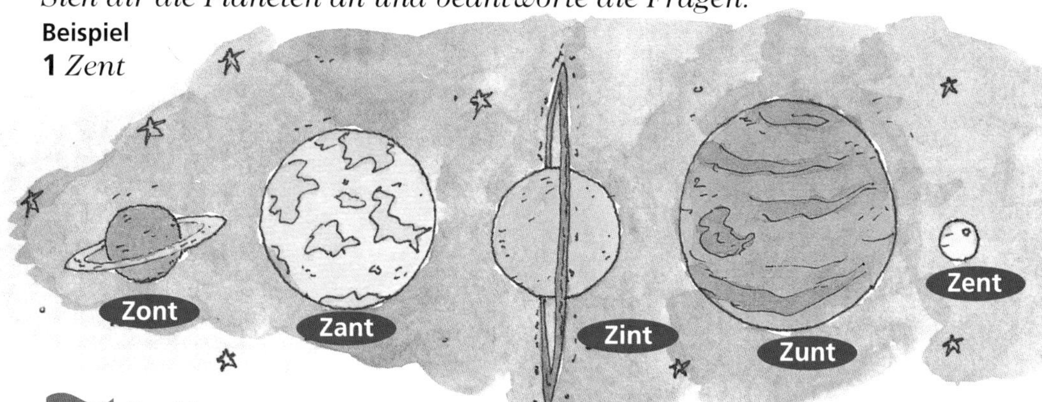

1 Welcher Planet ist am weitesten von Zont entfernt?
2 Was ist der größte Planet?
3 Was ist der kleinste Planet?
4 Welcher Planet ist am nächsten zu Zent?

Probleme

Was paßt am besten?

Beispiel
1 *B*

1 Seit zwei Jahren regnet's nicht mehr.
2 Es regnet jeden Tag seit zwei Monaten.
3 Ein Öltanker hat einen Unfall gehabt.
4 Man holzt die Bäume in den tropischen Wäldern ab.
5 Ein Atomkraftwerk explodiert.

A Viele Seevögel sterben.
B Es gibt eine Trockenheit.
C Es gibt eine Überflutung.
D Die Radioaktivität verstrahlt die Erde.
E Viele exotische Tierarten sterben aus.

Ökoquiz

Wie lange dauert das? Was sind die richtigen Antworten?

Beispiel
1 *c*

1 Eine Bananenschale
a drei Tage
b eine Woche
c einige Wochen

2 Eine Zeitung
a zwei Wochen
b sechs Monate
c ein Monat

3 Ein Reifen
a dreißig Jahre
b über hundert Jahre
c fünfzig Jahre

4 Eine Plastiktüte
a neun Monate
b zwei Jahre
c fünfundzwanzig Jahre

5 Atommüll
a zweihundert Jahre
b Jahrtausende
c hundert Jahre

6 Eine Getränkedose
a ein Jahr
b zehn Jahre
c über hundert Jahre

sb Selbstbedienung

Zu Tisch!

Sieh dir die Leute an und lies die Sätze. Wo sitzt jede Person?

Beispiel

1 *C*

Die größte Frau sitzt zwischen dem dünnsten Mann und der dicksten Frau dem größten Mann gegenüber.

Der dünnste Mann sitzt neben der ältesten Frau der dünnsten Frau gegenüber.

Die dickste Frau sitzt am Ende des Tisches dem ältesten Mann gegenüber.

Der größte Mann sitzt zwischen der dünnsten Frau und dem ältesten Mann.

Die älteste Frau sitzt am Ende des Tisches dem dicksten Mann gegenüber.

Der dickste Mann sitzt auf Platz eins.

Ich wohne jetzt in der Großstadt

Stell dir vor: Du bist von einem kleinen Dorf auf dem Land in die Großstadt umgezogen. Wie ist das Leben in der Großstadt? Schreib einen Brief an deinen Freund/deine Freundin und beschreib die Unterschiede.

Recycling

Lies den Text. Schlag die unbekannten Wörter in der Wörterliste nach und beantworte die Fragen unten.

Viele Abfälle sind zu wertvoll, um weggeworfen zu werden. Man kann Ersatzteile aus alten Autos ausbauen und dann den Rest einschmelzen, um neuen Stahl für neue Autos herzustellen. Manche Glasflaschen kann man dreißigmal wiederverwenden. Aus Altglas wie Flaschen und Scherben kann man neue Flaschen machen. Dabei spart man wertvolles Rohmaterial und Energie ein. Wenn man Altpapier wiederverwertet, rettet man Millionen Quadratmeter Wald vor dem Abholzen. Aluminiumdosen für Getränke kann man auch wiederverwerten. Es lohnt sich, sie auszusortieren, weil dieses Metall einen sehr hohen Wert hat. Überall in Europa findet man heutzutage Container für die Sammlung von Dosen, Altpapier und Altglas. Trotzdem wird nur ein kleiner Teil des Hausmülls wiederverwertet. Die meisten Leute sortieren ihren Hausmüll nicht aus, und Papier zum Beispiel verliert sehr schnell seinen Wert, wenn es mit anderem Müll zusammenkommt.

1 Was nimmt man von den alten Autos, bevor man sie einschmilzt?
2 Wie oft kann man Glasflaschen wiederverwenden?
3 Warum soll man Altpapier sammeln?
4 Warum soll man Getränkedosen aussortieren?
5 Warum verwertet man nur wenig Hausmüll wieder?
6 Was passiert, wenn man Altpapier nicht aussortiert?

1 Superlatives

Welcher Planet ist …				*Which planet is …*	
am	nächsten	zur	Sonne?	*nearest to*	*the sun?*
	weitesten	von der	Sonne entfernt?	*furthest from*	

Was ist der	kleinste größte heißeste kälteste	Planet?	*What is the*	*smallest* *largest* *hottest* *coldest*	*planet?*

Es ist am	kältesten heißesten	in	Wostok. Libyen.	*It's*	*coldest* *hottest*	*in*	*Vostock.* *Libya.*

2 Talking about environmental problems

Wir	verpesten zerstören	die Welt. die Atmosphäre. unsere Umwelt.	*We*	*pollute* *destroy*	*the earth.* *the atmosphere.* *our environment.*

3 Talking about how you help to protect the environment

Wir	tun	unser Bestes.		*We*	*do our best.*
	waschen mit einem umweltfreundlichen Waschmittel.				*wash with "green" products.*
	lassen	das Altpapier	abholen.		*have waste paper collected.*

Ich	mache	das Licht immer aus. Türen und Fenster zu.	*I*	*always switch the light off.* *shut doors and windows.*	
	kaufe	bleifreies Benzin. ungebleichtes Klopapier.		*buy*	*lead-free petrol.* *unbleached toilet paper.*
	benutze	Plastiktüten mehr als einmal.		*re-use*	*plastic bags.*
	fahre	langsamer. mit dem Rad.		*drive* *go*	*more slowly.* *by bicycle.*
	spare	Benzin/Gas/Elektrizität/Wasser.		*save*	*petrol/gas/electricity/water.*
	sammle	Altpapier/Batterien/Dosen.		*collect*	*waste paper/batteries/cans.*
	trenne	Flaschen/Karton/Plastik.		*separate*	*bottles/cardboard/plastic.*

4 Expressing anxiety about what may happen

Wovor hast du Angst?		*What are you scared of?*	
Ich habe Angst, daß	ein Atomkrieg ausbricht.	*I'm scared that*	*there'll be a nuclear war.*
	ein Atomkraftwerk explodiert.		*a nuclear power station will explode.*
	die Umweltzerstörung noch schlimmer wird.		*the destruction of the environment will get much worse.*
	ich keine Arbeit finde.		*I won't find a job.*
	immer mehr Menschen in der Welt verhungern.		*more and more people in the world will starve.*

5 Talking about who is to blame

Wer ist daran schuld?			*Who is to blame?*		
Der Staat Die Stadtverwaltung Die Familie	ist	daran schuld.	*The state* *The council* *The family*	*is*	*to blame.*
Die großen Fabriken Die Schule und die Lehrer	sind		*Big factories* *School and the teachers*	*are*	

8 Haben Sie reserviert?

Lernziel 1
Hotelreservierungen

Familie Meyer plant einen Urlaub

Bald sind Ferien. Familie Meyer will nach Luzern in der Schweiz fahren. Aber was gibt es in Luzern zu sehen? Und wo können sie wohnen? In einem Hotel? In einem Gasthaus? Auf einem Campingplatz?
Lies den Brief.

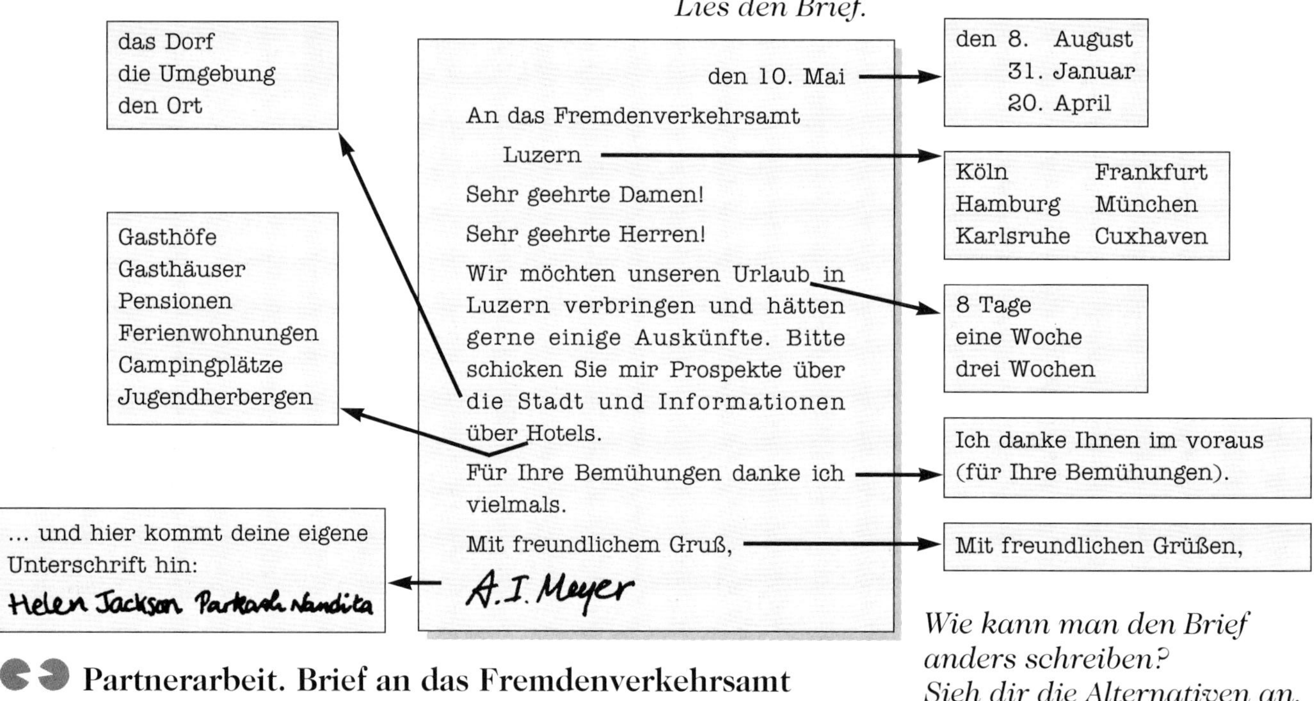

den 10. Mai

An das Fremdenverkehrsamt

Luzern

Sehr geehrte Damen!

Sehr geehrte Herren!

Wir möchten unseren Urlaub in Luzern verbringen und hätten gerne einige Auskünfte. Bitte schicken Sie mir Prospekte über die Stadt und Informationen über Hotels.

Für Ihre Bemühungen danke ich vielmals.

Mit freundlichem Gruß,

A. I. Meyer

das Dorf
die Umgebung
den Ort
Gasthöfe
Gasthäuser
Pensionen
Ferienwohnungen
Campingplätze
Jugendherbergen
... und hier kommt deine eigene Unterschrift hin:
Helen Jackson Parkash Nandita
den 8. August
31. Januar
20. April
Köln Frankfurt
Hamburg München
Karlsruhe Cuxhaven
8 Tage
eine Woche
drei Wochen
Ich danke Ihnen im voraus (für Ihre Bemühungen).
Mit freundlichen Grüßen,

Wie kann man den Brief anders schreiben? Sieh dir die Alternativen an.

Partnerarbeit. Brief an das Fremdenverkehrsamt

Diktiere einen Brief an ein Verkehrsamt. Dein/e Partner/in schreibt den Brief auf.

Sehr geehrter Herr Meyer!

Hier ist die Antwort auf Herrn Meyers Brief vom Verkehrsamt in Luzern. Herr Meyers Tochter Jutta hat ihre Austauschpartnerin Diane zu Besuch. Hör zu: Herr Meyer erklärt, was im Brief steht. Was paßt wozu?

Beispiel
1 *C*

den 15. Mai

Sehr geehrter Herr Meyer!

Für Ihr Schreiben vom 10. d.M. danken wir Ihnen sehr herzlich. Es freut uns, daß Sie Interesse an einem Urlaubsaufenthalt in unserem Ferienort haben.

Wir übersenden Ihnen den Zimmernachweis von Luzern und eine Antwortkarte. Wählen Sie bitte Ihr Quartier, und füllen Sie die Antwortkarte aus.

Wir werden uns bemühen, für Sie das gewünschte Quartier zu reservieren.

Wir würden uns freuen, Sie und Ihre Familie in Luzern als Gäste begrüßen zu dürfen.

Mit den besten Empfehlungen,

G. Unterburg

VERKEHRSAMT

1 Sehr geehrter
2 für Ihr Schreiben
3 vom 10. d.M.
4 Sie haben Interesse an einem Urlaubsaufenthalt
5 in unserem Ferienort
6 Zimmernachweis
7 Quartier
8 Mit den besten Empfehlungen

A in Luzern
B eine Liste von Hotels, zum Beispiel
C Lieber
D vom zehnten dieses Monats/ vom 10. Mai usw.
E mit freundlichen Grüßen/ herzliche Grüße
F Hotelzimmer/Gästezimmer/ Pension
G für Ihren Brief
H Sie wollen Urlaub machen

Informationszeichen

Sieh dir die Informationen über Hotels in der Nähe von Luzern an, und hör zu. Jutta erklärt Diane die Informationszeichen. Was bedeuten die Symbole?

Beispiel

1 *Man muß 2 Kilometer bis zum Zentrum fahren.*

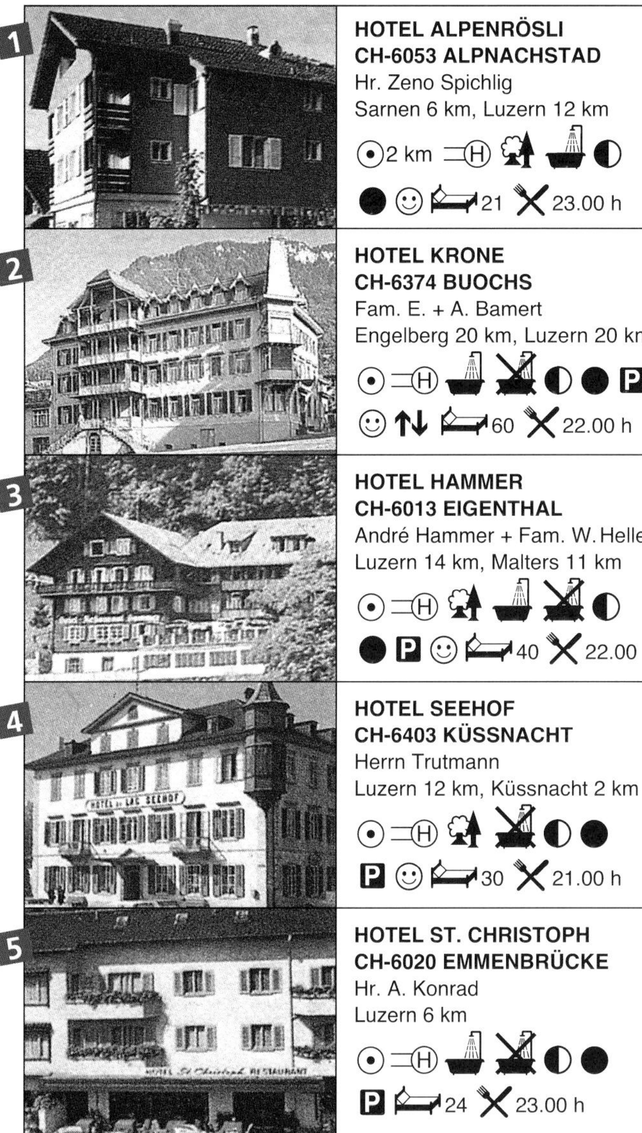

1
HOTEL ALPENRÖSLI
CH-6053 ALPNACHSTAD
Hr. Zeno Spichlig
Sarnen 6 km, Luzern 12 km
2 km
21
23.00 h
2
HOTEL KRONE
CH-6374 BUOCHS
Fam. E. + A. Bamert
Engelberg 20 km, Luzern 20 km
60
22.00 h
3
HOTEL HAMMER
CH-6013 EIGENTHAL
André Hammer + Fam. W. Heller
Luzern 14 km, Malters 11 km
40
22.00 h
4
HOTEL SEEHOF
CH-6403 KÜSSNACHT
Herrn Trutmann
Luzern 12 km, Küssnacht 2 km
30
21.00 h
5
HOTEL ST. CHRISTOPH
CH-6020 EMMENBRÜCKE
Hr. A. Konrad
Luzern 6 km
24
23.00 h

Lage und Art des Hotels

1 ⊙2 km Zum Zentrum des Ortes: 2 km
2 ⊙ Zentrale Lage
3 Haltestelle innerhalb 200 m
4 Besonders ruhige Lage
5 Zimmer mit Dusche oder Bad
6 Zimmer ohne Dusche oder Bad, mit fließend Wasser
7 ◐ Halbpension
8 ● Vollpension
9 P Parkplatz
10 ☺ Geeignet für Kinder und Jugendliche
11 Rollstuhlgängig
12 ↑↓ Lift
13 Keine Haustiere erlaubt
14 Bettenzahl
15 ✕ Restaurant im Haus, warme Küche bis: Uhr

Partnerarbeit

Partner(in) A möchte Auskünfte über Hotels. Partner(in) B arbeitet im Verkehrsbüro.

Beispiel

A – Ich möchte Auskünfte über das Hotel Alpenrösli, bitte.

B – Ja, sicher. Das Hotel liegt 6 km von Sarnen und 12 km von Luzern entfernt. Es liegt zentral. Es gibt … (usw.)

Tip des Tages

Das Hotel liegt	zentral. (6) Kilometer von (Sarnen) entfernt. besonders ruhig.		
Das Hotel hat	Halbpension. Vollpension.		
Es gibt	einen Lift. einen Parkplatz.		
	Zimmer	mit ohne	Bad/Dusche. fließend Wasser.
	eine Haltestelle in der Nähe. (50) Betten. ein Restaurant. warme Küche bis (22) Uhr.		
Das Hotel ist	geeignet für Kinder und Jugendliche. rollstuhlgängig.		
Haustiere sind nicht erlaubt.			

Im Hotel

Sieh dir den Text an und hör zu. Was wollen die Leute?

– Guten Abend. Wir suchen ein Doppelzimmer mit Bad und WC. Haben Sie noch etwas frei?
– Guten Abend. Da muß ich mal nachsehen. Einen Moment bitte … Ja, Sie haben Glück. Wir haben noch ein Doppelzimmer frei. Wie lange wollen Sie bleiben?
– Zwei Nächte.
– Wollen Sie Halbpension oder Vollpension?
– Wir wollen nur Übernachtung mit Frühstück, bitte.
– In Ordnung.
– Was kostet das?
– Ein Doppelzimmer mit Frühstück kostet DM 120. Bitte, kommen Sie mit … ich zeige Ihnen das Zimmer.
– Danke schön.

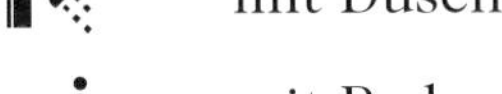

	Einzelzimmer
	Doppelzimmer
	Dreibettzimmer
	mit Dusche
	mit Bad
	mit Waschgelegenheit mit fließend Wasser
●	Vollpension
◐	Halbpension
F	Frühstück
1)	für eine Nacht
2)	für zwei Nächte

Partnerarbeit

Mach ähnliche Dialoge. Sieh dir die Symbole an und ändere den blaugedruckten Text.

1 

2 

3 + + WC 3) + F

4 + + + WC 1) + F

Wer hat richtig reserviert?

Hör zu. Fünf Personen sind beim Hotelempfang. Wer bekommt ein Zimmer? Schreib ja oder nein für jede Person auf.

Beispiel
1 *Herr Chan – nein*

1

Herr Chan

2

Frau Schmidt

3

Herr Santos

4

Frau Yashimoto

5

Frau Kulich

Richtig oder falsch?
Lies folgende Sätze, hör nochmal zu und schreib richtig oder falsch auf.

1 Herr Chan hat für den falschen Tag reserviert.
2 Er hat vor zwei Wochen einen Brief geschrieben.
3 Frau Schmidt hat das Hotel vor einer Woche angerufen.
4 Sie hat keinen Brief geschrieben.
5 Herr Santos hat ein Zweibettzimmer reserviert.
6 Er ist im falschen Hotel.
7 Frau Yashimoto hat vor einem Monat einen Brief an das Hotel geschrieben.
8 Das Hotel hat ihren Brief bekommen.
9 Frau Kulich hat telefonisch reserviert.
10 Sie hat ein Einzelzimmer reserviert.

Tip des Tages

Haben Sie noch etwas frei?

Ich	will möchte suche	ein	Einzelzimmer Doppelzimmer Dreibettzimmer	mit	Bad. Dusche und WC. fließend Wasser.

Wir	wollen möchten suchen	Halbpension. Vollpension. Übernachtung mit Frühstück.

Haben Sie reserviert?

Ich habe	gestern		(schriftlich) (telefonisch)	reserviert.
	vor	einer Woche zwei Wochen einem Monat	angerufen. einen Brief geschrieben.	

Wie lange wollen Sie bleiben?

Ich will	eine Nacht zwei Nächte eine Woche zwei Wochen	bleiben.
Wir wollen		

Katzenhotel zum Fischkopf

Lies die Bildgeschichte.

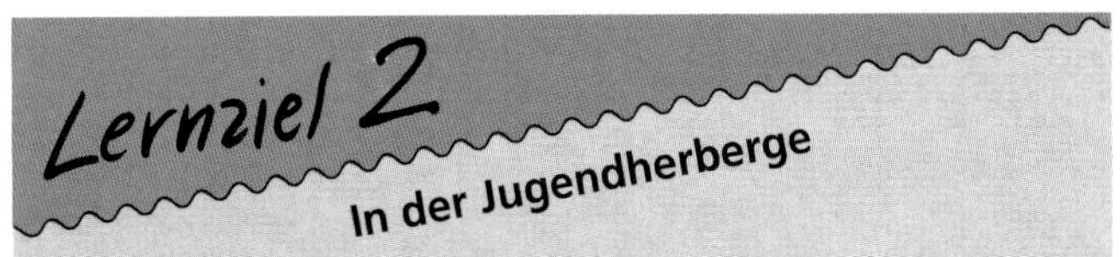

Partnerarbeit. Willkommen in Jugendherbergen

Lies den Text und sieh dir die Sprechblasen unten an. Stimmt das oder nicht?

Willkommen in Jugendherbergen

Attraktiv, vielseitig, modern und trotz seines Alters von über 80 Jahren jung wie nie zuvor: So präsentiert sich das Deutsche Jugendherbergswerk heute.

565 Jugendherbergen bieten preisgünstige Ferien an: für Wanderer zu Fuß oder per Fahrrad, für Gruppen, Familien, Schulklassen oder Erholungsfreizeiten. Ganz gleich wie Sie anreisen, ob mit Auto, Bus oder Bahn: in den Jugendherbergen ist jeder willkommen.

Hobby und Abenteuer-Freizeiten des DJH

Wandern, Radtouren, Bergsteigen, Tischtennis, Computerkurse, Töpfern, Backen, Autogenes Training, Reiten, Musikwochen, Himmelskunde, Spinnen und Weben, Segeln auf dem Wasser und in der Luft: Das alles bietet das DJH.

Wußten Sie schon ...

... daß Eltern mit einem Familienausweis des Deutschen Jugendherbergswerkes nur den vergünstigten Übernachtungspreis ihrer mitreisenden Kinder zu bezahlen brauchen?

Reservierte Plätze

Wanderringe, die ausgearbeitete Routen und reservierte Plätze in Jugendherbergen bieten, erleichtern Schulklassen und größeren Gruppen ihre Wanderungen zu Fuß oder per Fahrrad.

Nicht immer ist um 22 Uhr Zapfenstreich !

Speziell in den Großstadtjugendherbergen ist die allgemein geltende Schließzeit von 22 Uhr auf Mitternacht oder sogar auf ein Uhr ausgedehnt worden.

Jugendherbergen

Das Wichtigste im Gepäck bei einer Reise auf Jugendherbergsweise ist der Mitgliedsausweis des Deutschen Jugendherbergswerkes. Er ist der ‚Schlüssel' für 5317 Jugendherbergen in 54 Ländern rund um den Globus. Eindrucksvoll sind die Zahlen des Internationalen JH-Verbandes: 4 Millionen Mitglieder und rund 34 Millionen Übernachtungen werden jährlich registriert. In den 565 Jugendherbergen des DJH machen pro Jahr etwa 770 000 ausländische Gäste Station.

Beispiel

1 *Das stimmt nicht. (Man kann auch mit dem Auto, mit dem Bus oder mit der Bahn ankommen.)*

1 Man muß zu Fuß oder mit dem Fahrrad anreisen.

2 Es gibt keine Zimmer für Familien.

3 Es gibt einen Herbergsausweis für Familien.

4 Alle Jugendherbergen machen um 22 Uhr zu.

5 Mit einem deutschen Herbergsausweis darf man nur in Jugendherbergen in der Bundesrepublik übernachten.

6 Man kann in einigen Jugendherbergen einen Computerkurs machen.

7 Wandergruppen können Plätze auf einer geplanten Route reservieren.

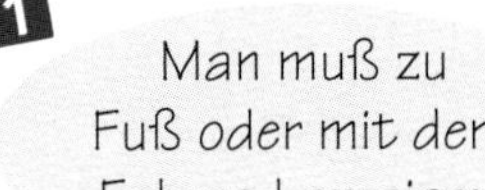

Welche Jugendherberge?

Man findet Jugendherbergen überall – in der Stadt, auf dem Land, in den Bergen, an Seen. Drei Mädchen – Michaela, Jutta und Sabine – sind im Urlaub. Alle sind Mitglieder des DJH. Aber welche Jugendherberge ist richtig für jedes Mädchen? Hör zu.

1 Jugendherberge Schloß-Ortenberg

2

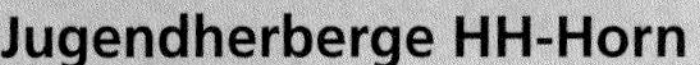

Jugendherberge HH-Horn

3

Jugendherberge Münster „Aasee"

Unterwegs in Jugendherbergen Mitgliedskarte

YOUTH HOSTELLING INTERNATIONAL

Deutsches Jugendherbergswerk
D-32754 Detmold

DJH

Frank Familie
Bergstr. 77
01825 Herbergen
022-46306098 001 B 04/04/56
Geburtsdatum
Gültig bis 12/95 M Fam/Sen
Kategorie

Unterschrift

Michaela

Jutta

Sabine

Nun lies die Sätze. Wer sagt was?

Beispiel
A *Sabine*

A Ich wandere so gern. Das Stadtleben gefällt mir überhaupt nicht.
B Ich wandere nicht so gern.
C Ich wohne gar nicht so gern in der Stadt.
D Was kann man sich mehr wünschen? Sonne, See und Natur.
E Alle Geschäfte sind gleich hier um die Ecke.
F Das ist wie ein Traum! Die Burg ist so schön, so groß und so alt.
G Das finde ich toll. Lieber lebendige Leute als langweiliges Land!
H Ich finde die Jugendherberge fantastisch – mitten im Wald im Gebirge.
I Aber hier hat man alles in der Nähe – Aktivitäten, Wanderwege, Wassersport. Fantastisch!

Tip des Tages

Haben Sie noch Plätze frei?

Ich möchte Wir möchten	übernachten. zwei Nächte bleiben. heute abend warm essen. morgen früh frühstücken. für zwei Betten Bettwäsche ausleihen.

Habt ihr selber Bettwäsche mit?

Partnerarbeit. Schwarzes Brett für Gäste

Was darf man und was muß man in einer Jugendherberge machen? Hier ist die Hausordnung. Lies sie durch, und sieh dir die zehn Bilder unten an. Welches Bild paßt zu welcher Regel?

Beispiel
A *2*

1. Jeder Gast muß einen gültigen Herbergsausweis haben.
2. Gäste müssen vor 18 Uhr in der Jugendherberge eintreffen.
3. Der Herbergsausweis ist beim Eintreffen in der Jugendherberge abzugeben.
4. Alle Gäste müssen das Herbergsbuch unterschreiben.
5. Es gibt Zimmer für Jungen und Zimmer für Mädchen.
6. Nur Familien und Ehepaare dürfen gemeinsam schlafen.
7. Alle Gäste müssen ihr Bett machen und die Wasch-, Schlaf- und Aufenthaltsräume sauberhalten.
8. Nach dem Essen müssen Gäste das Geschirr abwaschen und abtrocknen.
9. Jeder Gast muß entweder seine eigene saubere Bettwäsche mitbringen oder Bettwäsche ausleihen.
10. Das Essen und Kochen in den Schlafräumen ist verboten.
11. Die Jugendherberge ist ab 22 Uhr geschlossen.
12. Nachtruhe ist von 22 bis 7 Uhr.
13. Das Mitbringen und das Trinken von alkoholischen Getränken ist in der Jugendherberge nicht erlaubt.
14. Rauchen ist in der Jugendherberge grundsätzlich untersagt.
15. Tiere dürfen nicht in die Jugendherberge gebracht werden.
16. Gäste dürfen Radios, Plattenspieler und Kassettenrecorder nur mit Zustimmung der Herbergseltern benutzen.
17. Die Schlafräume müssen bis 9 Uhr geräumt sein. Eine Abreise vor 7 Uhr früh ist nicht erlaubt.
18. Die Aufenthaltsräume, Spiele und Tischtennisplatten stehen allen Gästen zur Verfügung.

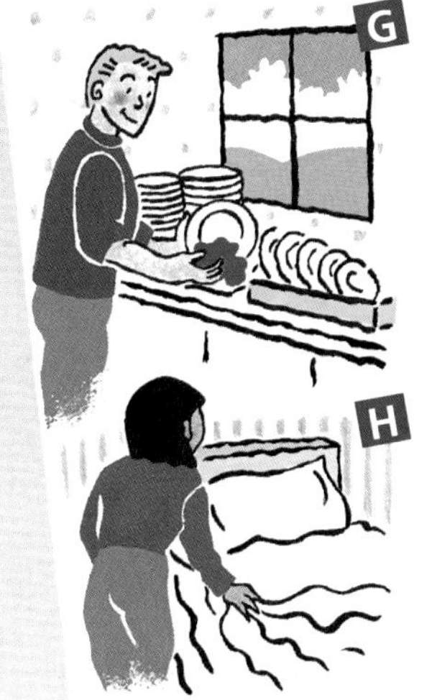

Jeder Gast	muß	einen Herbergsausweis haben. ihr Bett machen. das Geschirr abwaschen und abtrocknen.
Gäste	müssen	

Das Essen in den Schlafräumen ist	verboten. untersagt. nicht erlaubt.

Man darf (nicht)	Radio hören.
Familien dürfen	gemeinsam schlafen.

Muß man? Darf man? Oder ist es verboten?

Sieh dir die Hausordnung nochmal an und beantworte die Fragen. Dann hör zu – alle Antworten sind auf der Kassette zu finden.

Beispiel

1 *Bis 18 Uhr.*

1 Bis zu welcher Uhrzeit kann man eintreffen?
2 Muß man da aushelfen?
3 Darf man abends in die Stadt gehen?
4 Was gibt's abends in der Jugendherberge zu tun?
5 Gibt's eine Bar in der Jugendherberge?
6 Darf man da rauchen?
7 Was für Zimmer gibt es?
8 Sind Hunde erlaubt?
9 Darf man ein Radio oder einen Kassettenrecorder mitnehmen?

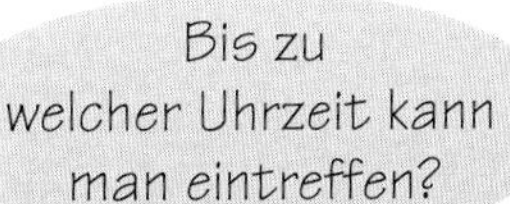

Verboten! Untersagt! Nicht erlaubt!

Erfinde Situationen und beschrifte sie so:

In der Schule darf man nicht rauchen: Rauchen verboten!

Klassenordnung

Hör zu und lies das Gedicht.

Alle Abfälle in den Abfalleimer.
Keine Graffiti.
Keine Füße auf den Stühlen.
Es ist strengstens untersagt,
Kaugummi unter die Tische zu kleben.
Essen, Trinken, Werfen,
Kämpfen, Schmusen, Schreien,
Schimpfen, Summen und Pfeifen
sind nicht erlaubt.
Man darf nicht während der Stunden
schnarchen.
Jeder Schüler/Jede Schülerin
muß seine/ihre eigene Arbeit machen.
Kein Täuschen.
Schlechte Noten
Verboten.

VERBOTEN

Partnerarbeit. Bist du in den Ferien weggefahren?

Hör zu, dann mach Dialoge über die letzten Ferien.
Partner/in A stellt Fragen, und Partner/in B beantwortet die Fragen.

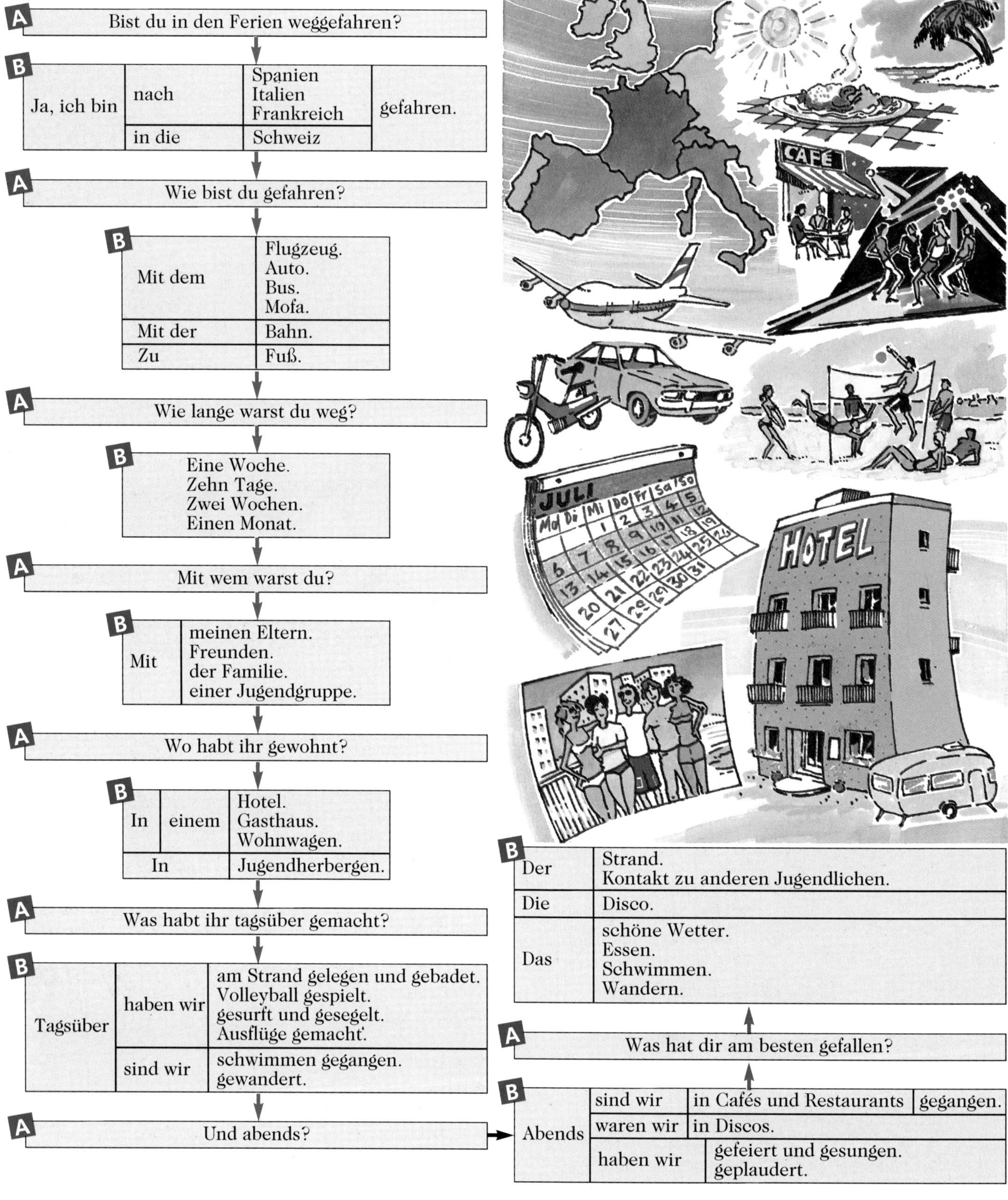

A Bist du in den Ferien weggefahren?

B

Ja, ich bin	nach	Spanien Italien Frankreich	gefahren.
	in die	Schweiz	

A Wie bist du gefahren?

B

Mit dem	Flugzeug. Auto. Bus. Mofa.
Mit der	Bahn.
Zu	Fuß.

A Wie lange warst du weg?

B

Eine Woche.
Zehn Tage.
Zwei Wochen.
Einen Monat.

A Mit wem warst du?

B

Mit	meinen Eltern. Freunden. der Familie. einer Jugendgruppe.

A Wo habt ihr gewohnt?

B

In	einem	Hotel. Gasthaus. Wohnwagen.
In		Jugendherbergen.

A Was habt ihr tagsüber gemacht?

B

Tagsüber	haben wir	am Strand gelegen und gebadet. Volleyball gespielt. gesurft und gesegelt. Ausflüge gemacht.
	sind wir	schwimmen gegangen. gewandert.

A Und abends?

B

Abends	sind wir	in Cafés und Restaurants	gegangen.
	waren wir	in Discos.	
	haben wir	gefeiert und gesungen. geplaudert.	

A Was hat dir am besten gefallen?

B

Der	Strand. Kontakt zu anderen Jugendlichen.
Die	Disco.
Das	schöne Wetter. Essen. Schwimmen. Wandern.

Die letzten Ferien

*Sieh dir die Tabelle an. Hör zu.
Diese Jugendlichen beantworten Fragen über ihre Ferien. Schreib die passenden Zahlen (1, 2, 3 usw.) für jede Person auf.*

Beispiel

	A	B	C	D	E	F	G	H
Eva =	*1*	*2*	*3*	*2*	*3*	*5*	*6*	*2*

Name	A Wohin?	B Wie?	C Wie lange?	D Mit wem?	E Unterkunft?	F Tagsüber?	G Abends?	H Spaß?
Eva								
Kirsten								
Martin								
Elisabeth								
Uli								
Stefan								

Partnerarbeit

Jetzt bist du dran. Partner/in A wählt ein Ferienland (Deutschland/Kanada usw.), ein Verkehrsmittel (mit dem Bus/...) usw. und schreibt alles auf. Partner/in B stellt Fragen und schreibt die Informationen auf.

Beispiel

A – Ich bin in den Ferien verreist.
B – Wohin (bist du gefahren)?
A – (Ich bin) nach Frankreich (gefahren).
B – Wie (bist du dahin gefahren)?
A – Ich bin geflogen usw.

sb Selbstbedienung

Hotelrätsel

Was paßt wozu?

Beispiel
1 *B*

Jetzt bist du dran. Schreib das Hotelrätsel anders.

Wandern ist Spitze!

Mach ein Werbeposter für das DJH. Sieh dir Seite 114 an. Hier sind einige Vorschläge:

Wandern ist Spitze!

Überall zu finden – DJH

Sehen, staunen, lernen ... das DJH macht's möglich

Spiel und Spaß für die ganze Familie

Kleine Welt

Sieh dir die Tabelle an und schreib drei bis vier Sätze. Beschreib die Ferien.

Beispiel
Ich bin mit meinen Eltern nach Australien geflogen. Wir haben bei meiner Tante gewohnt. Es war prima!

Ich bin mit	meinen Eltern Freunden meiner Schwester meinem Onkel	nach	Australien China Afrika	gefahren. geflogen.
		in	die USA	

Wir haben	in	Jugendherbergen einem Hotel	gewohnt.
	auf	einem Campingplatz	
	bei	meinem Großvater meiner Tante	

Es war	prima. fantastisch. Spitze. toll. furchtbar. schrecklich.

Dirk und Sabine im Urlaub

Lies die Briefe von Dirk und Sabine, dann sieh dir die Bilder und die Lückentexte unten an. Schreib die fehlenden Wörter in dein Heft auf.

Hallo Bernd!

Weißt Du was? Ich habe den ersten Preis in einer Lotterie gewonnen - eine Woche in einem Luxushotel! Ich bin in einer ganz tollen Stadt, wo sich nur die besseren Leute aufhalten, weil es so teuer ist!

Ich habe ein 3-Zimmer-Appartement und bekomme morgens das Frühstück ans Bett gebracht. Ich habe auch ein riesiges Bad. Unten hat das Hotel ein Schwimmbad, eine Sauna und einen Fitnessraum. Es ist einfach das Beste vom Besten!

Viele Grüße,

Dirk

1 Ich wohne …

2 Ich bekomme …

3 Ich habe …

4 Unten hat das Hotel …

Liebe Susi!

Viele Grüße aus Bayern!

Wir sind in einem kleinen Dorf, wo es außer ein paar Bauernhöfern nur Pensionen gibt. Es sind viele Leute hier. In der Nähe ist eine Stadt, wo man hinfahren kann, um einzukaufen. Das Dorf ist ziemlich ruhig und man kann sich gut erholen.

Wir wohnen in einer schönen Pension in einem alten, modernisierten Haus. Ich habe ein großes Zimmer mit WC und Dusche. Im ersten Stock ist ein großes Eßzimmer, wo man recht gut essen kann.

Viele Grüße und tausend Küsse,

Deine Sabine

1 Wir sind …

2 Wir wohnen …

3 Ich habe …

4 Im ersten Stock …

Ein Winterurlaub

Du fährst mit deinem Freund/deiner Freundin in einen Skiurlaub. Sieh dir die Werbung an und lies sie durch. Dann trag die Tabelle in dein Heft ein, und füll die Lücken aus.

Gästehaus Stefan

Freundliche Atmosphäre. Die Gästezimmer sind modernisiert (Dusche und WC). Das Haus liegt im Stadtzentrum, jedoch in einer ruhigen Seitenstraße. Etwa 200 m vom Bahnhof entfernt. In der Nähe des Hallenbades. Parkplatz befindet sich direkt am Haus. Kinder jeden Alters sind herzlich willkommen. Kleine Hunde erlaubt (Pro Tag DM 9 ohne Futter).

Verpflegungsleistung: Frühstück

Hotel Jagdhof

Das erstklassige attraktiv ausgestattete Hotel liegt ruhig in einem Park. Zwanzig Gehminuten vom Ortszentrum entfernt. Alle Zimmer verfügen über Radio, Dusche und WC. Die schöne Hotelhalle und das Fernsehzimmer sind beliebte Treffpunkte der Gäste. Neues Café-Restaurant mit Salatbar, Hausbibliothek, 2 Kegelbahnen, Kinderspielzimmer mit Tischtennis. Abendunterhaltung im Nachtklub mit Tanz. Hunde sind erlaubt; pro Tag DM 10 (ohne Futter). Kinder sind willkommen.

Verpflegungsleistung: Frühstück, Halbpension oder Vollpension.

Name	Gästehaus Stefan	Hotel Jagdhof
Art der Unterkunft	Gästehaus	
Wo		
Zimmer		
Verpflegung	Frühstück	
Kinder		Willkommen
Hunde		
Sonstiges		

Spaß muß sein!

Du bist Herbergsmutter oder Herbergsvater in einer neuen Jugendherberge. Wähl den Namen, die Lage und die Öffnungszeiten der Jugendherberge und schreib die Regeln auf. Oder du darfst die Regeln rechts in deinem Heft vervollständigen.

JUGENDHERBERGE SPASS
Hausordnung

1 Alle Mitglieder__________.
2 Alle Gäste müssen__________.
3 Nachtruhe ist__________.
4 Die Jugendherberge ist__________.
5 Gäste dürfen__________.
6 __________ist verboten.
7 __________ist erlaubt.
8 Tiere__________.
9 Das Essen und Kochen ist__________.
10 Der Herbergsausweis__________.

sb Selbstbedienung

Briefe an das Hotel zur Post

Diese Briefe sind alle heute angekommen. Wieviel verstehst du? Welches Bild paßt am besten?

A

München, den 1. Juni

An die Hotelrezeption!

Ich habe vorgestern telefonisch ein Doppelzimmer mit Dusche und W.C. gebucht. Ich möchte die Buchung jetzt schriftlich bestätigen. Wir kommen am 4. Juni am Abend an und bleiben 4 Nächte.

Mit freundlichem Gruß,

D. A. Krohn

1

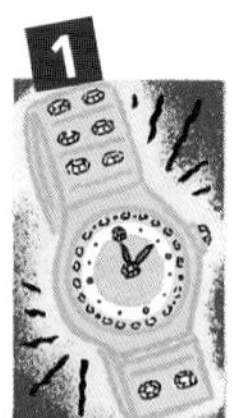

B

Ich habe mich schon letzten Monat telefonisch bei Ihnen gemeldet. Ich möchte jetzt schriftlich bestätigen, daß ich am 5. Juni kommen kann. Ich hätte gern ein Einzelzimmer mit fließend Wasser. Ich hoffe, daß die Sache damit in Ordnung geht.

Mit freundlichen Grüßen,

Peter Schubert

2

WC

4

C

Sehr geehrte Damen und Herren!

Ich bin soeben heimgekommen und mußte feststellen, daß ich meine Uhr im Hotelzimmer vergessen habe. Die Uhr ist sehr wertvoll; sie ist aus Gold und mit Diamanten besetzt. Ich wäre Ihnen sehr dankbar, wenn Sie mir die Uhr zukommen lassen könnten.

3

D

Ich möchte Ihnen mitteilen, daß ich aus Versehen meinen Zimmerschlüssel mit nach Hause genommen habe. Ich habe vergessen, bei der Abfahrt den Schlüssel an der Rezeption abzugeben. Ich schicke ihn hiermit zurück. Ich hoffe, daß keine Schwierigkeiten entstanden sind.

Stell dir vor, du hast etwas im Hotel zur Post vergessen. Schreib einen Brief an die Direktion.

Hausordnung

Schreib die fehlenden Wörter in dein Heft auf, ohne auf Seite 116 nachzusehen.

1 Jeder Gast ______________ einen gültigen Ausweis ______________ .

2 Gäste ______________ vor 18 Uhr in der Jugendherberge ______________ .

3 Es gibt Zimmer für Jungen und Zimmer für Mädchen. Nur Familien und Ehepaare ______________ gemeinsam ______________ .

4 Nach dem Essen ______________ die Gäste das Geschirr ______________ und ______________ .

5 Das Essen und Kochen in den Schlafräumen ist ______________ .

6 Das Trinken von alkoholischen Getränken ist nicht ______________ .

7 Das Rauchen in der Jugendherberge ist ______________ .

8 Tiere ______________ nicht mit in die Jugendherberge.

9 Die Schlafräume ______________ bis 9 Uhr geräumt ______________ .

10 Eine Abreise vor 7 Uhr ist nicht ______________ .

Ferienbericht

Stell dir vor, du schreibst einen Ferienbericht für die Schülerzeitung ***Jugendsachen****. Wähl den Ort, wo du im Urlaub warst. Schreib auch: Mit wem du warst; wie du dahin gekommen bist; wie lange; was du tagsüber und abends gemacht hast und was dir echt Spaß gemacht hat.*

Mein Ferienbericht

Ich bin letzten Monat mit Freunden nach Spanien geflogen. Wir ...

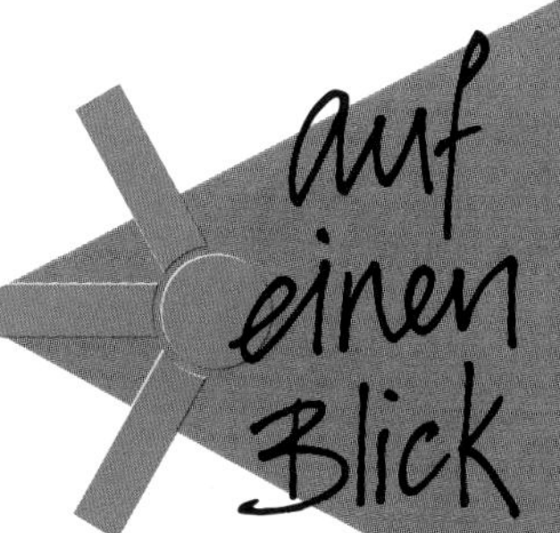

1 Letter-writing

Formal: Sehr geehrte Damen und Herren! Mit den besten Empfehlungen.	*Dear Sir or Madam.* *Yours faithfully.*	
Informal: Lieber Chris/Herr Meyer! Liebe Jutta/Frau Kulich!	*Dear*	*Chris/Mr Meyer.* *Jutta/Mrs Kulich.*
Herzliche Grüße. Mit freundlichen Grüßen.	*Best wishes.* *Yours sincerely.*	

2 Arranging accomodation and booking into a hotel or youth hostel

Haben Sie noch	etwas Plätze	frei?		*Do you have any rooms left?*		
Haben Sie reserviert?				*Have you booked?*		
Ich habe	schriftlich telefonisch	reserviert.		*I have booked*	*in writing.* *by 'phone.*	
	einen Brief	geschrieben.		*I*	*wrote a letter.* *telephoned.*	
	angerufen.					
Vor	einer Woche. zwei Wochen. einem Monat.			*A week* *Two weeks* *A month*	*ago.*	
Ich	will möchte suche	ein	Einzelzimmer. Doppelzimmer. Dreibettzimmer.	*I*	*want* *would like* *am looking for*	*a single room.* *a double room.* *a room for three.*
Mit	Bad. Dusche und WC. fließend Wasser.			*With*	*a bathroom.* *a shower and toilet.* *a washbasin.*	
Wir	wollen möchten suchen	Halbpension. Vollpension. Übernachtung mit Frühstück.		*We*	*want* *would like* *are looking for*	*half-board.* *full-board.* *bed and breakfast.*
Wie lange wollen Sie bleiben?				*How long do you want to stay?*		
Ich will	eine Nacht zwei Nächte	bleiben.		*I want to stay for*	*one night.* *two nights.*	
Ich möchte	übernachten. heute abend warm essen. morgen früh frühstücken. für zwei Betten Bettwäsche ausleihen.			*I would like*	*to stay overnight.* *to have dinner tonight.* *to have breakfast tomorrow.* *to hire bedlinen for two beds.*	
Habt ihr selber Bettwäsche mit?				*Do you have your own bedlinen with you?*		

3 Allowed or forbidden?

Jeder Gast	muß …	*Every guest must …*
Gäste	müssen …	*Guests must …*
einen Herbergsausweis haben.		*have a Youth Hostelling card.*
abwaschen und abtrocknen.		*wash and dry up.*
Man darf (nicht) Radio hören.		*Listening to the radio is (not) allowed.*
Familien dürfen gemeinsam schlafen.		*Families may sleep together.*
Rauchen ist	verboten. untersagt.	*Smoking is forbidden.*
Hunde sind nicht erlaubt.		*Dogs are not allowed.*

Der Boden stirbt

Der Boden stirbt
Das Wasser stirbt
Die Luft stirbt
Der Wald stirbt
Die Tiere sterben
HURRA WIR LEBEN

Traumwelt?

Es gibt einen Arbeitsplatz für jeden.
Jeder hat eine Wohnung für sich.
Überall sieht man Sonnenkollektoren,
und in der Stadtmitte plaudern Leute freundlich.

Jede Großstadt hat nur Fahrradwege
und riesige Fußgängerzonen.
Auf den Dächern sieht man leise Windmühlen,
und im Stadtzentrum wachsen Kartoffeln und Bohnen.

Männer hängen Wäsche auf,
hüten Kinder und kochen.
Über allem lacht die Sonne,
und der Friede ist ununterbrochen.

Wie ist deine Traumwelt?

Graffitimauer

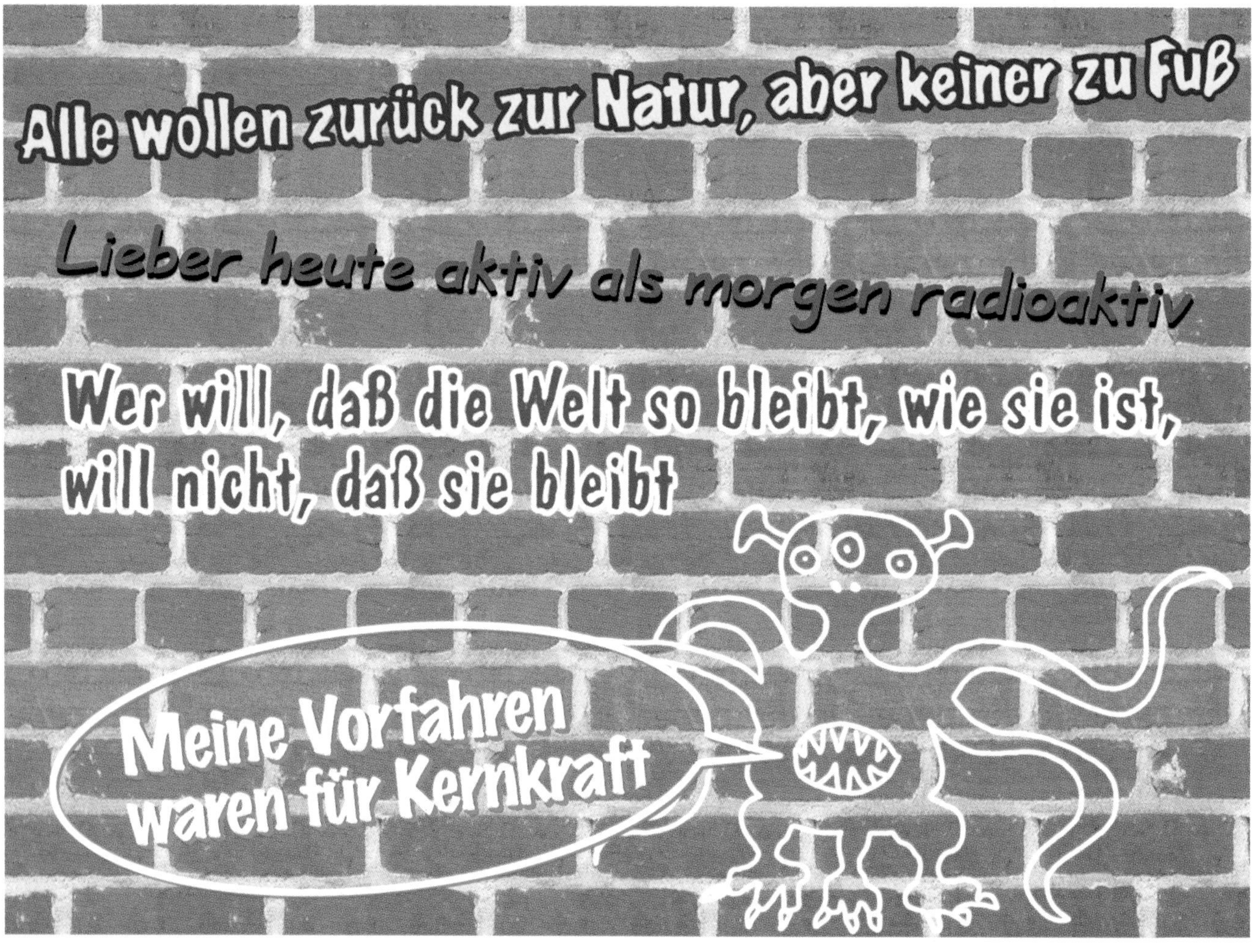

Alle wollen zurück zur Natur, aber keiner zu Fuß

Lieber heute aktiv als morgen radioaktiv

Wer will, daß die Welt so bleibt, wie sie ist, will nicht, daß sie bleibt

Meine Vorfahren waren für Kernkraft

Aktion gegen Fremdenfeindlichkeit

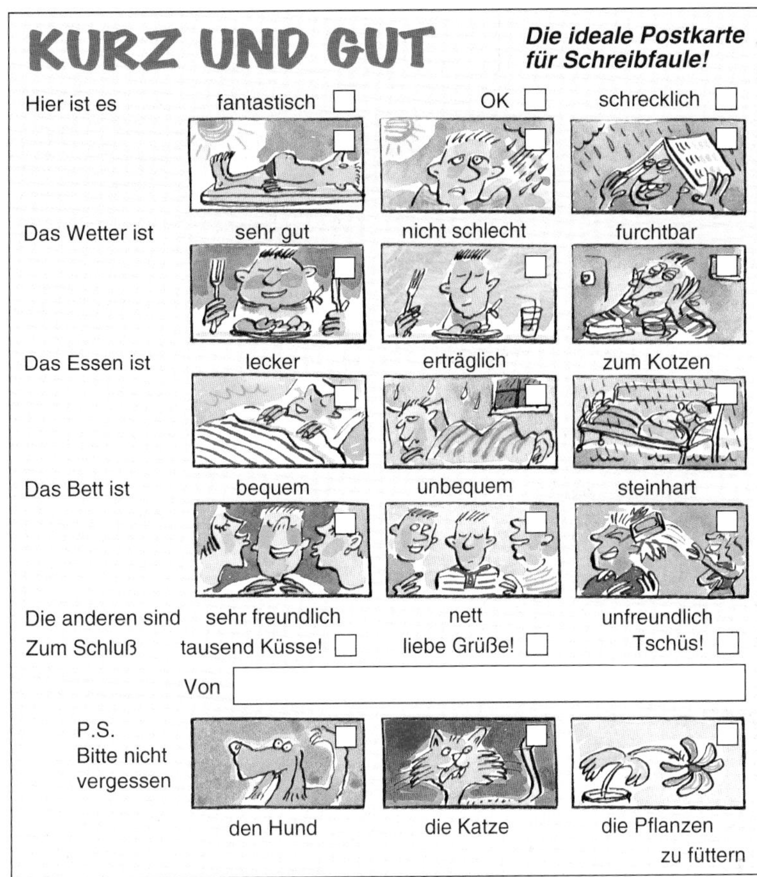

KURZ UND GUT
Die ideale Postkarte für Schreibfaule!
Hier ist es
fantastisch ☐
OK ☐
schrecklich ☐
Das Wetter ist
sehr gut
nicht schlecht
furchtbar
Das Essen ist
lecker
erträglich
zum Kotzen
Das Bett ist
bequem
unbequem
steinhart
Die anderen sind
sehr freundlich
nett
unfreundlich
Zum Schluß
tausend Küsse! ☐
liebe Grüße! ☐
Tschüs! ☐
Von
P.S.
Bitte nicht vergessen
den Hund
die Katze
die Pflanzen
zu füttern

Reisecheckliste

Bevor die Reise endlich losgeht, sind verschiedene Vorbereitungen nötig. Beim Packen heißt es Achtung! Ist auch wirklich alles besorgt? Diese Reisecheckliste kann dabei helfen.

Kleidung:

- ☐ Unterwäsche
- ☐ Strümpfe
- ☐ mindestens 2 Hosen
- ☐ (Rock/Kleid)
- ☐ Hemden/T-Shirts
- ☐ dicker Pullover
- ☐ Badeanzug/-hose
- ☐ Handtücher
- ☐ feste Schuhe
- ☐ Anorak/Regenzeug
- ☐ Sonnenbrille
- ☐ kl. Tasche/Rucksack

Hygiene und Pflegemittel:

- ☐ Zahnbürste/-pasta
- ☐ Haarbürste/Kamm
- ☐ Seife/Shampoo
- ☐ Creme/Kosmetik
- ☐ Waschmittel/-paste
- ☐ Schuhcreme
- ☐ Wäscheklammer
- ☐ Nähzeug/Ersatzknöpfe
- ☐ Fön
- ☐ Rasierzeug

Reise-Apotheke:

- ☐ Auslandskrankenscheine
- ☐ Salbe gegen Insektenstiche
- ☐ Pflaster
- ☐ Aspirin
- ☐ Kohletabletten
- ☐ Abführmittel
- ☐ Brandsalbe
- ☐ Sonnenmilch

Paß, Geld und Versicherung:

- ☐ gültiger Reisepaß oder
- ☐ Personalausweis
- ☐ Krankenversicherung
- ☐ Reiseversicherung
- ☐ ausländische Währung
- ☐ Postsparbuch oder
- ☐ Reiseschecks
- ☐ Gepäckversicherung

Praktisches:

- ☐ Klebeband
- ☐ Stecker-Adapter
- ☐ Taschenmesser
- ☐ Radiorecorder/Kassetten
- ☐ Fotoapparat/Filme
- ☐ Streichhölzer/Kerze
- ☐ Taschenlampe
- ☐ Batterien
- ☐ Wecker
- ☐ Besteck/Trinkgefäß

Unterhaltung und Bildung:

- ☐ Reiselektüre
- ☐ Landkarten/Stadtpläne
- ☐ Reise-/Stadtführer
- ☐ Wörterbuch
- ☐ Stift
- ☐ Briefpapier/Umschläge
- ☐ Adreßbuch

Hast du andere Vorschläge?

Spelling

1a *Capitals*

All nouns begin with a capital letter (not only the words which start a sentence):

Was ißt du zum **F**rühstück? **B**rötchen und **M**armelade.	*What do you eat for breakfast?* *Rolls and jam.*

In letters **du** *and its related forms (***dein**, **dich**, **dir***) are written with a capital letter:*

Liebe Christa,
Was machst **D**u in den Ferien?
Spielt **D**ein Bruder Tennis?

Viele Grüße,	Viele Küsse.
Dein Boris.	**D**eine Doris.

1b *Small letters*

Adjectives are always written with small letters even if they refer to nationalities:

Ißt du gern **d**eutsches Brot? Das ist ein **e**nglisches Auto.	*Do you like (eating) German bread?* *That's an English car.*

1c *ss/ß*

Use ***ß*** *only when you are sure it is correct. If not, it is safer to write* ***ss.***

*Use **ß***	*before the letter **-t***	i**ß**t
	after a long vowel	Grü**ß**e
	at the end of a word	Ku**ß**

Viele süße Grüße und Küsse!

Numbers and quantities

2a *Cardinal numbers*

1	eins	**11**	elf	**21**	einundzwanzig	**100**	hundert
2	zwei/zwo	**12**	zwölf	**22**	zweiundzwanzig	**101**	hunderteins
3	drei	**13**	dreizehn	**29**	neunundzwanzig	**102**	hundertzwei
4	vier	**14**	vierzehn	**30**	dreißig	**199**	hundertneunundneunzig
5	fünf	**15**	fünfzehn	**40**	vierzig	**200**	zweihundert
6	sechs	**16**	sechzehn	**50**	fünfzig	**999**	neunhundertneunundneunzig
7	sieben	**17**	siebzehn	**60**	sechzig		
8	acht	**18**	achtzehn	**70**	siebzig	**1 000**	tausend
9	neun	**19**	neunzehn	**80**	achtzig	**1 000 000**	eine Million
10	zehn	**20**	zwanzig	**90**	neunzig	**2 000 000**	zwei Millionen

Zwanzig Minuten mit dem Bus. Das ist die Linie dreiundvierzig.	*Twenty minutes by bus.* *That's bus route 43.*

2b *Ordinal numbers*

These words are to say first, second, etc. For most numbers up to ***19th*** *you just add* ***-te*** *(or* ***-ten***).

Exceptions:

1st	erste(n)	***3rd***	dritte(n)	***7th***	siebte(n)	***8th***	achte(n)

From ***20th*** *onwards you add* ***-ste*** *(or* ***-sten***).

Die **erste** Stunde.	*The first lesson.*
Am zwanzig**sten** März.	*On the twentieth of March.*
Die zwei**te** Straße links.	*The second street on the left.*
Die **dritte** Straße rechts.	*The third street on the right.*
Die Kassetten sind im **ersten** Stock.	*Cassettes are on the first floor.*
Das ist im vier**ten** Stock.	*It's on the fourth floor.*

*(See also section **8**.)*

2c Once, twice etc.

einmal	*once*
zweimal	*twice*
dreimal	*three times*

These are often used when ordering snacks:

Zweimal Milchshake, bitte.	*Two milkshakes, please.*

2d Weights, measures and containers

Hundert Gramm Wurst.	*100g of sausage.*
Dreihundert Gramm Käse.	*300g of cheese.*
Ein Pfund Tomaten.	*A pound of tomatoes.*
Ein Kilo Bananen.	*A kilo of bananas.*
Anderthalb Kilo Äpfel.	*1.5 kilos of apples.*
Ein Liter Milch.	*A litre of milk.*
Ein halber Liter Wasser.	*Half a litre of water.*

Ein Glas Honig.	*A jar of honey.*
Ein Stück Seife.	*A bar of soap.*
Ein Becher Margarine.	*A tub of margarine.*
Eine Schachtel Pralinen.	*A box of chocolates.*
Eine Tube Zahnpasta.	*A tube of toothpaste.*
Eine Packung Kekse.	*A packet of biscuits.*
Eine Dose Tomatensuppe.	*A tin of tomato soup.*
Eine Flasche Milch.	*A bottle of milk.*

Addressing people

3a Greetings

The following greetings are normally used amongst friends:

Hallo!
Grüß dich!
Grüßt euch! *(for more than one)*
Wie geht's?

More formal greetings are:

Guten Morgen! *or* Morgen!	***07.00***
Guten Tag!	
Guten Abend!	***18.00***
Guten Appetit!	*At mealtimes*

3b Farewells

Tschüs!	*(to friends)*
(Auf) Wiedersehen!	*(more formal)*
(Auf) Wiederhören!	*(on the telephone)*
Gute Nacht, schlaf gut!	*(when going to bed)*

3c Ways of saying you'll see someone again

bis	eins halb zwei neun Uhr	
	morgen Samstagabend Freitagvormittag	
bis	nächste	Woche
	nächsten	Monat Samstag
	nächstes	Jahr Mal
	heute abend	
	bald	

(I'll) see you	*at*	*one (o'clock)* *one thirty* *nine (o'clock)*
	tomorrow *on Saturday evening* *on Friday morning*	
	next	*week*
	next	*month* *Saturday*
	next	*year* *time*
	this evening	
	soon	

3d Letters

Writing to friends or relatives

Begin	Liebe Gabi! Lieber Peter!	*Dear Gabi* *Dear Peter*
End	herzliche Grüße herzliche Grüße und Küsse Mit freundlichen Grüßen Schreib bald wieder! Dein Michael Deine Rachel	*Best wishes* *Best wishes and kisses* *Best wishes* *Write again soon!* *Yours, Michael* *Yours, Rachel*

Writing formal letters

Sehr geehrte Damen und Herren! Sehr geehrter Herr Brauner!	*Dear Sir/Madam* *Dear Mr Brauner*
Mit den besten Empfehlungen	*Yours faithfully/* *Yours sincerely*

Questions

4a Ordinary questions

Ordinary questions can be asked in the same way as in English by beginning with the verb, e.g. Have you …? Do you …? Can you …?

Haben Sie einen Stadtplan?	*Have you got a street plan?*
Ist hier eine Bank in der Nähe?	*Is there a bank nearby?*
Hast du einen Nebenjob?	*Do you have a part-time job?*
Kommst du mit?	*Are you coming?*

4b Question words

*Most other questions begin with a '**question word**' which is immediately followed by the verb:*

Wie? *(usually: How?)*	
Wie findest du deine Stadt?	*What do you think of your town?*
Wie kommst du zur Party?	*How are you getting to the party?*
Wie kommen wir dorthin?	*How are we getting there?*
Wer? *(Who?)*	
Wer kommt mit zur Party?	*Who's coming with us to the party?*
Wer ist Betti?	*Who is Betti?*
Was? *(What?)*	
Was gibt es hier zu sehen?	*What's there to see here?*
Was hältst du von Asla?	*What do you think of Asla?*
Was kostet ein Brief nach England?	*What does it cost to send a letter to England?*
Was für? *(What sort of?/What kind of?)*	
Was für Filme siehst du am liebsten?	*What kind of films do you like best?*
Wann? *(When?)*	
Wann kommt der Zug an?	*When does the train arrive?*
Wann fährt der nächste Zug nach Bonn?	*When does the next train to Bonn leave?*
Wo? *(Where?)*	
Wo ist hier die Post?	*Where is the post office?*
Wo kauft man das?	*Where can you buy that?*
Wo kann ich hier Schuhe bekommen?	*Where can I find the shoe section?*
Wohin? *(Where to?)*	
Wohin fahren wir?	*Where are we going?*
Wofür? *(On what?)*	
Wofür gibst du dein Geld aus?	*What do you spend your money on?*
Wieviel? *(How many? How much?)*	
Wieviel ist das?	*How much is that?*
Wieviel Taschengeld bekommst du?	*How much pocket money do you get?*
Um wieviel Uhr? *(At what time?)*	
Um wieviel Uhr ißt du dein Mittagessen?	*When do you have lunch?*
Welche(r/s)? *(Which …?)*	
Welche Linie ist das?	*What route is that?*
Welches Bild ist das?	*Which picture is it?*
Von **welchem** Gleis fährt der Zug nach Ulm?	*What platform does the train to Ulm leave from?*
Warum? *(Why?)*	
Warum (nicht)?	*Why (not)?*
Warum kommst du nicht mit?	*Why aren't you coming?*

Days of the week

5a *What day is it?*

Was ist heute für ein Tag?		*What day is it today?*	
Heute ist	Montag. Dienstag. Mittwoch. Donnerstag. Freitag. Samstag. Sonntag.	*Today is*	*Monday.* *Tuesday.* *Wednesday.* *Thursday.* *Friday.* *Saturday.* *Sunday.*

5b *The day and part of the day*

Montag	-vormittag	*morning*
Dienstag	-nachmittag	*afternoon*
Mittwoch	-abend	*evening*

5c *On (plus the day of the week and part of the day)*

am	Montag	-vormittag	*on Monday morning*
	Dienstag	-nachmittag	*on Tuesday afternoon*
	Mittwoch	-abend	*on Wednesday evening*

5d *Regularly on the same day*

montags	*on Mondays*
dienstags	*on Tuesdays*
freitags	*on Fridays*

Notice that these begin with a small letter.

Months of the year

6a *die Monate – months*

Januar	Juli
Februar	August
März	September
April	Oktober
Mai	November
Juni	Dezember

6b *In + month*

Im	Januar Juni September Dezember	*In*	*January* *June* *September* *December*

The seasons

7a *die Jahreszeiten – seasons*

der Sommer	*summer*
der Herbst	*autumn*
der Winter	*winter*
der Frühling	*spring*

7b *In + season*

Im	Sommer Herbst Winter Frühling	*In the*	*summer* *autumn* *winter* *spring*

The date

8a *What's the date today?*

Den wievielten haben wir heute?			*What's the date today?*	
Wir haben den	ersten zweiten dritten vierten zehnten zwanzigsten einundzwanzigsten dreißigsten einunddreißigsten	Januar. Februar. April. Mai. Juli. August. Oktober. November. Dezember.	*It's the*	*first of January.* *second of February.* *third of April.* *fourth of May.* *tenth of July.* *twentieth of August.* *twenty-first of October.* *thirtieth of November.* *thirty-first of December.*

(See also section **2b.***)*

8b ***On ... + date***

am	ersten (1.) dritten (3.) vierten (4.) zehnten (10.) neunzehnten (19.) zwanzigsten (20.)	Januar Februar April Juni August November	*on the*	*first of January* *third of February* *fourth of April* *tenth of July* *nineteenth of August* *twentieth of November*

8c ***Dates on letters***

den	1sten 2ten 3ten 4ten 18ten	20sten 27sten 28sten 30sten 31sten	Januar Februar April Oktober Dezember

Berlin,	den 20sten Oktober den 20. Oktober

Time

9a ***What time is it?***

Wieviel Uhr ist es? Wie spät ist es?	*What time is it?*

9b ***On the hour***

Es ist Um	eins. zwei. drei. vier.	*or*	Es ist Um	ein zwei drei vier	Uhr.

It's *At*	*1* *2* *3* *4*	*o'clock*

9c ***Quarter to/past the hour***

Es ist Um	Viertel	vor nach	eins. zwei. drei. vier.

It's *At*	*a quarter*	*to* *past*	*1.* *2.* *3.* *4.*

9d ***Half past the hour***

Es ist Um	halb	eins. zwei. drei.

It's *At*	*half past*	***12.*** ***1.*** ***2.***

Note: Um halb **drei** = *at 2.30, i.e. halfway to 3.00.*

9e ***Minutes to/past the hour (5, 10, 20, 25)***

Es ist Um	fünf zehn zwanzig fünfundzwanzig	vor nach	eins. zwei. drei. vier.

It's *At*	*5* *10* *20* *25*	*to* *past*	*1.* *2.* *3.* *4.*

Other minutes (7, 9, 14, 19 etc.)

Es ist Um	sieben neun vierzehn neunzehn	Minuten	vor nach	eins. zwei. drei. vier.

It's *At*	*7* *9* *14* *19*	*minutes*	*to* *past*	*1.* *2.* *3.* *4.*

9f ***Midday/midnight***

Es ist Um	zwölf Uhr. Mittag. Mitternacht.

It's *At*	*12 o'clock.* *midday.* *midnight.*

Note also the following way of saying 'at midday/midnight':

Zu	Mittag. Mitternacht.

9g Talking about how long you've been doing something

To say you have been doing something for a certain time, use **seit** *followed by the Dative case, with the verb in the* ***Present Tense****.*

Ich lerne **seit** zwei Jahren Deutsch.	*I've been learning German for two years.*
Ich spiele **seit** einem Jahr Klavier.	*Ive been playing the piano for a year.*

(See also section ***15d****.)*

9h ago

To say 'ago', use **vor** *followed by the Dative case.*

Vor einer Stunde.	*An hour ago.*
Vor zwei Jahren.	*Two years ago.*
Vor drei Monaten.	*Three months ago.*

Du, ihr, Sie

All three of these words are translated by 'you'. They are used as follows:

10a du

Speaking to a young person

Wie heißt du?	*What's your name?*
Wie alt bist du?	*How old are you?*

Between friends old or young *(people you usually call by their first name)*

Kommst du mit ins Kino?	*Are you coming to the cinema?*

In the family

Vati, kommst du mit in die Stadt?	*Dad, are you coming into town?*
Kannst du mir mal helfen, Mutti?	*Can you help me, mum?*

10b ihr

Speaking to young people

Jens:	– Was macht ihr heute?	*What are you doing today?*
Alexa und Tobias:	– Wir gehen schwimmen.	*We're going swimming.*
Lehrer:	– Was macht ihr da alle?	*What are you all doing?*

Speaking to two or more friends or relatives

Mutti und Vati, geht ihr heute abend ins Kino?	*Mum and dad, are you going to the cinema tonight?*
Oma, Opa, kommt ihr zu meinem Geburtstag?	*Grandma and grandpa, are you coming to my birthday?*

10c Sie

Talking to one or more adults *(other than close friends or relatives)*

Wo wohnen Sie?	*Where do you live?*
Wie heißen Sie?	*What's your name?*
Haben Sie reserviert?	*Have you reserved?*
Haben Sie Ihren Paß?	*Do you have your passport?*

Verbs

11a The infinitive

In the vocabulary list, verbs are listed in the ***infinitive****.*
The infinitive ending is **-en**.
This is the part of the word which means 'to', for example 'to eat', 'to do', etc.

wohn**en**	***to*** *live*
heiß**en**	***to*** *be called*
ess**en**	***to*** *eat*

(See also sections ***11e****,* ***11f****,* ***11g*** *and* ***18c****.)*

11b Present Tense (regular verbs)

Verbs which follow the usual pattern are called ***regular verbs****. Here is the pattern of endings for regular verbs:*

Infinitive: **wohn en** *(**to** live)*

ich	**-e**	Ich **wohne** in Hamburg.	*I live/am living in Hamburg.*
du	**-st**	**Wohnst** du in Berlin?	*Do you live in Berlin?*
er / **sie** / **es** / **man**	**-t**	Sie **wohnt** hier.	*She lives here.*
wir	**-en**	Wir **wohnen** in Leeds.	*We live/are living in Leeds.*
ihr	**-t**	**Wohnt** ihr in Deutschland?	*Do you live in Germany?*
Sie	**-en**	**Wohnen** Sie in der Schweiz?	*Do you live in Switzerland?*
sie	**-en**	Sie **wohnen** in der Stadtmitte.	*They live in the town centre.*

Note: Sie = *you* sie = *they or she*

11c Irregular changes affecting some verbs

Sometimes the main vowel in the infinitive changes, but only affects the **du** *and* **er/sie/es** *parts of the verb:*

sprechen	du spr**i**chst man spr**i**cht	**e - i**	*you speak* *one speaks/they speak*
s**e**hen	du s**ie**hst er s**ie**ht	**e - ie**	*you see* *he sees*
schl**a**fen	du schl**ä**fst sie schl**ä**ft	**a - ä**	*you sleep* *she sleeps*

See the list of irregular verbs on page 117 for more verbs in which the main vowel changes.

11d Some special verbs

The following verbs should be learned by heart:

	sein *(to be)*	**haben** *(to have)*	**wissen** *(to know)*
ich	bin	habe	weiß
du	bist	hast	weißt
er/sie/es/man	ist	hat	weiß
wir	sind	haben	wissen
ihr	seid	habt	wißt
Sie	sind	haben	wissen
sie	sind	haben	wissen

11e Modal verbs

This is the name given to the following group of verbs:

	können *(can)*	**müssen** *(must, have to)*	**wollen** *(want to)*	**sollen** *(should)*	**dürfen** *(allowed to)*
ich	kann	muß	will	soll	darf
du	kannst	mußt	willst	sollst	darfst
er/sie/es/man	kann	muß	will	soll	darf
wir	können	müssen	wollen	sollen	dürfen
ihr	könnt	müßt	wollt	sollt	dürft
Sie	können	müssen	wollen	sollen	dürfen
sie	können	müssen	wollen	sollen	dürfen

These verbs usually lead to ***another verb****, at the end of the clause, which is in the infinitive:*

Ich **kann** nicht in die Schule **gehen**.	*I can't go to school.*
Ich **muß** zu Hause **bleiben**.	*I have to stay at home.*
Wir **wollen** zwei Nächte **bleiben**.	*We want to stay for two nights.*
Soll ich das Licht **ausmachen**?	*Should I switch the light off?*
Darfst du alleine in die Disco **gehen**?	*Are you allowed to go to the disco on your own?*

Note that there is no need to write **zu** *before the verbs which follow modal verbs, unlike in section* ***11g****.*
Note also the form **könntest du … ?** *meaning 'could you … ?'.*

Könntest du den Tisch **decken**?	*Could you lay the table?*

11f Would like ...

*Use the following to express 'would like' in German. The verb used (**mögen**) is also a modal verb, although it is not in the Present Tense here:*

ich	möchte	*I would like*
du	möchtest	*you would like*
er/sie/es/man	möchte	*he/she/it/one would like*
wir	möchten	*we would like*
ihr	möchtet	*you would like*
Sie	möchten	*you would like*
sie	möchten	*they would like*

Ich **möchte** draußen arbeiten.	*I'd like to work outdoors.*
Möchten Sie auch einen Stadtplan?	*Would you like a town map as well?*
Möchtest du ein Eis essen?	*Would you like an ice cream?*

11g Zu + an infinitive

*The infinitive of a verb means 'to ...', but sometimes an extra **zu** appears before it:*

Was gibt es in der Stadt **zu sehen**?	*What is there **to see** in the town?*
Noch etwas **zu trinken**?	*Anything else **to drink**?*
Hast du Lust, Tennis **zu spielen**?	*Would you like **to play** tennis?*

Um ... zu *with the infinitive of a verb means 'in order to ...'. In English we often say just 'to ...' rather than 'in order to ...', but in German, if the sense is 'in order to', you must use **um ... zu**.*

Ich habe nicht genug Geld, **um** neue Kleidung **zu kaufen**.	*I haven't enough money to buy new clothes.*
Ich mache Babysitting, **um** etwas Geld **zu verdienen**.	*I do babysitting to earn some money.*

11h Commands

There are three main ways of giving commands in German:

Talking to a friend, or the teacher talking to one student	*Talking to two or more friends, or the teacher talking to two or more students*	*Talking to adults, teachers, officials, shopkeepers*	
Komm 'rein.	Kommt 'rein.	Kommen Sie herein.	*Come in.*
Setz dich.	Setzt euch.	Setzen Sie sich.	*Sit down.*
Schlag das Buch auf.	Schlagt das Buch auf.	Schlagen Sie das Buch auf.	*Open the book.*
Hör gut zu.	Hört gut zu.	Hören Sie gut zu.	*Listen carefully.*
Mach weiter.	Macht weiter.	Machen Sie weiter.	*Continue working now.*
Schreib es auf.	Schreibt es auf.	Schreiben Sie es auf.	*Write it down.*
Trag die Tabelle ein.	Tragt die Tabelle ein.	Tragen Sie die Tabelle ein.	*Copy the chart.*
Lies die Namen.	Lest die Namen.	Lesen Sie die Namen.	*Read the names.*
Schau auf die Karte.	Schaut auf die Karte.	Schauen Sie auf die Karte.	*Look at the map.*
Füll die Lücken aus.	Füllt die Lücken aus.	Füllen Sie die Lücken aus.	*Fill in the gaps.*

Note that sometimes these may be followed by an exclamation mark, e.g. **Komm 'rein!**

11i Reflexive verbs

These verbs require an extra (reflexive) pronoun, and are called 'reflexive' because the action 'reflects back' on the doer:

Ich wasche **mich** um sieben Uhr.	*I have a wash at 7.00.*
Ich langweile **mich** zu Tode.	*I'm bored to death.*
Verstehst **du dich** gut mit deinen Eltern?	*Do you get on well with your parents?*
Du ärgerst **dich** so.	*You get so angry.*
Ich fühle **mich** so unglücklich.	*I feel so unhappy.*

11j Separable verbs

Some verbs include a prefix, which separates from the main part of the verb and is placed at the end of the clause. They are shown in the Wörterliste *with a line separating the two parts:* **aus**/gehen, **ab**/biegen.

aufstehen	Ich **stehe** um halb sieben **auf**.	*I get up at half past six.*
ansehen	**Sieh** dir die Bilder **an**.	*Look at the pictures.*
ausgeben	Ich **gebe** mein Geld für Sport **aus**.	*I spend my money on sport.*

Note: when the verb is sent to the end of a clause by a word like **daß** *or* **wenn** *(see section* **19***), the two parts of a separable verb join up again.*

Ich frage mich, ob er gut **aussieht**.	*I wonder whether he's good looking.*
Ich habe Angst, daß ein Atomkrieg **ausbricht**.	*I'm scared there might be an atomic war.*

A similar thing happens in the Perfect Tense. Look at the past participles of these separable verbs:

aufhören	Ich habe **aufgehört**, zu rauchen.	*I've stopped smoking.*
aufstehen	Ich bin um 6 Uhr **aufgestanden**.	*I got up at 6 o'clock.*

11k The Future Tense

The simplest way of talking about the future in German is to use the Present Tense of the verb with a word or phrase to indicate the future:

Time marker	***Present Tense***	
Morgen	**fahre ich** nach Frankfurt.	*Tomorrow I'm going to Frankfurt.*
Nächste Woche	**gehe ich** schwimmen.	*I'm going swimming next week.*
Am Montag	**besuche ich** meine Großeltern.	*I'm visiting my grandparents on Monday.*
Dieses Jahr	**fahren wir** auf einen Campingplatz.	*We're going to a campsite this year.*

11l The Perfect Tense

This is the most common tense used in German to express events which have happened in the past. There are two parts to the Perfect Tense – the ***auxiliary verb****, which is always a part of the Present Tense of either* **haben** *or* **sein***, and the* ***past participle*** *of the verb, which goes to the end of the sentence.*

Most verbs form the Perfect Tense with **haben***. The past participle of most verbs is formed by adding* **ge-** *to the* **er/sie/es** *part of the Present Tense.*

Ich **habe** eine Klassenfahrt **gemacht**.	*I went on a class trip.*
Sie **hat** eine Kassette **gekauft**.	*She bought a cassette.*
Es **hat** sehr gut **geschmeckt**.	*It tasted very good.*
Wir **haben** Tennis **gespielt**.	*We played tennis.*

Verbs whose infinitives begin with the letters **be-** *or* **er-***, or end in* **-ieren***, have no* **ge-** *in their past participles.*

erreichen	Dein Brief hat mich **erreicht**.	*Your letter reached me.*
bestellen	Ich habe eine Pizza **bestellt**.	*I ordered a pizza.*
reserv**ieren**	Haben Sie **reserviert**?	*Have you reserved?*

Some verbs form the Perfect Tense with **sein***, usually verbs of movement or travel. The past participles of these verbs are also* **irregular***. Some you have met include:*

Ich **bin** nach China **gefahren**.	*I went to China.*
Wir **sind** in die USA **geflogen**.	*We flew to the USA.*
Sie **sind** zu Hause **geblieben**.	*They stayed at home.*

Some verbs have past participles which are not formed in the usual way and are therefore called **irregular***.*

Er **hat** sehr lange **geschlafen**.	*He slept for a long time.*
Axel **hat** eine Party **gegeben**.	*Axel had a party.*
Hast du deine Freundin **getroffen**?	*Did you meet your friend?*

All the irregular verbs occurring in this book are listed in the table below in Section **11n***.*

11m Was/had

Note also these ways of talking about things in the past:

Die Reise **war** lang.	*The journey was long.*
Wir **waren** seekrank.	*We were seasick.*
Der Zug **hatte** Verspätung.	*The train was late.*
Anne **hatte** Kopfschmerzen.	*Anne had a headache.*

11n Irregular verbs

Infinitive	*Meaning*	*Present Tense*	*Perfect Tense*
anrufen	*to call, phone*	er ruft an	ich habe angerufen
anziehen	*to put on*	er zieht an	ich habe angezogen
aufstehen	*to get up*	er steht auf	ich bin aufgestanden
bekommen	*to get*	er bekommt	ich habe bekommen
brechen	*to break*	er bricht	ich habe gebrochen
bleiben	*to stay, remain*	er bleibt	ich bin geblieben
essen	*to eat*	er ißt	ich habe gegessen
fahren	*to go, drive*	er fährt	ich bin gefahren
finden	*to find*	er findet	ich habe gefunden
fliegen	*to fly*	er fliegt	ich bin geflogen
geben	*to give*	er gibt	ich habe gegeben
gehen	*to go*	er geht	ich bin gegangen
gewinnen	*to win*	er gewinnt	ich habe gewonnen
haben	*to have*	er hat	ich habe gehabt
helfen	*to help*	er hilft	ich habe geholfen
kommen	*to come*	er kommt	ich bin gekommen
lesen	*to read*	er liest	ich habe gelesen
nehmen	*to take*	er nimmt	ich habe genommen
schlafen	*to sleep*	er schläft	ich habe geschlafen
schreiben	*to write*	er schreibt	ich habe geschrieben
sein	*to be*	er ist *	ich bin gewesen
sehen	*to see*	er sieht	ich habe gesehen
singen	*to sing*	er singt	ich habe gesungen
sprechen	*to speak*	er spricht	ich habe gesprochen
sterben	*to die*	er stirbt	er ist gestorben
tragen	*to wear, carry*	er trägt	ich habe getragen
trinken	*to drink*	er trinkt	ich habe getrunken
verlieren	*to lose*	er verliert	ich habe verloren
werden	*to become*	er wird	ich bin geworden
wissen	*to know*	er weiß *	ich habe gewußt

Note: the **er** *form of the Present Tense is used here. The same vowel changes apply to the* **sie**, **es** *and* **man** *forms and also to the* **du** *form (but ending in* **-st**).

** See also section* ***11d****.*

Negatives

12a kein

You ***cannot*** *say* **nicht ein** *in German. Instead,* **kein** *(no, not a)* ***is used before a noun.*** *It changes its endings like* **ein**. *(See sections* ***14*** *and* ***17d****):*

Ich habe	**keinen** Hund.	*I haven't got a dog.*
Hast du	**keine** Katze?	*Haven't you got a cat?*
Sie hat	**kein** Haustier.	*She has no pets.*
Sie haben	**keine** Geschwister.	*They have no brothers and sisters.*

12b nicht

nicht *(not)* ***is used in other situations:***

Ich spiele **nicht** gern Tennis.	*I don't like playing tennis.*
Ich esse **nicht** gern Schokolade.	*I don't like eating chocolate.*
Er kommt **nicht** mit ins Kino.	*He isn't coming with us to the cinema.*
Sie geht **nicht** in die Stadt.	*She isn't going into town.*

12c nichts

nichts *(nothing/not anything)*

Ich trinke **nichts** zum Frühstück.	*I don't drink anything for breakfast.*

Nouns

13a Writing nouns

*Remember that nouns are **always** written with a capital letter.*

13b Genders: The three groups of nouns

M	*F*	*N*
der Hund *(**the** dog)*	**die** Katze *(**the** cat)*	**das** Pferd *(**the** horse)*

*English has one article (one word for 'the') for all nouns, but German nouns have either **der**, **die** or **das**. These are called 'masculine' (**M**), 'feminine' (**F**) and 'neuter' (**N**).*

Note also the words for 'a':

M	*F*	*N*
ein Hund *(**a** dog)*	**eine** Katze *(**a** cat)*	**ein** Pferd *(**a** horse)*

13c Plurals: Talking about more than one person, thing etc.

Nouns change in various ways in the plural, but **der, die, das** *all become* **die:**

SINGULAR	der	die	das
PLURAL	→	**die**	←

The plurals are usually shown in the vocabulary list in the following way:

der	Hund(e)	(**e**)	*means that the plural is* (die) Hund**e**
die	Katze(n)	(**n**)	*means that the plural is* (die) Katze**n**
das	Haus(¨er)	(**¨er**)	*means that the plural is* (die) H**ä**us**er**
das	Zimmer(–)	(–)	*means that the plural stays the same:* (die) Zimmer

Although there are many exceptions, the following rules of thumb will prove helpful when you need to form the plural of nouns:

Many masculine plural nouns end in -e:

Hund	Hund**e**
Freund	Freund**e**

Many neuter plural nouns end in -e or ¨-er:

Heft	Heft**e**
Haus	H**ä**us**er**

A large number of feminine plural nouns end in -n or -en:

Katze	Katze**n**
Straße	Straße**n**
Schwester	Schwester**n**
Wohnung	Wohnung**en**

13d Some nouns have different masculine and feminine forms:

M	*F*	
Arzt	Ärztin	*doctor*
Freund	Freundin	*friend*
Partner	Partnerin	*partner*
Sänger	Sängerin	*singer*
Schüler	Schülerin	*pupil*
Student	Studentin	*student*
Verkäufer	Verkäuferin	*sales assistant*

13e Nationalities

There are different masculine and feminine forms here, too:

M		*F*	
Engländer	*English man*	Engländerin	*English woman*
Österreicher	*Austrian man*	Österreicherin	*Austrian woman*
Schweizer	*Swiss man*	Schweizerin	*Swiss woman*
Italiener	*Italian man*	Italienerin	*Italian woman*
Deutscher	*German man*	Deutsche	*German woman*
Ire	*Irish man*	Irin	*Irish woman*
Schotte	*Scottish man*	Schottin	*Scottish woman*
Franzose	*French man*	Französin	*French woman*

13f Compound nouns

Sometimes two (or more) nouns join together to form a new noun, called a compound noun. The gender (M, F or N) is decided by the second (or last) noun:

Stadt + **der** Plan	**der** Stadtplan	*street plan*
Haupt + **die** Post	**die** Hauptpost	*main post office*
Kranken + **das** Haus	**das** Krankenhaus	*hospital*
Jahr + **der** Markt	**der** Jahrmarkt	*fair*
Fuß + Gänger + **die** Zone	**die** Fußgängerzone	*pedestrian precinct*

Note how compound nouns, like all other nouns, have only one capital letter.

Cases

14a The Cases

When articles (words for 'the' and 'and') change, nouns are said to be in different cases. You can see from the illustrations here how important it can be to put articles in the correct cases!

– Was, die Katze frißt **den** Wellensittich? – Nein, **der** Hund.	*What, the cat is eating the budgie?* *No, the dog (is eating the budgie).*

– Was, die Katze frißt **den** Wellensittich? – Nein, **den** Goldfisch.	*What, the cat is eating the budgie?* *No, (the cat is eating) the goldfish.*

14b The Nominative case

In dictionaries and glossaries nouns always appear in the ***Nominative case.***

	M	*F*	*N*	*PL*
NOMINATIVE	ein der	eine die	ein das	– die

e.g.

ein	Hund (*a dog*)	**der**	Hund (*the dog*)
eine	Katze (*a cat*)	**die**	Katze (*the cat*)
ein	Pferd (*a horse*)	**das**	Pferd (*the horse*)
	Tiere (*animals – no article before it*)	**die**	Tiere (*the animals*)

The Nominative case is used for the ***subject*** *of the sentence.*

14c The Accusative case

In the ***Accusative case*** *articles change as follows:*

	M	*F*	*N*	*PL*
ACCUSATIVE	**einen** **den**	eine die	ein das	– die

As you can see, the ***only difference*** *between the Nominative and Accusative is that* **ein *(M)*** *changes to* **einen** *and that* **der** *changes to* **den**.

The Accusative case is used for the ***direct object*** *of the sentence.*

Look at this rhyme – it might be useful to learn it off by heart to help you remember the Accusative case.

NOMINATIVE	***VERB***	***ACCUSATIVE***	
Frau Bamster	hat	**einen** Hamster.	***M***
Klaus	hat	**eine** Maus.	***F***
Gerd	hat	**ein** Pferd.	***N***
Sabinchen	hat	zwölf Kaninchen	***PL***

Ich suche **den** Bahnhof.	*I'm looking for the station.*
Er sucht **die** Post.	*He is looking for the post office.*
Wir suchen **das** Jugendzentrum.	*We are looking for the youth centre.*
Haben Sie **einen** Stadtplan?	*Do you have a street plan?*
Wir haben **eine** Broschüre und **ein** Poster.	*We have a brochure and a poster.*

14d Es gibt

This phrase is followed by the Accusative case and means 'there is/there are …'

Es gibt einen tollen Tierpark in Hamburg.	*There's a fantastic zoo in Hamburg.*
Gibt es eine Stadthalle?	*Is there a concert hall?*
Es gibt nicht genug Jobs.	*There aren't enough jobs.*

14e The Dative case

*In the **Dative case** articles change even more, as follows:*

	M	***F***	***N***	***PL***
DATIVE	**einem** **dem**	**einer** **der**	**einem** **dem**	– **den**

Note: all nouns in the Dative plural add an **-n** *whenever possible:*

(die Berge)	in den Berge**n**	*in the mountains*
(die Häuser)	in den Häuser**n**	*in the houses*
(die Freunde)	bei Freunde**n**	*(staying) with friends*

but

(die Hotels)	in den Hotels	*in the hotels*

Prepositions

15a Prepositions

Prepositions are words like 'in', 'on', 'under', 'through', 'by', 'for', etc.
In German all prepositions must be followed by particular cases.

15b Prepositions which are sometimes followed by the Accusative case, and sometimes by the Dative case

Here are some prepositions which are followed by either the Accusative, or the Dative case, depending on whether movement is involved:

an	*to; by; on*	auf	*onto; on*	hinter	*behind*	in	*into; in*
vor	*in front of*	neben	*next to; beside*	zwischen	*between*		

*The **Accusative case** is used after these prepositions when there is **movement to or away from** the place mentioned:*

Wir fahren **an die** See.	*We're going to the seaside.*
Er geht **auf den** Balkon.	*He's going onto the balcony.*
Die Teller kommen **in den** Schrank.	*The plates go in the cupboard.*
Die Gläser kommen **auf das** Regal.	*The glasses go on the shelf.*

*The **Dative case** is used after these prepositions when there is **no movement to or away from** the place mentioned:*

Das Ferienhaus ist **am** Meer.	*The holiday home is by the sea.*
Das ist **auf der** linken Seite.	*It's on the left hand side.*
Das Parkplatz ist **in der** Wittekindstraße.	*The car park is in Wittekindstraße.*
Die Teller sind **im** Schrank.	*The plates are in the cupboard.*
Die Gläser sind **auf dem** Regal.	*The glasses are on the shelf.*
Vor dem Käfig ist eine Telefonzelle.	*In front of the cage there's a phone box.*

Note also:

im Norden

im Westen

im Osten

im Süden

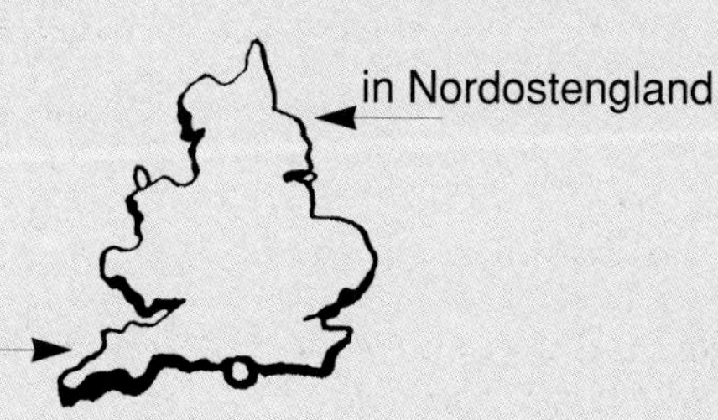

in Südwestengland

15c *Some prepositions which are always followed by the Accusative*

Here are some prepositions which must always be followed by the ***Accusative case****:*

durch *through*	für *for*	um *round*	entlang *along (**follows** the noun)*

Ich fahre **durch die** Stadt.	*I drive through the town.*
Das ist **für meinen** Bruder.	*That's for my brother.*
Sie geht **um die** Ecke.	*She goes round the corner.*
Wir fahren **diesen** Fluß **entlang**.	*We drive along this river.*

15d *Some prepositions which are always followed by the Dative*

Here are some prepositions which must always be followed by the ***Dative case****:*

aus	*out of; from*	mit	*with*	von	*from; of*	seit	*since; for*
bei	*at (the home of)*	nach	*after*	zu	*to*	*(See also section **9g**.)*	

Er kommt **aus der** Schweiz.	*He comes from Switzerland.*
Bei mir zu Hause.	*At my house.*
Ich fahre **mit dem** Bus.	*I go by bus.*
Nach dem Mittagessen spiele ich Tennis.	*After lunch I'm going to play tennis.*
Von welchem Gleis?	*From which platform?*
Ich spiele **seit einem** Jahr Klavier.	*I've been playing the piano for a year.*
Wie kommst du **zum** Sportplatz?	*How are you getting to the sports ground?*
Wie komme ich **am** besten **zur** Stadthalle?	*What is the best way to the concert hall?*

15e *Contracted prepositions*

Sometimes the preposition and article are combined:

am	an dem	**im**	in dem	**zum**	zu dem	**beim**	bei dem
ans	an das	**ins**	in das	**zur**	zu der		

15f *Countries*

Use **nach** *when talking about going to most countries (+ towns and villages):*

Ich fahre	**nach**	Italien/Spanien/ Polen/Frankreich/ Schottland/Nordirland. Berlin/München/Wien.	*I'm going*	*to*	*Italy/Spain/ Poland/France/ Scotland/Northern Ireland. Berlin/Munich/Vienna.*

But use **in die** *with this country:*

Ich fahre	**in die**	Schweiz.	*I'm going*	*to*	*Switzerland.*

Pronouns

16a *Pronouns*

These are words like 'she', 'they', 'him', 'it' in English, which can replace nouns.

16b *Nominative case pronouns*

ich	*I*	**Ich** spiele gern Fußball.	***I*** *like playing football*
du	*you*	Wie alt bist **du**?	*How old are* ***you****?*
er	*he*	**Er** (= der Hund) heißt Rowdy.	***He*** *(the dog) is called Rowdy.*
sie	*she*	**Er** (= der Wagen) ist rot.	***It**** *(the car) is red.*
es	*it*	**Sie** (= die Katze) heißt Mitzi.	***She*** *(the cat) is called Mitzi.*
wir	*we*	**Es** (= das Pferd) heißt Rex.	***He**** *(the horse) is called Rex.*
ihr	*you*	**Wir** gehen in die Stadt.	***We*** *are going to town.*
Sie	*you (polite)*	Habt **ihr** Geld dabei?	*Have* ***you*** *got any money with you?*
sie	*they*	Wie heißen **Sie**?	*What are* ***you*** *called?*
		Sie trinken gern Cola.	***They*** *like drinking cola.*

***es** *in German can sometimes be 'he' or 'she' in English, just as* **er** *and* **sie** *can mean 'it'.*

16c Accusative case pronouns

ich	**mich**	*me*	Er nervt **mich**.	*He annoys me.*
du	**dich**	*you*		
er	**ihn**	*him*	Wie findest du **ihn**?	*What do you think of him?*
sie	**sie**	*her*	Ich finde **sie** nett.	*I think she's nice.*
es	**es**	*it*		
wir	**uns**	*us*		
ihr	**euch**	*you*		
Sie	**Sie**	*you (polite)*	Das ist für **Sie**, Frau Schmidt.	*That's for **you**, Mrs Schmidt.*
sie	**sie**	*them*	Was kaufst du für **sie**?	*What are you buying for them?*

16d Dative case pronouns

ich	**mir**	*me, to me*	**Mir** ist schlecht.	***I** don't feel well.*
du	**dir**	*you, to you*	Was fehlt **dir**?	*What's wrong (with **you**)?*
er	**ihm**	*him, to him*	Es geht **ihm** gut.	***He** is fine.*
sie	**ihr**	*her, to her*	Wie geht's **ihr**?	*How is **she**?*
es	**ihm**	*it, to it*		
wir	**uns**	*us, to us*	**Uns** ist zu warm.	***We** are too warm.*
ihr	**euch**	*you, to you*		
Sie	**Ihnen**	*you, to you*	Kann ich **Ihnen** helfen?	*Can I help **you**?*
sie	**ihnen**	*them, to them*		

16e Some special verbs requiring Dative pronouns

gefallen

Gefällt **dir** die Kassette?	*Do you like the cassette?*
Gefallen **deiner Mutter** die Handschuhe?	*Does your mother like the gloves?*
Die Bluse gefällt **mir**.	*I like the blouse.*
Wie gefällt **ihnen** das Geschenk?	*How do they like the present?*

schmecken

Wie schmeckt **dir** der Kuchen?	*Do you like the cake?*
Schmeckt es **dir**?	*Do you like it?*

gehen *(meaning how someone is)*

Es geht **mir** gut, danke.	*I'm fine, thank you.*

Adjectives

17a Adjectives

Adjectives are words which describe nouns. They have no endings in sentences like this:

Jürgen ist **toll**.	*Jürgen is great.*
Annette ist **nett**.	*Annette is nice.*
Das ist **billig**.	*That's cheap.*

More information can be given to an adjective by using a 'qualifier' or an 'intensifier':

Die Stadt ist **ganz** schön.	*The town is really nice.*
Das Meer ist **sehr** schmutzig.	*The sea is very dirty.*
Er ist **nicht sehr** sympathisch.	*He's not very nice.*
Die Schule ist **ziemlich** klein.	*The school is quite small.*
Sie ist **unheimlich** nett.	*She is ever so nice.*

17b Too much/too many

Es gibt **zuviel** Rauch.	*There is too much smoke.*
Es gibt **zu viele** Touristen.	*There are too many tourists.*

17c Adjectival agreement

When adjectives are used next to a noun they have different endings. These depend on the gender and case of the noun, whether it is singular or plural and any other word which is used before it. This is called adjectival agreement.

	M	**F**	**N**	**PL**
NOMINATIVE	ein alter Mann	eine alte Frau	ein altes Pferd	alte Bücher
ACCUSATIVE	einen alten Mann	eine alte Frau	ein altes Pferd	alte Bücher
DATIVE	einem alten Mann	einer alten Frau	einem alten Pferd	alten Büchern

	M	**F**	**N**	**PL**
NOMINATIVE	der alte Mann	die alte Frau	das alte Pferd	die alten Bücher
ACCUSATIVE	den alten Mann	die alte Frau	das alte Pferd	die alten Bücher
DATIVE	dem alten Mann	der alten Frau	dem alten Pferd	den alten Büchern

Die **grüne** Hose gefällt mir. — *I like the green trousers.*
Er trägt einen **blauen** Pullover und ein **schwarzes** T-Shirt. — *He is wearing a blue pullover and a black t-shirt.*
Sie hat **glatte**, **blonde** Haare und **blaue** Augen. — *She has straight, blond hair and blue eyes.*

17d Mein, dein, sein (possessive adjectives) and kein

Mein, **dein**, **sein** *and* **kein** *follow this pattern:*

	M	***F***	***N***	***PL***
NOMINATIVE	mein	meine	mein	meine
ACCUSATIVE	meinen	meine	mein	meine
DATIVE	meinem	meiner	meinem	meinen

In the singular, the pattern is the same as **ein**, **eine**, **ein**.

Dies ist **mein** Vater.	*This is my father.*	Ist das **deine** Mutter?	*Is that your mother?*
Er hat **keinen** Hund.	*He doesn't have a dog.*	Hast du **keine** Katze?	*Haven't you got a cat?*
Du hast **mein** Heft!	*You've got my exercise book!*	**Sein** Pullover ist gelb.	*His pullover is yellow.*
Das ist in **meinem** Heft.	*That is in my exercise book.*	**Ihre** Augen sind blau.	*Her eyes are blue.*

Ihr *(her),* **euer** *(your) and* **unser** *(our) also follow the same pattern.*

17e Comparitives and superlatives

To say 'cheaper', 'more expensive', 'nicer' etc. (comparitives) add **-er** *to the adjective:*

billig ➔ billiger; — schön ➔ schöner

Many one syllable adjectives add an Umlaut *too:*

alt ➔ älter; — jung ➔ jünger

Anke ist zwei Jahre **älter** als ich. — *Anke is two years older than me.*

But note that **besser** *means 'better'.*

To say 'the smallest', 'the coldest', 'the most expensive' etc. (superlatives) add **-ste** *or* **-este** *to the adjective. As with comparatives, many adjectives add an* Umlaut *too.*

Was ist der **kleinste/kälteste** Planet? — *Which is the smallest/coldest planet?*
Der Film war der **größte** Quatsch. — *The film was the biggest load of rubbish.*

If the superlative stands on its own (i.e. if there is no noun after it) use **am** *with the same form, but ending in* **-n**:

Welcher Planet ist **am weitesten** von der Sonne? — *Which planet is furthest from the sun?*
Es regnet **am wenigsten** in der Wüste. — *It rains least in the desert.*

Note also **am besten**, *meaning 'the best'.*

Am besten fliegen wir. — *The best thing to do is to fly.*

17f Too ...

To say 'too expensive', 'too far', etc. use **zu** *with an adjective:*

Das ist **zu teuer**. — *That's too expensive.*
Die Hose ist **zu eng**. — *The trousers are too narrow.*
In England ist es **zu kalt**. — *It's too cold in England.*

Word order

18a Word order

There are various rules in German governing where words should be placed in a sentence.

18b Main clauses

*Most of the sentences in this book are called **main clauses**.*
*Except when asking questions like **Hast du ...?**, **Kommst du ...?** (see section **4**), the verb is always the **second** piece of information:*

1	*2 (VERB)*	*3*	
Ich	heiße	Peter.	*I'm called Peter.*
Mein Name	ist	Krull.	*My name is Krull.*
Wie	heißt	du?	*What are you called?*

Because the verb must be the second piece of information, this sometimes means that the order of the parts in the sentence is different from the English:

Heute abend gebe ich eine Party.	*I'm having a party this evening.*
Morgen gehe ich ins Kino.	*I'm going to the cinema tomorrow.*
Um wieviel Uhr ißt du dein Mittagessen?	*When do you eat lunch?*
Dann gehe ich zur Schule.	*Then I go to school.*
Einige Minuten später kommt Anna ins Zimmer.	*A few minutes later Anna comes into the room.*

*(See also section **19b** for examples of other kinds of clauses.)*

18c Sentences with more than one verb

*When there are two verbs in a sentence, the second verb is usually in the **infinitive**.*
*(See sections **11e**, **11f** and **11g**.)*

*The infinitive is **at the end of the sentence:***

	FIRST VERB		*INFINITIVE*	
Ich	gehe	gern	**schwimmen**.	*I like going swimming.*
Wo	kann	ich Postkarten	**kaufen**?	*Where can I buy postcards?*
Du	kannst	zu uns	**kommen**.	*You can come to our house.*
Was	willst	du	**sehen**?	*What do you want to see?*

18d When? How? Where? in the same sentence.

In a German sentence, if two or more of these elements are present, they should come in this order:

1 ***When? (Time)***	*2* ***How? (Manner)***	*3* ***Where? (Place)***

*If a time and a place are mentioned, the **time** comes before the **place**:*

TIME		***PLACE***	
Nächste Woche	fahre ich	**nach München.**	*Next week I'm going to Munich.*

or

	TIME	***PLACE***	
Ich fahre	**nächste Woche**	**nach München.**	*Next week I'm going to Munich.*

*If you say **how** you are going somewhere, this must come **before** the **place**:*

	MANNER	***PLACE***	
Ich fahre	**mit dem Bus**	**zum Schwimmbad.**	*I'm going to the swimming pool by bus.*

*If you say **when, how** and **where** you are going, they must go in that order:*

	TIME	***MANNER***	***PLACE***	
Ich fahre	**nächste Woche**	**mit dem Zug**	**nach Köln.**	*Next week, I'm going to Cologne by train.*

Conjunctions

19a Conjunctions which do not change word order

Conjunctions are words which join together two clauses or sentences. The following conjunctions make no difference to the normal word order of a sentence. They are just added between two sentences:

aber *but* und *and* oder *or* denn *for* sondern *but*

Wir haben einen großen Garten, **und** nebenan ist ein Park.	*We've got a big garden and nearby there's a park.*
Sie ist nett, **aber** sie hat nicht immer Zeit für mich.	*She's nice but she doesn't always have time for me.*

19b Conjunctions which change word order

There are many other conjunctions which send the verb to the end of its clause. These include:

wenn *when, if* daß *that* weil *because* ob *whether* da *as* sobald *as soon as*

Es gibt Krach, **wenn** ich abends spät nach Hause **komme**.	*We have rows when (or if) I come home late at night.*
Ich habe Angst, **daß** ich keine Arbeit **finde**.	*I'm scared that I won't find a job.*
Alle machen sich lustig über mich, **weil** ich so dünn **bin**.	*Everyone makes fun of me because I'm so thin.*

*The part of the sentence beginning with the conjunction is known as a **subordinate clause**.*

When you start a sentence with a subordinate clause (i.e. one that has its verb at the end), it must always have a comma after it and the next word is always the main verb of the sentence.

Wenn andere rauchen **wollen, ist** das mir egal.	*If others want to smoke it's all the same to me.*
Wenn jemand mir gerne schreiben **würde, finden** Sie meine Adresse oben.	*If anyone would like to write to me, you'll find my address above.*

19c Question words as conjunctions

*Ordinary question words (**was?**, **wann?**, **wo?**, **wer?**, **wieviel?** etc.) can be used as conjunctions too, in order to join together two parts of a sentence rather than to ask a direct question. When used like this, they too send the verb to the end of its clause.*

Ich verstehe nicht, **was** sie gegen ihn haben.	*I don't understand what they've got against him.*
Ich frage mich, **wie** er aussieht.	*I wonder what he looks like.*

Likes and favourites

20a Talking about what you like doing

Gern *can be used with most verbs to show that you **like** doing something:*

Ich trinke Kaffee.	Ich trinke **gern** Kaffee.	*I drink coffee.*	*I **like** drinking coffee.*
Ich gehe schwimmen.	Ich gehe **gern** schwimmen.	*I go swimming.*	*I **like** going swimming.*

*Notice how you say that you like **something** (a noun):*

Ich **habe** Katzen **gern.**	*I **like** cats.*
Ich **habe** Tee **gern.**	*I **like** tea.*

20b Talking about what you prefer doing

Lieber *can be used with most verbs to show that you **prefer** doing something:*

Ich fliege **lieber**.	*I **prefer** flying.*
Ich fahre **lieber** mit dem Zug.	*I **prefer** travelling by train.*

20c Talking about what you like doing most of all

*Start the sentence with **am liebsten**, and remember that the next thing must be a verb:*

Am liebsten spiele ich Fußball.	*I **like** playing football **most of all.***
Am liebsten gehe ich schwimmen.	*I **like** going swimming **most of all.***

*Note also the use of **Lieblings-** with a noun:*

Fußball ist mein **Lieblingssport.**	*Football is my **favourite** sport.*
Mein **Lieblingsfach** ist Deutsch.	*My **favourite** lesson is German.*

A

ab from
das **Abendblatt(¨er)** evening paper
die **Abendunterhaltung** evening entertainment
das **Abenteuer(-)** adventure
der **Abenteuerfilm(e)** adventure film
aber but
die **Abfahrt(en)** departure
der **Abfall(¨e)** rubbish
der **Abfalleimer(-)** litter bin
ab/fließen to flow away
das **Abführmittel(-)** laxative
das **Abgas(e)** exhaust fume; waste gas
ab/geben to hand in
ab/holen to fetch
die **Abholzung** deforestation
ab/räumen to clear (table)
die **Abreise(n)** departure
absolut absolute(ly)
ab/trocknen to dry the dishes
ab/waschen to wash up
ab/wischen to wipe
ach! oh!
das **Adjektiv(e)** adjective
die **Adresse(n)** address
der **Affe(n)** monkey
der **Affenkäfig(e)** monkey's cage
Afrika Africa
afrikanisch African
aggressiv aggressive
die **Aktentasche(n)** briefcase
aktiv active
die **Aktivität(en)** activity
der **Alkohol** alcohol
alkoholisch alcoholic
all(er/e) all
  alles everything
allein alone
die **Allergie(n)** allergy
allergisch (gegen) allergic (to)
allgemein general
alphabetisch alphabetical(ly)
als as; than; when
also so, therefore
alt old
das **Alter** age
das **Altglas** used bottles
altmodisch old-fashioned
das **Altpapier** waste paper
die **Aluminiumdose(n)** aluminium can
amerikanisch American
die **Ampel(n)** traffic light
an (+ Acc/Dat) to; at; on
analysieren to analyse
ander(er/e/es) other
  etwas anderes something else
andererseits on the other hand
anderswo somewhere else
an/fangen to begin
an/geben to cite
die **Angel(n)** fishing rod
der/die **Angestellte(n)** employee
die **Angst(¨e)** fear
an/gucken to look at
an/kommen to arrive
die **Ankunft(¨e)** arrival
an/legen to put on
an/reisen to travel
an/rufen to telephone
an/schnallen to fasten one's safety belt
die **Anschrift(en)** address
an/sehen to look at
die **Ansichtskarte(n)** picture postcard
die **Antilope(n)** antelope
die **Antwort(en)** answer
antworten to answer
die **Antwortkarte(n)** reply card
die **Anzahl** number
die **Anzeige(n)** advertisement
der **Anzeiger(-)** advertiser
an/ziehen to put on (clothes)
  sich an/ziehen to get dressed
der **Anzug(¨e)** suit
der **Apfelsaft** apple juice
der **Apparat(e)** telephone
  am Apparat speaking
der **Appetit** appetite
  Guten Appetit! Enjoy your meal!
die **Aprikose(n)** apricot
der **Aprikosensaft** apricot juice
der **Äquator** equator
arabisch Arabic
die **Arbeit(en)** work, task
arbeiten to work
die **Arbeitskleidung** work clothes
der **Arbeitsplatz(¨e)** place of work
ärgern to annoy
arm poor
die **Art(en)** kind, type
der **Artikel(-)** article
das **As(se)** ace (in cards)
Asien Asia
die **Atmosphäre** atmosphere
das **Atomkraftwerk(e)** nuclear power station
der **Atomkrieg(e)** nuclear war
der **Atommüll** nuclear waste
auch also
auf (+ Acc/Dat) on; onto
der **Aufenthaltsraum(¨e)** day room
auf/geben to give up
sich **auf/halten** to stay
auf/hängen to hang up
der **Aufkleber(-)** sticker, badge
auf/machen to open
auf/nehmen to pick up
auf/räumen to clear up
auf/schreiben to write out
der **Aufschnitt** sliced cold meat
auf/stehen to get up
auf/stellen to put up
auf/wachen to wake up
das **Auge(n)** eye
der **Augenblick(e)** moment
aus (+ Dat) out of
aus/bauen to dismantle
aus/brechen to break out
die **Auseinandersetzung(en)** quarrel
die **Ausfahrt(en)** exit (motorway)
der **Ausflug(¨e)** excursion
den Hund **aus/führen** to take the dog for a walk
aus/füllen to fill in (form)
der **Ausgang(¨e)** exit
aus/arbeiten to work out
aus/geben to spend (money)
ausgedehnt extended
ausgeflippt zany
aus/gehen to go out
ausgestattet equipped
aus/helfen to help out
sich **aus/kennen** to have a good knowledge of
aus/kommen (mit) to get on with; to manage on
die **Auskunft(¨e)** information
ausländisch foreign
aus/leihen to lend; hire
der **Auspuff** exhaust
das **Auspuffgas(e)** exhaust fume
aus/räumen to empty
die **Ausrede(n)** excuse
der **Ausschnitt(e)** excerpt
aus/sehen to look, appear
das **Aussehen** appearance
außer except for
aus/sortieren to sort out
aus/sterben to become extinct
aus/streichen to stretch out
aus/suchen to choose
der **Austausch(e)** exchange
der/die **Austauschpartner/in** exchange partner (m/f)
aus/toben to romp
aus/tragen to deliver
Australien Australia
australisch Australian
die **Auswertung(en)** analysis (solution)
die **Autobahn(en)** motorway
der **Autofahrer(-)** car driver
der **Automat(en)** vending machine
der **Autoschlüssel(-)** car key

B

der/die **Babysitter/in** babysitter
backen to bake
die **Bäckerei(en)** baker's
das **Bad(¨er)** bath
sich **baden** to have a bath
das **Badezimmer(-)** bathroom
die **Bahn(en)** train; track
der **Bahnhof(¨e)** station
bald soon
baldig early, speedy
die **Ballade(n)** ballad
die **Banane(n)** banana
die **Bananenschale(n)** banana skin
die **Bank(¨e)** bench
die **Bank(en)** bank
die **Bar(s)** bar, night-club
das **Bargeld** cash
die **Batterie(n)** battery
bauen to build
der **Bauer(n)** farmer
der **Bauernhof(¨e)** farm
der **Baum(¨e)** tree
der **Baustein(e)** brick
beantworten to answer
der **Becher(-)** mug, beaker
bedeckt covered
bedeuten to mean
bedienen to serve
die **Bedienung** service
bedrohen to threaten
befreunden to befriend
befriedigend satisfactory
der **Beginn** beginning
begrüßen to welcome
behandeln to treat
bei (+ Dat) by; with; at the house of
beide(r/s) both
das **Beispiel(e)** example
  zum Beispiel for example
bekommen to get, receive
beleidigen to insult
beleuchtet lit, illuminated
beliebt popular
sich **bemühen** to make an effort
die **Bemühung(en)** effort
benutzen to use
das **Benzin** petrol
beobachten to observe
der **Bereich(e)** area
bereit ready
der **Berg(e)** mountain, hill
die **Bergschlucht(en)** gorge
das **Bergsteigen** mountaineering
berichten to report
der **Beruf(e)** job, profession
beruhigen to calm
beschäftigt busy, occupied
beschreiben to describe
beschriften to label
beseitigen to get rid of
besetzt occupied
besonders especially
  nichts Besonderes nothing special
besorgt provided
besprechen to discuss
besser better
bestätigen to confirm
best(er/e/es) best
das **Besteck** cutlery
bestellen to order
bestimmt definitely; certain
der **Besuch(e)** visit
besuchen to visit
der **Besucher(-)** visitor
das **Bett(en)** bed
die **Bettdecke(n)** duvet
die **Bettenzahl** number of beds
die **Bettwäsche** bed linen
bevor before
sich **bewegen** to move
bezahlen to pay
die **Beziehung(en)** connection, respect
biegen to bend
die **Biene(n)** bee
das **Bier(e)** beer
die **Bierwurst** ham sausage

bieten to offer
das **Bild(er)** picture
bilden to form
bis until
bis bald! see you soon!
der **Bison(s)** bison
ein **bißchen** a bit, a little
bitten to ask
blau blue
blaugedruckt printed in blue
bleiben to stay
bleifrei lead-free
die **Blockflöte(n)** recorder
blöd stupid
blond blonde
die **Bluse(n)** blouse
der **Boden(¨)** floor
die **Bohne(n)** bean
die **Bombe(n)** bomb
der **Bonbon(s)** sweet
an **Bord** on board
die **Brandsalbe(n)** burns ointment
die **Bratpfanne(n)** frying pan
brauchen to need
braun brown
das **Brett(er)** board
das schwarze Brett notice board
der **Brief(e)** letter
der/die **Brieffreund/in** pen-friend (m/f)
der **Briefmarkenfreund(e)** stamp enthusiast
der/die **Briefpartner/in** correspondent (m/f)
der **Briefwechsel(-)** exchange of letters
die **Brille(n)** spectacles
bringen to bring
britisch British
das **Brot(e)** bread, loaf
der **Bruder(¨)** brother
der **Bube(n)** lad; Jack (in cards)
das **Buch(¨er)** book
buchen to book
der **Buchstabe(n)** letter (of alphabet)
die **Buchung(en)** booking
bummeln to stroll
die **Bundesrepublik** Federal Republic
bunt colourful
die **Burg(en)** castle
das **Büro(s)** office
der **Bus(se)** bus
die **Butter** butter

C

das **Café(s)** café
der **Campingplatz(¨e)** campsite
die **CD(s)** compact disc
chaotisch chaotic
Chemie chemistry
die **Chemikalien** (pl) chemicals
chemisch chemical
die **Clique(n)** group, set
die **Cola(s)** cola
der **Computer(-)** computer
der **Computerkurs(e)** computer course
das **Computerspiel(e)** computer game
der **Container(-)** container, bank (for bottles etc.)
Couscous African semolina-based savoury dish

D

da there; as
dabei present, there
das **Dach(¨er)** roof
dadurch by that means; through it
dagegen on the other hand; against it
daheim at home
daher therefore
die **Dame** lady; queen (in cards)
dankbar grateful
danken to thank
dann then
darum therefore; round it
daß that
dauern to last
decken to set (table)
das **Delphinarium** dolphinarium
der **Delphin(e)** dolphin
denken to think
denn for, because
deprimiert depressed
derselbe/dieselbe/dasselbe/dieselben the same
das **Desinfektionsmittel(-)** disinfectant
das **Diagramm(e)** diagram
der **Dialog(e)** dialogue
der **Diamant(en)** diamond
dick fat; thick
der **Dienstag** Tuesday
die **Dienstleistung(en)** service
dies(er/e/es) this; these
diktieren to dictate
das **Ding(e)** thing
diplomatisch diplomatic
direkt direct, straight
die **Direktion** management
die **Disco(s)** disco
das **DJH (Deutsche Jugendherbergswerk)** German youth hostel association
doch however; but; yet
der **Donnerstag** Thursday
doof stupid
das **Doppelhaus(¨er)** semi-detached house
das **Doppelzimmer(-)** double room
das **Dorf(¨er)** village
dorthin there (with verb of movement)
die **Dose(n)** can; tin
dran sein to have one's turn
ich bin dran it's my turn
draußen outside
der **Dreck** dirt
drehen to turn
drinnen inside
das **Drittel** third
dritt(er/e/es) third
drüben over there
der **Druck** pressure
der **Drucker(-)** printer
die **Dschungelnacht(¨e)** night in the jungle
dumm stupid, foolish
dunkel dark
dunkelbraun dark brown
dünn thin
durch (+ Acc) through
durcheinander in a muddle
durch/lesen to read through
dürfen to be allowed
die **Dusche(n)** shower

E

eben even; just
echt real(ly); genuine
die **Ecke(n)** corner
egal equal
es ist mir egal it's all the same to me, I'm not bothered
das **Ehepaar(e)** married couple
das **Ei(er)** egg
eigen(er/e/es) own
eigentlich actually; really
der **Eimer(-)** bucket
eindrucksvoll impressive
einfach simple
der **Eingang(¨e)** entrance
einige some, a few
ein/kaufen to shop
die **Einkaufstasche(n)** shopping bag
das **Einkaufszentrum(-zentren)** shopping centre
ein/laden to invite
die **Einladung(en)** invitation
ein/lösen to cash (cheque)
ein/richten to furnish
die **Einsamkeit** loneliness
ein/schmelzen to melt
ein/tragen to enter (on list/chart)
ein/treffen to arrive
die **Eintrittskarte(n)** entrance ticket
das **Einzelkind(er)** only child
das **Einzelzimmer(-)** single room
einzig(er/e/es) only
das **Eis(-)** ice cream
der **Eisbär(en)** polar bear
der **Eisbecher(-)** ice cream sundae
das **Eiscafé(s)** ice cream parlour
der **Eiskiosk(e)** ice cream kiosk
die **Eislaufbahn(en)** ice rink
die **Eissorte(n)** ice cream flavour
der **Elefant(en)** elephant
die **Elektrizität** electricity
elend miserable
das **Elfenbein** ivory
die **Eltern** (pl) parents
die **Empfehlung(en)** recommendation
das **Ende(n)** end
Ende gut, alles gut all's well that ends well
enden to end
endlich at last
endlos endless
die **Endsumme(n)** total
die **Energie** energy
eng narrow; tight
die **Englischkenntnisse** knowledge of English
entfernt distant, away
6 Kilometer entfernt 6 kilometres away
entkommen to escape
entlang (+ Acc) along
entstehen to arise
entweder either
die **Erdbeere(n)** strawberry
Erdbeereis strawberry-flavoured ice cream
die **Erde** earth
Erdkunde geography
die **Erfahrung(en)** experience
erhöhen to raise
sich **erholen** to recover
die **Erholungsfreizeit(en)** recreative leisure; retreat to convalesce
erklären to explain
erlauben to allow, permit
(nicht) **erlaubt** (not) permitted
erleichtern to relieve
ernähren to provide food for
eröffnen to open
erreichen to reach
der **Ersatzknopf(¨e)** spare button
der **Ersatzteil(e)** spare part
ersetzen to replace
erst(er/e/es) first
erstklassig first class
der/die **Erwachsene(n)** adult
erwarten to expect
erzählen to tell, relate
das **Essen** food
essen to eat
das **Eßzimmer(-)** dining room
etwa about, approximately
etwas something
Europa Europe
der **Euroscheck(s)** Eurocheque
evangelisch protestant
exotisch exotic
explodieren to explode
exportieren to export

F

die **Fabrik(en)** factory
das **Fach(¨er)** subject
die **Fähre(n)** ferry
fahren to travel, drive
die **Fahrkarte(n)** ticket
das **Fahrrad(¨er)** bicycle
der **Fahrradweg(e)** cycle path
falls in case
falsch wrong
die **Familie(n)** family
der **Familienausweis(e)** family ticket
das **Familienmitglied(er)** family member
fangen to catch
fantastisch fantastic
die **Farbe(n)** colour; paint
fast nearly, almost
faul lazy
fehlend missing
der **Fehler(-)** mistake
feiern to celebrate
fein fine, splendid
der **Fels(en)** rock, cliff
das **Fenster(-)** window

die **Ferien** (pl) holidays
der **Ferienbericht(e)** holiday report
der **Ferienort(e)** holiday resort
die **Ferienwohnung(en)** holiday flat
fern far
ferngesteuert remote-controlled
das **Fernsehen** television
fern/sehen to watch television
fertig ready
fest/stellen to ascertain, establish
fettig greasy, fatty
der **Film(e)** film
die **Filmkomödie(n)** comedy film
finden to find
der **Finger(-)** finger
der **Fisch(e)** fish
der **Fischhändler(-)** fishmonger
der **Fischmarkt** fish market
der **Fitnessraum(¨e)** exercise/fitness room
die **Flasche(n)** bottle
das **Fleisch** meat
der **Fleischfresser(-)** carnivore
fleißig industrious, hard-working
die **Fliege(n)** bow tie; fly
fliegen to fly
fließen to flow
fließend fluent
flippig hip, trendy
die **Flöte(n)** flute
der **Flötenkasten** flute case
der **Flug(¨e)** flight
der **Flughafen(¨)** airport
der **Flugkapitän(e)** flight captain
die **Flugnummer(n)** flight number
das **Flugzeug(e)** aeroplane
der **Fluß(Flüsse)** river
die **Folge(n)** result, consequence
folgende(r/s) the following
folgenderweise as follows
der **Fön(e)** hair dryer
der **Fortschritt(e)** progress
das **Foto(s)** photograph
der **Fotoapparat(e)** camera
die **Fotografie** photography
die **Fotostory(s)** photo-story
die **Frage(n)** question
fragen to ask
die **Frau(en)** woman; wife; Mrs.
  Frau Schmidt Mrs. Schmidt
frei free; no cars coming
die **Freizeit** leisure time
das **Freizeitzentrum(-zentren)** leisure centre
das **Fremdenverkehrsamt(¨er)** tourist office
das **Fremdwort(¨er)** foreign word
fressen to eat (of animals)
sich **freuen (auf)** to look forward (to)
der **Freund(e)** (boy)friend
die **Freundin(nen)** (girl)friend
freundlich friendly
frisch fresh
der **Friseur(e)** hairdresser (m)
der **Friseursalon** hairdresser's
die **Friseuse(n)** hairdresser (f)
das **Fruchteis(-)** fruit sorbet ice cream
die **Frucht(¨e)** fruit
früh early
der **Frühling** spring
frühreif premature, precocious
das **Frühstück** breakfast
fühlen to feel
der **Führerschein(e)** driving licence
füllen to fill
das **Fundbüro(s)** lost property office
funktionieren to function, work
für (+ Acc) for
furchtbar terrible
fürchterlich dreadful
der **Fuß(¨e)** foot
der **Fußball(¨e)** football
das **Fußballspiel(e)** football match
das **Fußballstadion(-stadien)** football ground
die **Fußgängerzone(n)** pedestrian precinct
das **Futter** animal fodder
füttern to feed (animals)
die **Fütterungserlaubnis** permission to feed the animals
das **Fütterungsverbot** feeding prohibited
die **Fütterungszeiten** (pl) feeding times

G

ganz(er/e/es) quite; whole
gar nicht not at all
die **Gardine(n)** curtain
der **Garten(¨)** garden
das **Gas(e)** gas
der **Gast(¨e)** guest
das **Gästehaus(¨er)** guest house
das **Gästezimmer(-)** guest room
die **Gastfamilie(n)** host family
das **Gasthaus(¨er)** inn
der **Gasthof(¨e)** inn
geben to give
das **Gebirge** mountain range
geboren born
der **Geburtstag(e)** birthday
das **Geburtstagsgeschenk(e)** birthday present
der **Gedanke(n)** thought
das **Gedicht(e)** poem
geduldig patient
geehrte/r dear (start of formal letter)
geeignet suitable
die **Gefahr(en)** danger
gefährdet endangered
gefährlich dangerous
gefallen to please
  es gefällt mir I like it
das **Gefühl(e)** feeling
gegen (+ Acc) against
der **Gegenstand(¨e)** object
gegenüber (+ Dat) opposite
das **Gehege(-)** pen, enclosure
gehen to go, walk
die **Gehminute(n)** minute's walking
gehören (+ Dat) to belong
der **Geisterfahrer(-)** motorist driving on the wrong side of the motorway
gekleidet dressed
gelangen to reach, attain
gelb yellow
das **Geld** money
das **Geldproblem(e)** financial problem
die **Geldstrafe(n)** fine
das **Geldwechsel** exchange bureau
gelegentlich occasionally
gelten to be valid
geltend in force, accepted
gemein mean
das **Gemeindehaus(¨er)** community hall
gemeinsam together
das **Genie(s)** genius
genug enough
geöffnet open
das **Gepäck** luggage
gepunktet spotted
gerade straight; just
geradeaus straight on
gerecht just
gern(e) gladly, willingly
  ich lese gern I like reading
die **Gesamtschule(n)** comprehensive school
das **Geschäft(e)** shop; business
das **Geschenk(e)** present
Geschichte history
die **Geschichte(n)** story
das **Geschirr** crockery
der **Geschirrspüler(-)** dishwasher
geschlossen closed
die **Geschmacksache(n)** matter of taste
die **Geschwister** (pl) brothers and sisters
das **Gesicht(er)** face
das **Gespräch(e)** conversation
gestern yesterday
gestorben dead
gestreift striped
gesucht wanted
gesund healthy
die **Gesundheit** health
gesundheitsschädlich damaging to one's health
das **Getränk(e)** drink
die **Getränkedose(n)** can of drink
gewesen been (from **sein**)
gewinnen to win
gießen to pour
das **Gift** poison
giftig poisonous
die **Giraffe(n)** giraffe
die **Gitarre(n)** guitar
der **Gitarrenkasten(¨e)** guitar case
das **Gitter(-)** bar (of cage)
das **Glas(¨er)** glass
die **Glasflasche(n)** glass bottle
glatt smooth
glauben to believe, think
glaubwürdig credible
gleich the same; at once
gleichfalls likewise
das **Glück** luck; happiness
das **Grad(-)** degree
das **Gras(¨er)** grass
grau grey
grell vivid, gaudy
der **Griff(e)** handle
Grönland Greenland
groß big; tall
Großbritannien Great Britain
die **Großeltern** (pl) grandparents
die **Großmutter(¨e)** grandmother
die **Großstadt(¨e)** city
großzügig generous
grün green
  grüne Welle green wave (series of traffic lights at green on approach)
grundsätzlich on principle
die **Gruppe(n)** group
der **Gruß(¨e)** greeting
gucken to look
gültig valid
der **Gummistiefel(-)** wellington boot
gut good
das **Gymnasium(Gymnasien)** grammar school

H

das **Haar(e)** hair
haben to have
das **Hähnchen(-)** chicken
halb(er/e/es) half
die **Halbpension** half board
die **Halbtagsstelle(n)** part-time job
das **Hallenbad(¨er)** indoor swimming pool
das **Halstuch(¨er)** scarf
halt just (colloquial)
halten to stop
die **Haltestelle(n)** bus/tram stop
der **Hamster(-)** hamster
die **Hand(¨e)** hand
die **Handbremse(n)** hand brake
der **Handschuh(e)** glove
die **Handtasche(n)** handbag
hart hard
hassen to hate
der **Haufen(-)** heap, pile
häufig frequently, often
die **Hauptstraße(n)** main road
das **Haus(¨er)** house
Hausa Hausa (African language)
die **Hausaufgaben** (pl) homework
die **Hausbibliothek** private library
die **Haushalt** housekeeping
die **Haushaltshilfe(n)** home help
das **Haushaltsklagelied** housekeeper's lament
der **Hausmüll** domestic waste
die **Hausordnung** house rules (youth hostel)
das **Haustier(e)** pet
der **Hebel(-)** lever
heben to lift
das **Heft(e)** exercise book
heim/kommen to come home
heiß hot
heißen to be called
die **Heizung** heating
helfen (+ Dat) to help
das **Hemd(en)** shirt
heraus out
der **Herbergsausweis** youth hostel pass
das **Herbergsbuch(¨er)** youth hostel registration book
die **Herbergseltern** (pl) youth hostel wardens
die **Herbergsmutter(¨)** (female) youth hostel warden

der **Herbergsvater(¨)** (male) youth hostel warden
der **Herbst** autumn
der **Herd(e)** cooker
der **Herr(en)** gentleman; Mr.
Herr Schmidt Mr. Schmidt
her/stellen to produce, manufacture
das **Herz(en)** heart
herzlich hearty
das **Heu** hay
der **Heuschnupfen** hay fever
heute today
heutzutage nowadays
hier here
die **Hilfe** help
hilfsbereit helpful
die **Hilfskraft(¨e)** assistant
die **Himmelskunde** astronomy
hin/fahren to travel there
hin/gehen to go there
hin/kommen to get there
hinten at the back
hinter (+ Acc/Dat) behind
der **Hirsch(e)** deer
das **Hobbyfeld(er)** hobby square
der **Hobbyraum(¨e)** hobby room
hoch (hohe/r/s) high, tall
das **Hochhaus(¨er)** high-rise building, block of flats
hoffen to hope
hoffentlich hopefully
die **Höhe(n)** height; limit
holen to fetch
das **Holz** wood
der **Holzschuh(e)** clog
hören to hear
die **Hose(n)** trousers
das **Hotel(s)** hotel
der **Hotelempfang** hotel reception
die **Hotelhalle** hotel hall
die **Hotelreservierung(en)** hotel reservation
die **Hotelrezeption** hotel reception
das **Hotelzimmer(-)** hotel room
der **Hügel(-)** hill
der **Humor** humour
humorvoll humorous
der **Hund(e)** dog
die **Hündin(nen)** bitch
hungrig hungry
hupen to hoot
husten to cough
der **Hut(¨e)** hat
hüten to guard, look after

I

die **Idee(n)** idea
illustrieren to illustrate
immer always
immerhin after all
in (+ Acc/Dat) in, into
inklusive (inkl.) inclusive of
die **Informatik** information technology (IT)
die **Information(en)** information
das **Informationszeichen(-)** information symbol
innerhalb (+ Gen) within, inside
die **Insel(n)** island
das **Instrument(e)** instrument
intelligent intelligent, clever
interessant interesting
das **Interesse(n)** interest
sich **interessieren (für)** to be interested (in)
das **Interview(s)** interview
irgendwo somewhere
islamisch Islamic
isoliert isolated
Italien Italy

J

die **Jacke(n)** jacket
das **Jahr(e)** year
jährlich annual
das **Jahrtausend(e)** millenium
je ever
jede(r/s) each, every
jedenfalls in any case
jedoch however
jemand someone
jetzt now
jeweils respectively, each time
der **Job(s)** job
die **Jugend** young people, youth
die **Jugendgruppe(n)** youth group
die **Jugendherberge(n)** youth hostel
auf **Jugendherbergsweise** youth hostelling
das **Jugendherbergswerk** youth hostel association
der/die **Jugendliche(n)** young person
das **Jugendmagazin(e)** youth magazine
das **Jugendzentrum(-zentren)** youth centre
der **Juli** July
jung young
der **Junge(n)** boy
der **Juni** June

K

der **Kaffee** coffee
das **Kaffeehaus(¨er)** coffee house
die **Kaffeekanne(n)** coffee pot
der **Käfig(e)** cage
kalt cold
das **Kamel(e)** camel
die **Kamera(s)** video camera
kämpfen to fight
das **Känguruh(s)** kangaroo
das **Kaninchen(-)** rabbit
kaputt broken
kariert checked
das **Karo** diamonds (in cards)
die **Karte(n)** card
das **Kartenspiel(e)** game of cards
die **Kartoffel(n)** potato
der **Kartoffelsalat** potato salad
der **Karton(s)** carton, box
der **Käse** cheese
die **Kassette(n)** cassette
der **Kassettenrecorder(-)** cassette recorder
die **Kategorie(n)** category
katholisch Catholic
die **Katze(n)** cat
in **Kauf nehmen** to put up with
kaufen to buy
das **Kaufhaus(¨er)** department store
der **Kaugummi** chewing gum
kaum scarcely, hardly
die **Kegelbahn(en)** bowling alley
kein(e) no, not a
der **Keller(-)** cellar
der/die **Kellner/in** waiter/waitress
kennen to know (person)
(sich) **kennen/lernen** to get to know (each other)
die **Kernkraft** nuclear power
das **Kilometer(-)** kilometre
das **Kind(er)** child
die **Kinderkarte(n)** child's ticket
der **Kinderpreis(e)** price for a child
der **Kinderspielplatz(¨e)** children's playground
das **Kinderspielzimmer(-)** children's playroom
das **Kindertelefon** children's helpline
kindisch childish
das **Kino(s)** cinema
die **Kirche(n)** church
die **Kirsche(n)** cherry
die **Klamotten** (pl) clothes (slang)
klar clearly, sure
die **Klasse(n)** class
der/die **Klassenlehrer/in** class teacher (m/f)
die **Klassenordnung** class rules
der/die **Klassensprecher/in** form representative (m/f)
das **Klebeband** sticky tape
kleben to stick
das **Kleid(er)** dress
die **Kleider** (pl) clothes
die **Kleidung** clothing
das **Kleidungsstück(e)** article of clothing
klein small
eine **Kleinigkeit(en)** something small
das **Klima** climate
die **Klingel(n)** bell
die **Klofrau** toilet attendant
das **Klopapier** toilet paper
die **Kneipe(n)** pub
kochen to cook
der **Kochtopf(¨e)** saucepan
der **Koffer(-)** suitcase
der **Kofferraum** boot (of car)
der **Kohlenstoff(-)** carbon
die **Kohletablette(n)** charcoal tablet
komisch odd, strange
kommen to come
der **Kommentar(e)** commentary
die **Komödie(n)** comedy (film)
der **Kompromiß(Kompromisse)** compromise
der **König(e)** king
konkret concrete, actual
können to be able
der **Kontakt(e)** contact
das **Konzert(e)** concert
das **Kopfkissen(-)** pillow
die **Kopie(n)** copy
kosten to cost
das **Kostüm(e)** costume
der **Krach** noise; row
das **Krankenhaus(¨er)** hospital
kreativ creative
die **Kreditkarte(n)** credit card
der **Kreis(e)** circle; district
das **Kreuz(e)** clubs (in cards); cross
das **Kreuzworträtsel(-)** crossword puzzle
kriechen to crawl, creep
kriegen to get
der **Kriegsfilm(en)** war film
der **Krimi(s)** detective story
kritisieren to criticise
das **Krokodil(e)** crocodile
die **Küche(n)** kitchen
der **Kuchen(-)** cake
sich **kümmern (um)** to see to, look after
der **Kunde(n)** customer (m)
die **Kundin(nen)** customer (f)
künstlerisch artistic
kurz short
der **Kuß(Küsse)** kiss
küssen to kiss
die **Küste(n)** coast

L

lachen to laugh
der **Laden(¨)** shop
die **Lage(n)** situation, position
das **Lama(s)** llama
die **Lampe(n)** lamp
das **Land(¨er)** country
landen to land
die **Landkarte(n)** map
die **Landung(en)** landing
lang long
langsam slow(ly)
die **Langeweile** boredom
langweilig boring
der **Lärm** noise, din
lassen to leave
laufen to run; be showing (cinema)
Was läuft? What's on?
die **Laune(n)** mood
laut loud; pure
lauter Quatsch/Unsinn pure nonsense
das **Leben(-)** life
leben to live
lebendig lively; living
die **Lebensmittel** (pl) provisions, foodstuffs
das **Leder** leather
leer empty
legen to put, place
die **Legende(n)** legend
der/die **Lehrer/in** teacher (m/f)
leid tun to be sorry
es tut mir leid I'm sorry
leiden to suffer
leider unfortunately
die **Leine(n)** lead; washing line
das **Lenkrad(¨er)** steering wheel

die **Lenkstange(n)** handle bars
der **Leopard(en)** leopard
lernen to learn
das **Lernziel(e)** learning objective
die **Leseecke(n)** reader's corner
lesen to read
letzt(er/e/es) last
die **Leute** (pl) people
Libyen Libya
das **Licht(er)** light
lieb dear, nice
Liebe/r dear (start of informal letter)
lieber preferably; rather
ich trinke lieber Tee I'd rather drink tea
der **Liebesfilm(e)** love film
der **Liebling(e)** darling, favourite, pet
das **Lied(er)** song
liegen to lie
der **Lift(s)** lift
der **Likör(e)** liqueur
lila purple
die **Limonade** lemonade; fizzy soft drink
die **Linie(n)** line
links on the left
die **Liste(n)** list
das **Liter(-)** litre
der **LKW(s)** lorry, heavy goods vehicle
das **Loch(¨er)** hole
der **Löffel(-)** spoon
sich **lohnen** to be worthwhile
los away
die **Lösung(en)** solution
die **Lotterie(n)** lottery
der **Löwe(n)** lion
die **Lücke(n)** gap
der **Lückentext(e)** gapped text
die **Luft(¨e)** air
der **Luftdruck** air pressure
der **Lumpenball** tramps' ball
der **Lungenkrebs** lung cancer
Lust haben to want to, feel like
lustig funny
das **Luxushotel(s)** luxury hotel

M

machen to do, make
das **Mädchen(-)** girl
die **Magenschmerzen** (pl) stomach ache
mähen to mow
Mailand Milan
mal just
malen to paint, draw
man one
manche(r/s) some
manchmal sometimes
der **Mann(¨er)** man
die **Maracuja(s)** passion fruit
der **Markenname(n)** brand name
der **Marktplatz(¨e)** market place
die **Maschine(n)** machine
Mathe maths
der **Mechaniker(-)** mechanic
die **Meckerecke** grumblers' corner
meckern to grumble, moan
das **Meer(e)** sea
mehr more
meinetwegen as far as I'm concerned
die **Meinung(en)** opinion
die **meisten** most
meistens mostly
sich **melden** to be in touch
die **Melone(n)** melon
die **Menge(n)** crowd, quantity
der **Mensch(en)** person
der **Menschenaffe(n)** ape
Merkur Mercury
das **Metall(e)** metal
das **Meter(-)** metre
mies miserable, sulky
die **Milch** milk
das **Milcheis(-)** dairy ice cream
der **Milchshake(s)** milkshake
das **Millimeter(-)** millimetre
die **Million(en)** million
mindestens at least
das **Mineralwasser** mineral water
die **Minute(n)** minute
mit (+ Dat) with
der **Mitarbeiter(-)** colleague
mit/bringen to bring with one
miteinander with one another
das **Mitglied(er)** member
der **Mitgliedsausweis(e)** membership card
mit/helfen to help
mit/machen to join in
mit/nehmen to take with one
mit/reisen to travel with
die **Mitte(n)** middle, centre
mit/teilen to inform
das **Mittelmeer** Mediterranean
mitten in (+ Dat) in the middle of
die **Mitternacht** midnight
der **Mittwoch** Wednesday
die **Möbel** (pl) furniture
die **Mode(n)** fashion
das **Modegeschäft(e)** boutique
das **Modellflugzeug(e)** model aeroplane
modern modern
modernisiert modernised
modisch fashionable
das **Mofa(s)** moped
der **Mofaführerschein(e)** moped licence
mögen to like
möglich possible
Mokka mocha
der **Moment(e)** moment
momentan at the moment
der **Monat(e)** month
der **Mord** murder
der **Morgen(-)** morning
morgen tomorrow
morgens in the mornings
der **Müll** rubbish
die **Müllabfuhr** waste disposal
München Munich
der **Mund(¨er)** mouth
die **Musik** music
musikalisch musical
das **Musikinstrument(e)** musical instrument
der/die **Musiklehrer/in** music teacher (m/f)
die **Musikwoche(n)** week of music
müssen to have to
die **Mutter(¨)** mother
Mutti mum
die **Mütze(n)** cap
MwSt (Mehrwertsteuer) VAT (Value Added Tax)

N

na! well!
nach (+ Dat) after; to
der/die **Nachbar/in** neighbour (m/f)
nachher afterwards
die **Nachhilfestunde(n)** private lesson
der **Nachmittag(e)** afternoon
nachmittags in the afternoons
nach/schlagen to look up (in dictionary etc.)
nach/sehen to check
nächst(er/e/es) next
die **Nacht(¨e)** night
der **Nachtklub(s)** night club
die **Nachtruhe** quiet for the night
die **Nähe** neighbourhood, vicinity
das **Nähzeug** sewing kit
der **Name(n)** name
die **Namenhitparade** list of popular names
nämlich that is to say, namely
das **Nashorn(¨er)** rhinoceros
die **Nässe** wet
die **Natur** nature
der **Naturfilm(e)** nature film
natürlich of course, certainly
neben (+Acc/Dat) near
nebenan next door
der **Nebenjob(s)** part-time job
nehmen to take
nennen to call, name
Neptun Neptune
die **Nerve(n)** nerve
das geht mir auf die Nerven it gets on my nerves
nerven to get on someone's nerves
nervend annoying, irritating
nett nice
neu new
nicht not
der **Nichtraucher(-)** non-smoker
nichts nothing
Nichtzutreffendes not applicable
nie never
niemand nobody
das **Nikotin** nicotine
der **Nil** Nile (river)
noch still
noch etwas? anything else?
nochmal again
normalerweise usually, generally
die **Note(n)** grade, mark
notieren to mark
die **Notiz(en)** notice
das **Nudelbaby** 'podge', fatty
die **Nummer(n)** number
das **Nummernschild(er)** number plate
nun now; well
nur only
die **Nuß(Nüsse)** nut

O

ob whether
oben upstairs, above
oder or
offen open
offen/lassen to leave open
öffnen to open
die **Öffnungszeiten** (pl) opening times
oft often
ohne (+ Acc) without
das **Ohr(en)** ear
der **Ohrring(e)** earring
das **Ökoquiz** environment quiz
das **Öl** oil
der **Ölstand** oil level
der **Öltanker(-)** oil tanker
die **Ölverschmutzung** oil pollution
der **Onkel(-)** uncle
orange orange (colour)
der **Orangensaft** orange juice
das **Orchester(-)** orchestra
ordentlich tidy
ordnen to put in order
die **Ordnung(en)** order
der **Ort(e)** place, town
das **Ortszentrum** centre of town
Ostafrika East Africa
Ostasien East Asia

P

das **Paar(e)** couple, pair
ein **paar** a few
das **Paket(e)** parcel
die **Panik** panic
Papa dad
der **Papagei(en)** parrot
das **Papier(e)** paper
der **Park(s)** park
parken to park
das **Parkhaus(¨er)** car park (multi-storey)
die **Parklandschaft** parkland
der **Parkplatz(¨e)** car park
der/die **Partner/in** (m/f) partner
der **Paß(Pässe)** passport
der **Passagier(e)** passenger
passen to suit, fit
passend suitable
passieren to happen
der **Pavian(e)** baboon
die **Pension(en)** guest house
per by
die **Person(en)** person
das **Persönlichkeitsquiz** personality quiz
die **Pfandflasche(n)** returnable bottle
das **Pfeifen** whistling
das **Pferd(e)** horse
die **Pflanze(n)** plant
das **Pfund(-)** pound
Physik physics
Pik spades (cards)
der **Pinguin(e)** penguin

die **Pistazie(n)** pistachio nut
die **Pistole(n)** pistol
die **Pizza(s)** pizza
planen to plan
der **Planet(en)** planet
das **Planetensystem** planetary system
die **Plastik** plastic
die **Plastiktüte(n)** plastic bag
der **Plattenspieler(-)** record player
der **Platz(¨e)** place; seat; square
platzen to burst
plaudern to chat
plötzlich suddenly
das **Plüschtier(e)** cuddly toy
die **Poesie** poetry
die **Polizei** police
die **Pommes frites** (pl) chips
pompös pompous
die **Popgruppe(n)** pop group
das **Popkonzert(e)** pop concert
die **Popmusik** pop music
populär popular
das **Portemonnaie(s)** purse
die **Portion(en)** portion, share
die **Post** post; post office
das **Poster(-)** poster
das **Postfach(¨er)** PO box
praktisch practical
die **Präposition(en)** preposition
präsentieren to present
der **Preis(e)** price
preisgünstig cheap, good value
prima great
pro per
das **Problem(e)** problem
das **Produkt(e)** product, produce
das **Programm(e)** programme
das **Prospekt(e)** brochure
protestantisch protestant
das **Prozent(-)** percent
prüfen to check
die **Prüfung(en)** exam, test
der **Pullover(-)** pullover
der **Puma(s)** puma
der **Punkt(e)** point, dot
pur pure
putzen to clean
die **Putzhilfe(n)** cleaner

Q

das **Quadratkilometer(-)** square kilometre
das **Quadratmeter(-)** square metre
das **Quartier(e)** accommodation
der **Quatsch** nonsense, rubbish

R

das **Rad(¨er)** bicycle
rad/fahren to cycle
das **Radio** radio
radioaktiv radioactive
die **Radioaktivität** radioactivity
der **Radiologe(n)** radiologist
der **Radiorecorder(-)** radio-cassette recorder
der **Radiowecker(-)** radio alarm clock
die **Radtour(en)** bike ride, cycle tour
der **Rasen(-)** lawn
der **Rasthof(¨e)** service station (motorway)
der **Rastplatz(¨e)** car park (motorway)
der **Rat** advice
das **Rätsel(-)** puzzle
der **Räuber(-)** robber
rauchen to smoke
der **Raum(¨e)** space; room
räumen to vacate
reagieren to react
die **Reaktion(en)** reaction
die **Rechnung(en)** bill
das **Recht** right
recht gut really good
rechts on the right
recyceln to recycle
das **Recycling** recycling
reden to speak
das **Regal(e)** shelf
die **Regel(n)** rule
regelmäßig regular(ly)
der **Regen** rain
saurer Regen acid rain
der **Regenmantel(¨)** raincoat
der **Regenschirm(e)** umbrella
das **Regenwasser** rain water
registrieren to register
regnen to rain
reich rich
reichen to suffice
das reicht that's enough
der **Reifen(-)** tyre
die **Reihenfolge(n)** sequence, order
die **Reise(n)** trip, journey
die **Reisedevisen** foreign currency for trip
das **Reisegeld** fare; money for trip
die **Reiselektüre** reading matter for trip
reisen to travel
der **Reisescheck(s)** traveller's cheque
die **Reisetablette(n)** travel sickness pill
die **Reisetasche(n)** travel bag
reiten to ride (horse)
der **Reitlehrer(-)** riding teacher
die **Reitstunde(n)** riding lesson
die **Religion** RE, religion
reservieren to reserve
der **Rest** remainder
das **Restaurant(s)** restaurant
das **Resultat(e)** result
retten to save, rescue
die **Rezeption** reception
richtig correct
die **Richtung(en)** direction
riechen to smell
riesengroß enormous
riesig huge
das **Rind(er)** cow (pl. cattle)
die **Robbe(n)** seal
der **Rock(¨e)** skirt
das **Rohmaterial** raw material
rollstuhlgängig with wheelchair access
rosa pink
rot red
der **Rottweiler** Rottweiler
die **Route(n)** route
der **Rucksack(¨e)** rucksack
ruhig peaceful, quiet
rund round
rutschen to slide, slip, skid

S

die **Sache(n)** thing, item
der **Sack(¨e)** sack
der **Sadismus** sadism
der **Safaripark(s)** safari park
sagen to say
die **Sahne** cream
die **Saison** season, e.g. football
der **Salat** salad
sammeln to collect
die **Sammlung(en)** collection
der **Samstag** Saturday
der **Sand** sand
satt full, satiated
der **Sattel(-)** saddle
der **Satz(¨e)** sentence
sauber clean
sauber/halten to keep clean
sauer(saure) sour, acidic
der **Sauerstoff** oxygen
saufen to drink (of animals)
das **Schach** chess
schade! (that's a) pity!
schaffen to create; manage
der **Schal(e)** scarf
der **Schalter(-)** counter; switch
die **Schau(en)** show
der **Scheck(s)** cheque
der **Scheibenwischer(-)** windscreen wiper
scheinen to shine
der **Scheinwerfer(-)** headlight
schenken to give (present)
die **Scherbe(n)** fragment
schick smart, chic
schicken to send
das **Schiff(e)** ship
der **Schimpanse(n)** chimpanzee
schimpfen to be angry, tell someone off
der **Schinken** ham
schlafen to sleep
der **Schlafraum(¨e)** dormitory
das **Schlafzimmer(-)** bedroom
schlagen to hit, beat
die **Schlange(n)** snake
schlank slim
schlecht bad, poor
die **Schließzeit(en)** closing time
schlimm bad, serious
der **Schlips(e)** tie
der **Schlittschuh(e)** skate
der **Schlüssel(-)** key
schmecken to taste
sich **schminken** to put on make-up
das **Schmusen** cuddling
der **Schmutz** dirt
schmutzig dirty
schnarchen to snore
schnell quick, fast
die **Schokolade** chocolate
der **Schokoriegel(-)** chocolate bar
schon already
schön nice, beautiful
der **Schrank(¨e)** cupboard
schrecklich terrible
schreiben to write
das **Schreibpapier** writing paper
schreien to scream
das **Schriftbild(er)** script, type
schriftlich in writing
der **Schrotthändler(-)** scrap dealer
die **Schublade(n)** drawer
schüchtern shy
der **Schuh(e)** shoe
das **Schulbuch(¨er)** school book
schuld at fault
ich bin schuld it's my fault
die **Schule(n)** school
der/die **Schüler/in** pupil
die **Schülerzeitung(en)** school magazine
die **Schulklasse(n)** class at school
schütteln to shake
schwarz black
der **Schwarzwaldbecher** Black Forest ice cream sundae
die **Schwefelsäure** sulphuric acid
schweigen to keep quiet, be silent
die **Schweiz** Switzerland
schwer heavy; difficult
die **Schwester(n)** sister
schwierig difficult
Schwierigkeit(en) difficulty
das **Schwimmbad(¨er)** swimming pool
schwimmen to swim
der **See(n)** lake
die **See(n)** sea
der **Seehund(e)** seal
der **Seelöwe(n)** sea lion
der **Seevogel(¨)** sea bird
segeln to sail
sehen to see
sehr very
das **Seil(e)** rope
sein to be
seit (+ Dat) since
die **Seite(n)** side
die **Seitenstraße(n)** side street
die **Sekretärin(nen)** secretary
selber myself, yourself etc.
selbst myself, yourself etc.
die **Selbstbedienung** self-service
selbstbewußt self-confident
selig blessed
selten rarely
die **Serie(n)** series
der/die **Servierer/in** waiter/waitress
setzen to put, place
sicher safe; sure, certainly
singen to sing
der **Sinn(e)** sense
die **Situation(en)** situation
sitzen to sit
Skat German card game
das **Skelett(e)** skeleton; 'bean pole'
das **Skifahren** skiing
der **Skiurlaub(e)** skiing holiday
so so, therefore
sobald as soon as
die **Socke(n)** sock

soeben just
sofort immediately
sogar even
der **Sohn(¨e)** son
solch(er/e/es) such
sollen to have to, 'ought'
der **Sommer** summer
die **Sommerferien** (pl) summer holidays
sondern but
der **Sonnabend** Saturday
die **Sonne** sun
die **Sonnenkollektoren** (pl) solar panels
das **Sonnenöl** sun tan lotion
das **Sonnensystem** solar system
sonnig sunny
der **Sonntag** Sunday
sonst otherwise
Sonstiges other things
die **Sorge(n)** worry
sorgen (für) to take care of, see to
der **Sorgenbrief(e)** problem letter
das **Sorgentelefon** problem helpline
sortieren to sort out
das **Souvenir(s)** souvenir
das **Souvenirgeschäft(e)** souvenir shop
soviel so much, so many
sowieso anyway, in any case
sparen (auf/für) to save up (for)
der **Spaß** fun
  viel Spaß! have fun!
spät late
spazieren to stroll
  spazieren/gehen to go for a walk
die **Spezialität(en)** speciality
speziell special
der **Spiegel(-)** mirror
spielen to play
der **Spieler(-)** player
das **Spielzeug(e)** toy
das **Spinnen** spinning
die **Spirituosen** (pl) spirits
die **Spitze(n)** summit, top; great
der **Sport** sport
die **Sportart(en)** type of sport
der **Sportler(-)** sportsman
sportlich sporty
der **Sportwagen(¨)** sports car
das **Sportzentrum(zentren)** sports centre
das **Sportzeug** sports gear
die **Sprache(n)** language
die **Spraydose(n)** aerosol, spray
die **Sprechblase(n)** speech bubble
sprechen to speak
springen to jump
das **Spülbecken(-)** sink
spülen to wash up
die **Spülmaschine(n)** dishwasher
der **Staat(en)** state
die **Stadt(¨e)** town
die **Stadtbibliothek(en)** municipal library
der **Stadtbummel** walk/stroll around town
die **Stadthalle** civic hall
das **Stadtleben** city life
der **Stadtplan(¨e)** street plan
die **Stadtverwaltung** municipal council
der **Stadtviertel(-)** district of town
das **Stadtzentrum(-zentren)** town centre
der **Stahl** steel
stark strong
starren to stare
die **Station(en)** stop (bus/tram)
die **Statistik** (sing) statistics
statt instead of
der **Staub** dust
staunen to be astonished
die **Steckdose(n)** socket
stecken to put (into)
der **Stecker(-)** plug (electrical)
stehen (zu) to stand by
  er steht zu mir he is standing by me
stellen to place
sterben to die
der **Stern(e)** star
der **Stich(e)** trick (cards); insect bite
der **Sticker(-)** badge
der **Stiefel(-)** boot
die **Stiefmutter(¨)** stepmother
der **Stiefvater(¨)** stepfather
der **Stift(e)** pencil
der **Stil(e)** style
still quiet
stimmen to be right
  das stimmt that's right
stinken to stink
der **Stock(¨e)** stick; storey
der **Stoff(e)** material
der **Stöpsel(-)** plug (in sink)
die **Stoßstange(n)** bumper
der **Strand(e)** beach
die **Straße(n)** street
die **Straßenbahn(en)** tram
der **Streber(-)** swot
die **Strecke(n)** distance
der **Streit(e)** argument
streng strict
strengstens strictly
der **Strohhut(¨e)** straw hat
die **Strumpfhose(n)** pair of tights
das **Stück(e)** piece
der **Student(en)** student
die **Studentin(nen)** student
die **Stunde(n)** hour; lesson
Stundenkilometer (km/h) kilometres per hour
stürmisch stormy, windy
die **Suche** search
suchen to look for
die **Sucht(¨e)** addiction
süchtig addicted
Südpol South Pole
summen to hum
der **Supermarkt(¨e)** supermarket
surfen to surf
die **Süßigkeit(en)** sweet
das **Sweatshirt(s)** sweatshirt
das **Symbol(e)** symbol
sympathisch nice

T

das **T-Shirt(s)** t-shirt
die **Tabelle(n)** chart, table
der **Tag(e)** day
täglich daily
tagsüber during the day
der **Tal(¨er)** valley
der **Tank** petrol tank
tanken to get petrol
die **Tankstelle(n)** petrol station
der **Tanz(¨e)** dance
tanzen to dance
das **Taschengeld** pocket money
die **Tasse(n)** cup
das **Täuschen** cheating
tausend one thousand
die **Technik** technology
der **Tee** tea
der **Teenager(-)** teenager
der **Teich(e)** pool, pond
der **Teil(e)** part
teilen to share
das **Telefon** telephone
telefonieren to telephone
telefonisch by telephone
die **Telefonzelle(n)** telephone box
der **Teller(-)** plate
die **Temperatur(en)** temperature
das **Tempo** speed, time, pace
teuer expensive
der **Text(e)** text
das **Theater(s)** theater
das **Tier(e)** animal
die **Tierart(en)** type of animal
der **Tierfilm(e)** animal film
der **Tierpark(s)** zoo
der **Tierpfleger(-)** zoo-keeper
der **Tiger(-)** tiger
der **Tip(s)** tip
der **Tisch(e)** table
das **Tischtennis** table tennis
die **Tischtennisplatte(n)** table tennis table
der **Tischtennisschläger(-)** table tennis bat
die **Tochter(¨)** daughter
der **Tod** death
die **Toilette(n)** toilet
toll great, splendid
die **Tomate(n)** tomato
der **Tomatensaft** tomato juice
das **Töpfern** pottery
total totally
töten to kill
der **Tourist(en)** tourist
tragen to carry
der **Traum(¨e)** dream
die **Traumwelt** dream world
traurig sad
das **Treffen(-)** meeting
sich **treffen** to meet
der **Treffpunkt** meeting place
treiben to do (sport)
das **Treibhauseffekt** greenhouse effect
trennen to separate
der **Trick(s)** trick
der **Trickfilm(e)** cartoon
trinken to drink
das **Trinkgefäß(e)** drinking vessel
trocken dry
die **Trockenheit(en)** drought
das **Troparium** hot house
tropisch tropical
trotz (+ Gen) in spite of
trotzdem nonetheless
die **Trümmer** (pl) rubble, ruin
der **Trumpf(¨e)** trump (cards)
tschüs bye, cheerio
tun to do
die **Tür(en)** door
der **Turnschuh(e)** training shoe
typisch typical

U

üben to practise
über (+ Acc/Dat) over, above
überall everywhere
die **Überflutung(en)** flood
überhaupt anyway
  überhaupt nicht not at all
überlassen to entrust to, leave to
übernachten to spend the night
die **Übernachtung(en)** overnight stay
der **Übernachtungspreis(e)** price per night
übernehmen to take over
überqueren to cross
übersenden to send, transmit
übersetzen to translate
übrigens by the way
die **Uhr(en)** clock; time
  Wieviel Uhr ist es? What's the time?
die **Uhrzeit** time
um (+ Acc) round
die **Umfrage(n)** survey
die **Umgebung(en)** surrounding area
um/tauschen to exchange
die **Umwelt** environment
umweltfreundlich environmentally friendly, green
das **Umweltproblem(e)** environmental problem
der **Umweltschutz** protection of the environment
der **Umweltschutzverein** organisation for the protection of the environment
die **Umweltzerstörung** destruction of the environment
um/ziehen to move house
unangemeldet unannounced
unaufgefordert of one's own accord, without being asked
unbekannt unknown
unerhört unheard of
der **Unfall(¨e)** accident
ungebleicht unbleached
die **Ungeduld** impatience
ungefähr approximately
unglücklich unhappy
unheimlich awfully, tremendously
die **Universität(en)** university
unmöglich impossible
unordentlich untidy
unten underneath; downstairs
unter (+Acc/Dat) under
die **Unterbringung** accommodation
die **Unterkunft** accommodation
unternehmen to undertake
unternehmungslustig enterprising

untersagt prohibited
der **Unterschied(e)** difference
unterschreiben to sign
die **Unterschrift(en)** signature
untersuchen to examine
unterwegs on the way
ununterbrochen continuously
der **Urlaub(e)** holiday
der **Urlaubsaufenthalt** holiday stay
usw. (und so weiter) etc.

V

Vanille vanilla
der **Vater(¨)** father
Vati dad
der **Vegetarier(-)** vegetarian
die **Verabredung(en)** appointment
der **Verband(¨e)** association
verbinden to join, combine
verboten forbidden
verbringen to spend (time)
verdienen to earn
verdorben rotten, spoilt
die **Vereinigten Staaten** USA
verfügen (über) to have at one's disposal
zur **Verfügung stehen** to be at one's disposal, available
verfüttert fed (animals)
vergeben to forgive
vergessen to forget
vergünstigt reduced (in price), discounted
das **Verhältnis(se)** relationship
verhungern to starve
der **Verkauf** sale
das **Verkehr** traffic
das **Verkehrsamt(¨er)** tourist office
verkehrsberuhigt with little traffic
das **Verkehrsbüro(s)** tourist office
das **Verkehrsmittel(-)** means of transport
der **Verkehrsstau(s)** traffic jam
verlassen to leave
verliebt in love
verlieren to lose
verloren lost
vernachlässigen to neglect
vernünftig sensible
verpassen to miss
verpesten to pollute
die **Verpflegung** board (in hotel)
die **Verpflegungsleistung** catering service
verreist away from home, on a trip
verrückt mad
versauen to mess up, ruin
aus **Versehen** by mistake
verseuchen to contaminate
die **Versicherung(en)** insurance
verstecken to hide
verstehen to understand
verstrahlen to irradiate
vertrauen to trust
vervollständigen to complete
verwerten to make use of
verwöhnen to spoil (e.g. a child)
verzichten auf to do without
der **Videofilm(e)** video film
viel(e) much/many
vielleicht perhaps
vielmals many times
vielseitig versatile
das **Viertel** quarter
der **Vogel(¨)** bird
voll full
voller full of
die **Vollpension** full board
voll/tanken to fill up (with petrol)
von (+ Dat) from
vor (+ Acc/Dat) in front of; **vor 5 Jahren** 5 years ago
voran ahead
im **voraus** in advance
vorbei past
die **Vorbereitung(en)** preparation
vor/fahren to drive in front
die **Vorführung(en)** performance
vorher before, earlier
der **Vorname(n)** Christian name
vorne at the front
der **Vorschlag(¨e)** suggestion
die **Vorsicht** care, caution
vorsichtig careful(ly)

W

wachsen to grow
der **Wagen(-)** car
wählen to choose
wahnsinnig crazy, incredible
während during
wahrscheinlich probably
die **Währung(en)** currency
der **Wald(¨er)** forest
der **Walfisch(e)** whale
der **Wanderer(-)** hiker
die **Wandergruppe(n)** group of hikers
wandern to hike
der **Wanderring(e)** hiking group
die **Wanderung(en)** hike
der **Wanderweg(e)** hiking path
wann when
warm warm
warten to wait
warum why
was what
die **Wäsche** laundry
die **Wäscheklammer(n) clothes** peg
der **Wäschekorb(¨e)** laundry basket
waschen to wash
die **Waschmaschine(n)** washing machine
das **Waschmittel(-)** detergent
das **Wasser** water
der **Wasserfall(¨e)** waterfall
der **Wasserhahn(¨e)** tap
der **Wassersport** water sport
das **Weben** weaving
die **Wechselstube** exchange bureau
der **Wecker(-)** alarm clock
der **Weg(e)** path, way
weg away
weg/bleiben to stay away
wegen (+ Gen) because of
weg/fahren to drive away
weggeworfen thrown away
weg/räumen to clear away
die **Wegwerfflasche(n)** non-returnable bottle
das **Weihnachtsgeschenk(e)** Christmas present
weil because
der **Wein(e)** wine
weinen to cry
weiß white
weit far
welch(er/e/es) which
die **Welt** world
das **Weltall** universe
die **Weltbevölkerung** world population
der **Weltkrieg(e)** world war
die **Weltrekorde(n)** world record
die **Weltstadt(¨e)** cosmopolitan city
wenig little
weniger less
wenn whenever; if
wer who
das **Werbeposter(-)** advertising poster
die **Werbung** advertising
werden to become
werfen to throw
der **Wert** value
wertvoll valuable
die **Weste(n)** waistcoat
das **Wetter** weather
wichtig important
wie how
wieder again
auf **Wiedersehen** goodbye
wiederverwenden to re-use
wiederverwerten to recycle
wieso how, for what reason
wieviel how much
die **Wildnis** wilderness
das **Wildschwein(e)** wild boar
willkommen welcome
der **Wind(e)** wind
windig windy
die **Windmühle(n)** windmill
die **Windschutzscheibe(n)** windscreen
der **Winter** winter
wirklich really
wischen to wipe
wissen to know
der **Witz(e)** joke
witzig witty, funny
wo where
die **Woche(n)** week
das **Wochenende** weekend
woher where from
wohin where to
wohnen to live
die **Wohnung(en)** flat
der **Wohnwagen(-)** caravan
das **Wohnzimmer(-)** sitting room, lounge
der **Wolf(¨e)** wolf
wollen to want
das **Wort(¨er)** word
die **Wörterliste(n)** list of words; vocabulary section
wunderschön marvellous, beautiful
sich **wünschen** to wish for
der **Wunschzettel(-)** list of wishes
die **Wurst(¨e)** sausage
die **Wurstbude(n)** hot dog stand
die **Wüste(n)** desert

Z

die **Zahl(en)** number
zahlen to pay
zählen to count
der **Zahn(¨e)** tooth
die **Zahnarzthelferin(nen)** dental assistant (f)
die **Zahnbürste(n)** toothbrush
das **Zebra(s)** zebra
das **Zeichen(-)** sign
der **Zeichentrickfilm(e)** cartoon
das **Zeichnen** drawing
zeigen to show
die **Zeit(en)** time
der **Zeitraum(¨e)** interval, period of time
die **Zeitschrift(en)** magazine
die **Zeitung(en)** newspaper
der/die **Zeitungsausträger/in** paper boy/girl
das **Zeitungspapier** newspaper (substance)
zentral central
das **Zentrum(Zentren)** centre
zerreißen to tear
zerstören to destroy
das **Zeugnis(se)** school report
ziemlich fairly, quite
die **Zigarette(n)** cigarette
das **Zimmer(-)** room
der **Zimmernachweis(e)** accommodation directory
das **Zitat(e)** quotation
die **Zitrone(n)** lemon
der **Zoobesucher(-)** visitor to zoo
die **Zoodebatte(n)** debate about zoos
zu (+ Dat) to
züchten to breed, grow
der **Zucker** sugar
zuerst first of all
zufrieden satisfied
der **Zug(¨e)** train
zukommen (lassen) to send
zumal especially
zurück back
zurückgefaltet folded back
zurück/kommen to return
zurück/schicken to send back
zusammen together
zusammen/kommen to come together, meet
zusammen/sitzen to sit together
der **Zustand(¨e)** condition, state
die **Zustimmung** agreement
zuviel too much
zwar to be sure, in fact
der **Zweck(e)** aim, purpose
das **Zweibettzimmer(-)** twin-bedded room
zweimal twice
zweitgrößt(er/e/es) second largest
der **Zwilling(e)** twin
zwischen between

A

to be **able** können
about etwa
above oben
absolute(ly) absolut
accident der Unfall(¨e)
accommodation das Quartier(e); die Unterbringung, die Unterkunft
  accommodation directory der Zimmernachweis(e)
ace (in cards) das As(se)
acid rain saurer Regen
active aktiv; lebendig
activity die Aktivität(en)
actually eigentlich
addicted süchtig
addiction die Sucht(¨e)
address die Adresse(n), die Anschrift(en)
adjective das Adjektiv(e)
adult der/die Erwachsene(n)
in **advance** im voraus
adventure das Abenteuer(-)
  adventure film der Abenteuerfilm(e)
advertisement die Anzeige(n)
advertiser der Anzeiger(-)
advertising die Werbung
  advertising poster das Werbeposter(-)
advice der Rat
aeroplane das Flugzeug(e)
aerosol die Spraydose(n)
Africa Afrika
African afrikanisch
after nach **(+ Dat)**
after all immerhin
afternoon der Nachmittag(e)
  in the afternoons nachmittags
afterwards nachher
again nochmal, wieder
against gegen **(+ Acc)**
age das Alter
aggressive aggressiv
ago vor (x Jahren)
agreement die Zustimmung
ahead voran
aim der Zweck(e)
air die Luft(¨e)
  air pressure der Luftdruck
airport der Flughafen(¨)
alarm clock der Wecker(-)
alcohol der Alkohol
alcoholic alkoholisch
all all(e)
  all's well that ends well Ende gut, alles gut
allergic (to) allergisch (gegen)
allergy die Allergie(n)
to **allow** erlauben
to be **allowed** dürfen
alone allein
along entlang **(+ Acc)**
alphabetical(ly) alphabetisch
already schon
also auch
aluminium can die Aluminiumdose(n)
always immer
American amerikanisch
to **analyse** analysieren
analysis (solution) die Auswertung(en)
to be **angry** schimpfen
animal das Tier(e)
  animal film der Tierfilm(e)
  animal fodder das Futter
to **annoy** ärgern
annoying nervend
annual jährlich
answer die Antwort(en)
to **answer** antworten, beantworten
antelope die Antilope(n)
anything else? noch etwas?
anyway überhaupt; sowieso
ape der Menschenaffe(n)
appearance das Aussehen
appetite der Appetit
apple juice der Apfelsaft
appointment die Verabredung(en)
approximately etwa, ungefähr
apricot die Aprikose(n)
  apricot juice der Aprikosensaft
Arabic arabisch
area der Bereich(e)
argument der Streit(e)
to **arise** entstehen
arrival die Ankunft(¨e)
to **arrive** an/kommen; ein/treffen
article der Artikel(-)
  article of clothing das Kleidungsstück(e)
artistic künstlerisch
as als; da
  as follows folgenderweise
  as soon as sobald
to **ascertain** fest/stellen
Asia Asien
to **ask** bitten; fragen
assistant die Hilfskraft(¨e)
association der Verband(¨e)
to be **astonished** staunen
astronomy die Himmelskunde
atmosphere die Atmosphäre
Australia Australien
Australian australisch
autumn der Herbst
to be **available** zur Verfügung stehen
away los; weg; **(from home)** verreist
awfully unheimlich

B

baboon der Pavian(e)
babysitter der/die Babysitter/in
back zurück
  at the back hinten
bad schlecht, schlimm
badge der Sticker(-)
to **bake** backen
baker's die Bäckerei(en)
ballad die Ballade(n)
banana die Banane(n)
  banana skin die Bananenschale(n)
bank die Bank(en)
bars (of cage) das Gitter(-)
bar die Bar(s)
bath das Bad(¨er)
  to have a bath sich baden
bathroom das Badezimmer(-)
battery die Batterie(n)
to **be** sein
beach der Strand(e)
bean die Bohne(n)
because weil
  because of wegen **(+ Gen)**
to **become** werden
bed das Bett(en)
bed linen die Bettwäsche
bedroom das Schlafzimmer(-)
bee die Biene(n)
been (from sein**)** gewesen
beer das Bier(e)
before bevor; vorher
to **befriend** befreunden
to **begin** an/fangen
beginning der Beginn
behind hinter **(+ Acc/Dat)**
to **believe** glauben
bell die Klingel(n)
to **belong** gehören **(+ Dat)**
bench die Bank(¨e)
to **bend** biegen
best best(er/e/es)
better besser
between zwischen
bicycle das Fahrrad(¨er), das Rad(¨er)
big groß
bike ride die Radtour(en)
bill die Rechnung(en)
bird der Vogel(¨)
birthday der Geburtstag(e)
  birthday present das Geburtstagsgeschenk(e)
bison der Bison(s)
a **bit** ein bißchen
bitch die Hündin(nen)
black schwarz
blessed selig
blonde blond
blouse die Bluse(n)
blue blau
board das Brett(er)
board (in hotel) die Verpflegung
  full board die Vollpension
  half board die Halbpension
on **board** an Bord
bomb die Bombe(n)
to **book** buchen
book das Buch(¨er)
booking die Buchung(en)
boot der Stiefel(-);
  (of car) der Kofferraum
boredom die Langeweile
boring langweilig
born geboren
both beide(r/s)
I'm not **bothered** es ist mir egal
bottle die Flasche(n)
  non-returnable bottle die Wegwerfflasche(n)
boutique das Modegeschäft(e)
bow tie die Fliege(n)
bowling alley die Kegelbahn(en)
boy der Junge(n)
boyfriend der Freund(e)
brand name der Markenname(n)
bread das Brot(e)
to **break out** aus/brechen
breakfast das Frühstück
to **breed** züchten
brick der Baustein(e)
briefcase die Aktentasche(n)
to **bring** bringen
  to bring with one mit/bringen
British britisch
brochure das Prospekt(e)
broken kaputt
brother der Bruder(¨)
brothers and sisters die Geschwister **(pl)**
brown braun
bucket der Eimer(-)
to **build** bauen
bumper die Stoßstange(n)
burns ointment die Brandsalbe(n)
to **burst** platzen
bus der Bus(se)
bus stop die Haltestelle(n)
busy beschäftigt
but aber; sondern
butter die Butter
to **buy** kaufen
by per
by the way übrigens
bye tschüs

C

café das Café(s)
cage der Käfig(e)
cake der Kuchen(-)
to **call** nennen
to be **called** heißen
to **calm** beruhigen
camel das Kamel(e)
camera der Fotoapparat(e)
campsite der Campingplatz(¨e)
can die Dose(n)
  can of drink die Getränkedose(n)
cap die Mütze(n)
car der Wagen(-)
  car driver der Autofahrer(-)
  car key der Autoschlüssel(-)
car park der Parkplatz(¨e)
  (motorway) der Rastplatz(¨e)
  (multi-storey) das Parkhaus(¨er)
caravan der Wohnwagen(-)
carbon der Kohlenstoff(-)
card die Karte(n)
care die Vorsicht
to take **care of** sorgen für **(+ Acc)**
careful(ly) vorsichtig
carnivore der Fleischfresser(-)
to **carry** tragen
carton der Karton(s)
cartoon der Trickfilm(e), der Zeichentrickfilm(e)

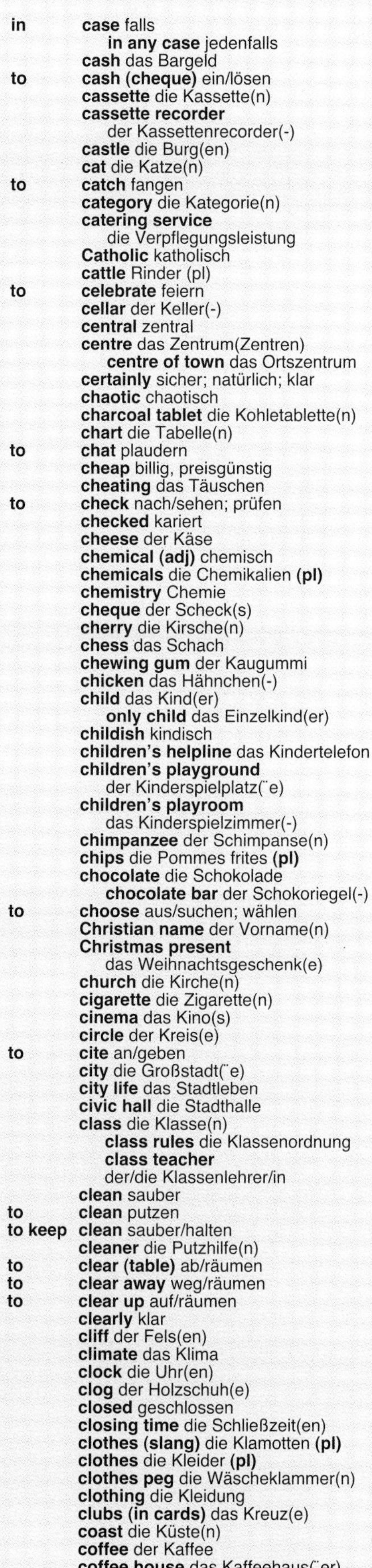

in **case** falls
in any case jedenfalls
cash das Bargeld
to **cash (cheque)** ein/lösen
cassette die Kassette(n)
cassette recorder der Kassettenrecorder(-)
castle die Burg(en)
cat die Katze(n)
to **catch** fangen
category die Kategorie(n)
catering service die Verpflegungsleistung
Catholic katholisch
cattle Rinder (pl)
to **celebrate** feiern
cellar der Keller(-)
central zentral
centre das Zentrum(Zentren)
centre of town das Ortszentrum
certainly sicher; natürlich; klar
chaotic chaotisch
charcoal tablet die Kohletablette(n)
chart die Tabelle(n)
to **chat** plaudern
cheap billig, preisgünstig
cheating das Täuschen
to **check** nach/sehen; prüfen
checked kariert
cheese der Käse
chemical (adj) chemisch
chemicals die Chemikalien **(pl)**
chemistry Chemie
cheque der Scheck(s)
cherry die Kirsche(n)
chess das Schach
chewing gum der Kaugummi
chicken das Hähnchen(-)
child das Kind(er)
only child das Einzelkind(er)
childish kindisch
children's helpline das Kindertelefon
children's playground der Kinderspielplatz(¨e)
children's playroom das Kinderspielzimmer(-)
chimpanzee der Schimpanse(n)
chips die Pommes frites **(pl)**
chocolate die Schokolade
chocolate bar der Schokoriegel(-)
to **choose** aus/suchen; wählen
Christian name der Vorname(n)
Christmas present das Weihnachtsgeschenk(e)
church die Kirche(n)
cigarette die Zigarette(n)
cinema das Kino(s)
circle der Kreis(e)
to **cite** an/geben
city die Großstadt(¨e)
city life das Stadtleben
civic hall die Stadthalle
class die Klasse(n)
class rules die Klassenordnung
class teacher der/die Klassenlehrer/in
clean sauber
to **clean** putzen
to keep **clean** sauber/halten
cleaner die Putzhilfe(n)
to **clear (table)** ab/räumen
to **clear away** weg/räumen
to **clear up** auf/räumen
clearly klar
cliff der Fels(en)
climate das Klima
clock die Uhr(en)
clog der Holzschuh(e)
closed geschlossen
closing time die Schließzeit(en)
clothes (slang) die Klamotten **(pl)**
clothes die Kleider **(pl)**
clothes peg die Wäscheklammer(n)
clothing die Kleidung
clubs (in cards) das Kreuz(e)
coast die Küste(n)
coffee der Kaffee
coffee house das Kaffeehaus(¨er)
coffee pot die Kaffeekanne(n)

cola die Cola(s)
cold kalt
colleague der Mitarbeiter(-)
to **collect** sammeln
collection die Sammlung(en)
colour die Farbe(n)
colourful bunt
to **come** kommen
comedy (film) die Komödie(n)
commentary der Kommentar(e)
community hall das Gemeindehaus(¨er)
compact disc die CD(s)
to **complete** vervollständigen
comprehensive school die Gesamtschule(n)
compromise der Kompromiß (Kompromisse)
computer course der Computerkurs(e)
computer der Computer(-)
computer game das Computerspiel(e)
concert das Konzert(e)
concrete konkret
condition der Zustand(¨e)
to **confirm** bestätigen
connection die Beziehung(en)
contact der Kontakt(e)
container (for bottles etc.) der Container(-)
to **contaminate** verseuchen
continuously ununterbrochen
conversation das Gespräch(e)
to **cook** kochen
cooker der Herd(e)
copy die Kopie(n)
corner die Ecke(n)
correct richtig
correspondent der/die Briefpartner/in
to **cost** kosten
costume das Kostüm(e)
to **cough** husten
to **count** zählen
counter der Schalter(-)
country das Land(¨er)
couple das Paar(e)
covered bedeckt
cow das Rind(er); die Kuh(¨e)
to **crawl** kriechen
crazy wahnsinnig
cream die Sahne
creative kreativ
credible glaubwürdig
credit card die Kreditkarte(n)
to **criticise** kritisieren
crockery das Geschirr
crocodile das Krokodil(e)
to **cross** überqueren
cross das Kreuz(e)
crossword puzzle das Kreuzworträtsel(-)
crowd die Menge(n)
to **cry** weinen
cuddling das Schmusen
cuddly toy das Plüschtier(e)
cup die Tasse(n)
cupboard der Schrank(¨e)
currency die Währung(en)
curtain die Gardine(n)
customer der Kunde(n)/die Kundin(nen)
cutlery das Besteck
cycle path der Fahrradweg(e)
to **cycle** rad/fahren

D

dad Papa, Vati
daily täglich
damaging to one's health gesundheitsschädlich
dance der Tanz(¨e)
to **dance** tanzen
danger die Gefahr(en)
dangerous gefährlich
dark dunkel
dark brown dunkelbraun
daughter die Tochter(¨)
day der Tag(e)

day room der Aufenthaltsraum(¨e)
dead gestorben
dear (formal letter) geehrte/r;
(informal letter) Liebe/r
death der Tod
debate die Debatte(n)
deer der Hirsch(e)
definitely bestimmt
deforestation die Abholzung
degree das Grad(-)
to **deliver** aus/tragen
dental assistant (f) die Zahnarzthelferin(nen)
department store das Kaufhaus(¨er)
departure die Abfahrt(en), die Abreise(n)
depressed deprimiert
to **describe** beschreiben
desert die Wüste(n)
to **destroy** zerstören
detective story der Krimi(s)
detergent das Waschmittel(-)
diagram das Diagramm(e)
dialogue der Dialog(e)
diamond der Diamant(en)
diamonds (in cards) das Karo
to **dictate** diktieren
to **die** sterben
difference der Unterschied(e)
difficult schwierig, schwer
difficulty Schwierigkeit(en)
dining room das Eßzimmer(-)
diplomatic diplomatisch
direct direkt
direction die Richtung(en)
dirt der Dreck, der Schmutz
dirty schmutzig
disco die Disco(s)
to **discuss** besprechen
dishwasher der Geschirrspüler(-), die Spülmaschine(n)
disinfectant das Desinfektionsmittel(-)
to **dismantle** aus/bauen
distance die Strecke(n)
distant entfernt
district der Kreis(e);
(of town) der Stadtviertel(-)
to **do** machen, tun
to **do without** verzichten auf
dog der Hund(e)
dolphin der Delphin(e)
dolphinarium das Delphinarium
domestic waste der Hausmüll
door die Tür(en)
dormitory der Schlafraum(¨e)
double room das Doppelzimmer(-)
downstairs unten
drawer die Schublade(n)
drawing das Zeichnen
dreadful fürchterlich
dream der Traum(¨e)
dream world die Traumwelt
dress das Kleid(er)
dressed gekleidet
drink das Getränk(e)
to **drink** trinken; **(of animals)** saufen
drinking vessel das Trinkgefäß(e)
to **drive away** weg/fahren
to **drive in front** vor/fahren
driving licence der Führerschein(e)
drought die Trockenheit(en)
dry trocken
to dry the dishes ab/trocknen
during während
during the day tagsüber
dust der Staub
duvet die Bettdecke(n)

each, every jede(r/s)
ear das Ohr(en)
early früh; baldig
to **earn** verdienen
earring der Ohrring(e)
earth die Erde
East Africa Ostafrika
East Asia Ostasien
to **eat** essen; **(of animals)** fressen

effort die Bemühung(en)
to make an effort sich bemühen
egg das Ei(er)
either entweder
electricity die Elektrizität
elephant der Elefant(en)
employee der/die Angestellte(n)
empty leer
to **empty** aus/räumen
enclosure das Gehege(-)
end das Ende(n)
to **end** enden
endangered gefährdet
endless endlos
energy die Energie
Enjoy your meal! Guten Appetit!
enormous riesengroß
enough genug
that's enough das reicht
to **enter (on list/chart)** ein/tragen
enterprising unternehmungslustig
entrance der Eingang(¨e)
entrance ticket die Eintrittskarte(n)
environment die Umwelt
destruction of the environment die Umweltzerstörung
environment quiz das Ökoquiz
environmental problem das Umweltproblem(e)
environmentally friendly umweltfreundlich
protection of the environment der Umweltschutz
organisation for the protection of the environment der Umweltschutzverein
equal egal
equator der Äquator
equipped ausgestattet
to **escape** entkommen
especially besonders; zumal
etc. usw. (und so weiter)
Eurocheque der Euroscheck(s)
Europe Europa
even sogar; eben
evening entertainment die Abendunterhaltung
evening paper das Abendblatt(¨er)
ever je
everything alles
everywhere überall
exam die Prüfung(en)
to **examine** untersuchen
example das Beispiel(e)
except for außer
excerpt der Ausschnitt(e)
exchange der Austausch(e)
exchange partner der/die Austauschpartner/in
to **exchange** um/tauschen, wechseln
exchange bureau die Wechselstube, das Geldwechsel
exchange of letters der Briefwechsel(-)
excursion der Ausflug(¨e)
excuse die Ausrede(n)
exercise book das Heft(e)
exercise room der Fitnessraum(¨e)
exhaust der Auspuff
exhaust fume das Auspuffgas(e), das Abgas(e)
exit der Ausgang(¨e); **(motorway)** die Ausfahrt(en)
exotic exotisch
to **expect** erwarten
expensive teuer
experience die Erfahrung(en)
to **explain** erklären
to **explode** explodieren
to **export** exportieren
extended ausgedehnt
become **extinct** aus/sterben
eye das Auge(n)

F

face das Gesicht(er)
in **fact** zwar
factory die Fabrik(en)
fairly, quite ziemlich
family die Familie(n)
family member das Familienmitglied(er)
family ticket der Familienausweis(e)
fantastic fantastisch
far fern; weit
as far as I'm concerned meinetwegen
fare das Reisegeld
farm der Bauernhof(¨e)
farmer der Bauer(n)
fashion die Mode(n)
fashionable modisch
to **fasten one's safety belt** an/schnallen
fat dick
father der Vater(¨)
at **fault** schuld
it's my fault ich bin schuld
favourite der Liebling(e)
fear die Angst(¨e)
fed (animals) verfüttert
Federal Republic die Bundesrepublik
to **feed (animals)** füttern
feeding prohibited das Fütterungsverbot
feeding times die Fütterungszeiten **(pl)**
to **feel** fühlen
to **feel like** Lust haben
feeling das Gefühl(e)
ferry die Fähre(n)
to **fetch** holen; ab/holen
a **few** ein paar, einige
to **fight** kämpfen
to **fill** füllen
to fill in (form) aus/füllen
to fill up (with petrol) voll/tanken
film der Film(e)
financial problem das Geldproblem(e)
to **find** finden
fine die Geldstrafe(n); **(splendid)** fein
finger der Finger(-)
first erst(er/e/es)
first of all zuerst
first class erstklassig
fish der Fisch(e)
fish market der Fischmarkt
fishing rod die Angel(n)
fishmonger der Fischhändler(-)
to **fit** passen
flat die Wohnung(en)
block of flats das Hochhaus(¨er)
holiday flat die Ferienwohnung(en)
flight der Flug(¨e)
flight captain der Flugkapitän(e)
flight number die Flugnummer(n)
flood die Überflutung(en)
floor der Boden(¨)
to **flow** fließen
to flow away ab/fließen
fluent fließend
flute die Flöte(n)
flute case der Flötenkasten
to **fly** fliegen
fly die Fliege(n)
folded back zurückgefaltet
the **following** folgende(r/s)
food das Essen
foot der Fuß(¨e)
football der Fußball(¨e)
football ground das Fußballstadion(-stadien)
football match das Fußballspiel(e)
for example zum Beispiel
for für **(+ Acc)**; **(because)** denn
forbidden verboten
foreign ausländisch
foreign currency for trip die Reisedevisen
foreign word das Fremdwort(¨er)
forest der Wald(¨er)
to **forget** vergessen
to **forgive** vergeben
to **form** bilden
form representative der/die Klassensprecher/in
fragment die Scherbe(n)
free frei
frequently häufig
fresh frisch
friendly freundlich
from ab; von **(+ Dat)**
at the **front** vorne
fruit die Frucht(¨e)
frying pan die Bratpfanne(n)
full voll; satt
full of voller
full board die Vollpension
fun der Spaß
have fun! viel Spaß!
funny lustig; komisch
to **furnish** ein/richten
furniture die Möbel **(pl)**

G

game of cards das Kartenspiel(e)
gap die Lücke(n)
gapped text der Lückentext(e)
garden der Garten(¨)
gas das Gas(e)
general allgemein
generous großzügig
genius das Genie(s)
gentleman der Herr(en)
geography Erdkunde
German youth hostel association das DJH (Deutsches Jugendherbergswerk)
to **get** bekommen, kriegen
to **get dressed** sich an/ziehen
to **get on someone's nerves** nerven
to **get on with** aus/kommen (mit) **(+ Dat)**
to **get rid of** beseitigen
to **get there** hin/kommen
to **get to know (each other)** (sich) kennen/lernen
to **get up** auf/stehen
giraffe die Giraffe(n)
girl das Mädchen(-)
girlfriend die Freundin(nen)
to **give** geben; **(present)** schenken
to **give up** auf/geben
gladly gern(e)
glass das Glas(¨er)
glass bottle die Glasflasche(n)
glove der Handschuh(e)
to **go** gehen
to go for a walk spazieren/gehen
to go out aus/gehen
to go there hin/gehen
good gut
goodbye auf Wiedersehen
gorge die Bergschlucht(en)
grammar school das Gymnasium(Gymnasien)
grandmother die Großmutter(¨e)
grandparents die Großeltern **(pl)**
grass das Gras(¨er)
grateful dankbar
greasy fettig
Great Britain Großbritannien
great toll, prima, super, Spitze
green grün; umweltfreundlich
greenhouse effect das Treibhauseffekt
Greenland Grönland
greeting der Gruß(¨e)
grey grau
group die Gruppe(n); die Clique(n)
group of hikers die Wandergruppe(n)
to **grow** wachsen
to **grumble** meckern
grumblers' corner die Meckerecke
guest der Gast(¨e)
guest house das Gästehaus(¨er), die Pension(en)
guest room das Gästezimmer(-)
guitar die Gitarre(n)
guitar case der Gitarrenkasten(¨e)

H

hair das Haar(e)
hairdresser der Friseur(e)/die Friseuse(n)
hairdresser's der Friseursalon
half halb(er/e/es)
ham der Schinken
hamster der Hamster(-)
hand die Hand(¨e)
  on the other hand andererseits; dagegen
hand brake die Handbremse(n)
to **hand in** ab/geben
handbag die Handtasche(n)
handle der Griff(e)
handle bars die Lenkstange(n)
to **hang up** auf/hängen
to **happen** passieren
hard hart
  hard-working fleißig
hardly kaum
hat der Hut(¨e)
to **hate** hassen
to **have** haben
to **have to (must)** müssen; **(ought)** sollen
hay das Heu
hay fever der Heuschnupfen
headlight der Scheinwerfer(-)
health die Gesundheit
healthy gesund
heap der Haufen(-)
to **hear** hören
heart das Herz(en)
heating die Heizung
heavy schwer
height die Höhe(n)
help die Hilfe
to **help** helfen **(+ Dat)**; mit/helfen
  to help out aus/helfen
helpful hilfsbereit
here hier
to **hide** verstecken
high hoch (hohe/r/s)
hike die Wanderung(en)
to **hike** wandern
hiker der Wanderer(-)
hiking group der Wanderring(e)
hiking path der Wanderweg(e)
hill der Hügel(-), der Berg(e)
history Geschichte
to **hit** schlagen
hobby room der Hobbyraum(¨e)
hole das Loch(¨er)
holiday der Urlaub(e); die Ferien **(pl)**
  holiday flat die Ferienwohnung(en)
  holiday resort der Ferienort(e)
at **home** daheim
to come **home** heim/kommen
home help die Haushaltshilfe(n)
homework die Hausaufgaben **(pl)**
to **hoot** hupen
to **hope** hoffen
hopefully hoffentlich
horse das Pferd(e)
hospital das Krankenhaus(¨er)
host family die Gastfamilie(n)
hot heiß
  hot house das Troparium
hot dog stand die Wurstbude(n)
hotel das Hotel(s)
  hotel reception der Hotelempfang, die Hotelrezeption
  hotel room das Hotelzimmer(-)
hour die Stunde(n)
house das Haus(¨er)
  at the house of bei **(+ Dat)**
house rules (youth hostel) die Hausordnung
housekeeping die Haushalt
how much wieviel
how wie, **(for what reason)** wieso
however jedoch
huge riesig
to **hum** summen
humorous humorvoll
humour der Humor
hungry hungrig

I

ice cream das Eis(-)
  dairy ice cream das Milcheis(-)
  ice cream flavour die Eissorte(n)
  fruit sorbet ice cream das Fruchteis(-)
  ice cream kiosk der Eiskiosk(e)
  ice cream parlour das Eiscafé(s)
  ice cream sundae der Eisbecher(-)
  strawberry-flavoured ice cream das Erdbeereis(-)
ice rink die Eislaufbahn(en)
idea die Idee(n)
to **illustrate** illustrieren
immediately sofort
impatience die Ungeduld
important wichtig
impossible unmöglich
impressive eindrucksvoll
in/into in **(+ Dat/Acc)**
inclusive of inklusive (inkl.)
indoor swimming pool das Hallenbad(¨er)
to **inform** mit/teilen
information die Auskunft(¨e); die Information(en)
information technology (IT) die Informatik
inn das Gasthaus(¨er), der Gasthof(¨e)
inside drinnen
instead of statt
instrument das Instrument(e)
to **insult** beleidigen
insurance die Versicherung(en)
intelligent intelligent
interest das Interesse(n)
to be **interested (in)** sich interessieren (für)
interesting interessant
interval der Zeitraum(¨e)
interview das Interview(s)
invitation die Einladung(en)
to **invite** ein/laden
to **irradiate** verstrahlen
Islamic islamisch
island die Insel(n)
isolated isoliert
Italy Italien
ivory das Elfenbein

J

Jack (in cards) der Bube(n)
jacket die Jacke(n)
job der Job(s); der Beruf(e)
to **join** verbinden
to **join in** mit/machen
joke der Witz(e)
July der Juli
to **jump** springen
June der Juni
just gerecht; mal; soeben; **(colloquial)** halt

K

kangaroo das Känguruh(s)
key der Schlüssel(-)
to **kill** töten
kilometre das Kilometer(-)
  6 kilometres away 6 Kilometer entfernt
  kilometres per hour Stundenkilometer (km/h)
kind (type) die Art(en)
king der König(e)
kiss der Kuß(Küsse)
to **kiss** küssen
kitchen die Küche(n)
to **know** wissen; **(person)** kennen
knowledge of English die Englischkenntnisse

L

to **label** beschriften
lake der See(n)
lamp die Lampe(n)
to **land** landen
landing die Landung(en)
language die Sprache(n)
to **last** dauern
last letzt(er/e/es)
  at last endlich
late spät
to **laugh** lachen
laundry die Wäsche
  laundry basket der Waschkorb(¨e)
lawn der Rasen(-)
laxative das Abführmittel(n)
lazy faul
lead-free bleifrei
to **learn** lernen
at **least** mindestens
leather das Leder
to **leave** lassen; verlassen
  to leave open offen/lassen
  to leave to überlassen
on the **left** links
legend die Legende(n)
leisure centre das Freizeitzentrum(-zentren)
leisure time die Freizeit
lemon die Zitrone(n)
lemonade die Limonade
to **lend** aus/leihen
leopard der Leopard(en)
less weniger
lesson die Stunde(n)
  private lesson die Nachhilfestunde(n)
letter der Brief(e); **(of alphabet)** der Buchstabe(n)
lever der Hebel(-)
library die Bibliothek(en)
Libya Libyen
licence der Führerschein(e)
to **lie** liegen
life das Leben(-)
lift der Lift(s)
to **lift** heben
light das Licht(er)
to **like** mögen
  I like it es gefällt mir
  I like reading ich lese gern
likewise gleichfalls
line die Linie(n)
lion der Löwe(n)
liqueur der Likör(e)
list die Liste(n)
lit beleuchtet
litre das Liter(-)
litter bin der Abfalleimer(-)
little wenig
  a little ein bißchen
to **live** leben; wohnen
living lebendig
llama das Lama(s)
loaf das Brot(e)
loneliness die Einsamkeit
long lang
to **look** gucken; **(appear)** aus/sehen
to **look after** hüten
to **look at** an/gucken, an/sehen
to **look for** suchen
to **look forward (to)** sich freuen (auf) **(+Acc)**
to **look up (in dictionary etc.)** nach/schlagen
lorry (HGV) der LKW(s)
to **lose** verlieren
lost property office das Fundbüro(s)
lost verloren
lottery die Lotterie(n)
loud laut
lounge das Wohnzimmer
in **love** verliebt
love film der Liebesfilm(e)
luck das Glück
luggage das Gepäck
lung cancer der Lungenkrebs
luxury hotel das Luxushotel(s)

M

machine die Maschine(n)
mad verrückt
magazine die Zeitschrift(en)
main road die Hauptstraße(n)

to **make** machen
man der Mann(¨er)
to **manage** schaffen
management die Direktion
many viele
many times vielmals
map die Landkarte(n)
mark die Note(n)
to **mark** notieren
market place der Marktplatz(¨e)
married couple das Ehepaar(e)
marvellous wunderschön
material der Stoff(e)
maths Mathe
mean gemein
to **mean** bedeuten
means of transport das Verkehrsmittel(-)
by that **means** dadurch
meat das Fleisch
mechanic der Mechaniker(-)
Mediterranean das Mittelmeer
to **meet** sich treffen; zusammen/kommen
meeting das Treffen(-)
meeting place der Treffpunkt
melon die Melone(n)
to **melt** ein/schmelzen
member das Mitglied(er)
membership card
der Mitgliedsausweis(e)
Mercury Merkur
to **mess up** versauen
metal das Metall(e)
metre das Meter(-)
middle die Mitte(n)
in the middle of mitten in **(+ Dat)**
midnight die Mitternacht
Milan Mailand
milk die Milch
milkshake der Milchshake(s)
millenium das Jahrtausend(e)
millimetre das Millimeter(-)
million die Million(en)
mineral water das Mineralwasser
minute die Minute(n)
mirror der Spiegel(-)
miserable elend; mies
to **miss** verpassen
missing fehlend
mistake der Fehler(-)
by mistake aus Versehen
model aeroplane
das Modellflugzeug(e)
modern(ised) modern(isiert)
moment der Moment(e);
der Augenblick(e)
at the moment momentan
money das Geld
monkey der Affe(n)
month der Monat(e)
mood die Laune(n)
moped das Mofa(s)
more mehr
morning der Morgen(-)
in the mornings morgens
most die meisten
mostly meistens
mother die Mutter(¨)
motorway die Autobahn(en)
mountain der Berg(e)
mountain range das Gebirge
mountaineering das Bergsteigen
mouth der Mund(¨er)
to **move** sich bewegen; **(house)** um/ziehen
to **mow** mähen
Mr Herr
Mrs. Frau
much viel
in a **muddle** durcheinander
mug der Becher(-)
mum Mutti
Munich München
murder der Mord
music die Musik
music teacher
der/die Musiklehrer/in
musical musikalisch
musical instrument
das Musikinstrument(e)
myself, yourself etc. selber; selbst

N

name der Name(n)
namely nämlich
narrow eng
nature die Natur
nature film der Naturfilm(e)
near neben **(+Acc/Dat)**
nearly fast
to **need** brauchen
to **neglect** vernachlässigen
neighbour der/die Nachbar/in
neighbourhood die Nähe
Neptune Neptun
nerve die Nerve(n)
it gets on my nerves
das geht mir auf die Nerven
never nie
new neu
newspaper die Zeitung(en);
das Zeitungspapier
next nächst(er/e/es)
next door nebenan
nice nett; sympathisch; schön
nicotine das Nikotin
night die Nacht(¨e)
night club der Nachtklub(s)
Nile (river) der Nil
no (not a) kein(e)
nobody niemand
noise der Lärm; der Krach
non-smoker der Nichtraucher(-)
nonetheless trotzdem
nonsense der Quatsch
not at all gar nicht, überhaupt nicht
not nicht
nothing nichts
nothing special nichts Besonderes
notice die Notiz(en)
notice board das schwarze Brett
now jetzt; nun
nowadays heutzutage
nuclear power die Kernkraft
nuclear power station
das Atomkraftwerk(e)
nuclear war der Atomkrieg(e)
nuclear waste der Atommüll
number die Anzahl; die Nummer(n);
die Zahl(en)
number of beds die Bettenzahl
number plate
das Nummernschild(er)
nut die Nuß(Nüsse)

O

object der Gegenstand(¨e)
to **observe** beobachten
occasionally gelegentlich
occupied besetzt
odd komisch
of course natürlich
to **offer** bieten
office das Büro(s)
often oft, häufig
oh! ach!
oil das Öl
oil level der Ölstand
oil pollution die Ölverschmutzung
oil tanker der Öltanker(-)
old alt
old-fashioned altmodisch
on/onto auf **(+ Dat/Acc)**
one man
only einzig(er/e/es); nur
open offen; geöffnet
to leave open offen/lassen
to **open** öffnen; eröffnen; auf/machen
opening times die Öffnungszeiten **(pl)**
opinion die Meinung(en)
opposite gegenüber **(+ Dat)**
or oder
orange (colour) orange
orange juice der Orangensaft
orchestra das Orchester(-)
order die Ordnung(en);
die Reihenfolge(n)
to put in order ordnen
to **order** bestellen
other ander(er/e/es)
other things Sonstiges
otherwise sonst
out heraus
out of aus **(+ Dat)**
outside draußen
over über **(+ Acc/Dat)**
over there drüben
overnight stay die Übernachtung(en)
own eigen(er/e/es)
oxygen der Sauerstoff

P

to **paint** malen
pair of tights die Strumpfhose(n)
panic die Panik
paper das Papier(e)
paper boy/girl
der/die Zeitungsausträger/in
parcel das Paket(e)
parents die Eltern **(pl)**
park der Park(s)
to **park** parken
parkland die Parklandschaft
parrot der Papagei(en)
part der Teil(e)
part-time job der Nebenjob(s);
die Halbtagsstelle(n)
partner der/die Partner/in
passenger der Passagier(e)
passion fruit die Maracuja(s)
passport der Paß(Pässe)
past vorbei
path der Weg(e)
patient geduldig
to **pay** bezahlen; zahlen
peaceful ruhig
pedestrian precinct
die Fußgängerzone(n)
pen-friend der/die Brieffreund/in
pencil der Stift(e)
penguin der Pinguin(e)
people die Leute **(pl)**
per pro
percent das Prozent(-)
performance die Vorführung(en)
perhaps vielleicht
to **permit** erlauben
(not) **permitted** (nicht) erlaubt
person der Mensch(en);
die Person(en)
pet das Haustier(e)
petrol das Benzin
to get petrol tanken
petrol station die Tankstelle(n)
petrol tank der Tank
photograph das Foto(s)
photography die Fotografie
photo story die Fotostory(s)
physics Physik
to **pick up** auf/nehmen
picture das Bild(er)
picture postcard
die Ansichtskarte(n)
piece das Stück(e)
pillow das Kopfkissen(-)
pink rosa
pistachio nut die Pistazie(n)
pistol die Pistole(n)
that's a **pity!** schade!
pizza die Pizza(s)
place der Platz(¨e); **(town)** der Ort(e);
(of work) der Arbeitsplatz(¨e)
to **place** stellen
to **plan** planen
planet der Planet(en)
planetary system das Planetensystem
plant die Pflanze(n)
plastic die Plastik
plastic bag die Plastiktüte(n)
plate der Teller(-)
to **play** spielen
player der Spieler(-)
to **please** gefallen
plug (electrical) der Stecker(-)
plug (in sink) der Stöpsel(-)
PO box das Postfach(¨er)
pocket money das Taschengeld

podge das Nudelbaby
poem das Gedicht(e)
poetry die Poesie
point der Punkt(e)
poison das Gift
poisonous giftig
polar bear der Eisbär(en)
police die Polizei
to **pollute** verpesten
pompous pompös
pool der Teich(e)
poor arm
pop concert das Popkonzert(e)
pop group die Popgruppe(n)
pop music die Popmusik
popular beliebt, populär
portion die Portion(en)
possible möglich
post/post office die Post
postcard die Ansichtskarte(n)
poster das Poster(-)
potato die Kartoffel(n)
  potato salad der Kartoffelsalat
pottery das Töpfern
pound das Pfund(-)
to **pour** gießen
practical praktisch
to **practise** üben
precocious frühreif
I **prefer to drink tea** ich trinke lieber Tee
preferably lieber
preparation die Vorbereitung(en)
preposition die Präposition(en)
present das Geschenk(e);
  (there) dabei
to **present** präsentieren
pressure der Druck
price der Preis(e)
  price for a child der Kinderpreis(e)
  price per night
  der Übernachtungspreis(e)
on **principle** grundsätzlich
printed in blue blaugedruckt
printer der Drucker(-)
private lesson die Nachhilfestunde(n)
probably wahrscheinlich
problem das Problem(e)
problem helpline das Sorgentelefon
problem letter der Sorgenbrief(e)
produce das Produkt(e)
to **produce** her/stellen
product das Produkt(e)
programme das Programm(e)
progress der Fortschritt(e)
prohibited untersagt
protestant evangelisch, protestantisch
provided besorgt
to **provide food for** ernähren
provisions die Lebensmittel **(pl)**
pub die Kneipe(n)
pullover der Pullover(-)
puma der Puma(s)
pupil der/die Schüler/in
pure pur
  pure nonsense
  lauter Quatsch/Unsinn
purple lila
purse das Portemonnaie(s)
to **put (place)** legen; setzen;
  (into) stecken
to **put on** an/legen; **(clothes)** an/ziehen
to **put on make-up** sich schminken
to **put up** auf/stellen
to **put up with** in Kauf nehmen
puzzle das Rätsel(-)

Q

quarrel die Auseinandersetzung(en)
quarter das Viertel
queen (in cards) die Dame
question die Frage(n)
quick schnell
quiet still; ruhig
  quiet for the night die Nachtruhe
  to keep quiet schweigen
quite ganz; ziemlich
quotation das Zitat(e)

R

rabbit das Kaninchen(-)
radio das Radio
radio alarm clock der Radiowecker(-)
radio recorder der Radiorecorder(-)
radioactive radioaktiv
radioactivity die Radioaktivität
radiologist der Radiologe(n)
rain der Regen
  rain water das Regenwasser
to **rain** regnen
raincoat der Regenmantel(¨)
to **raise** erhöhen
rarely selten
raw material das Rohmaterial
RE die Religion
to **reach** erreichen; **(attain)** gelangen
to **react** reagieren
reaction die Reaktion(en)
to **read** lesen
  to read through durch/lesen
reader's corner die Leseecke(n)
ready bereit, fertig
real(ly) echt; wirklich; eigentlich
reception die Rezeption
recommendation die Empfehlung(en)
record player der Plattenspieler(-)
recorder die Blockflöte(n)
to **recover** sich erholen
to **recycle** recyceln, wiederverwerten
recycling das Recycling
red rot
reduced (in price) vergünstigt
to **register** registrieren
regular(ly) regelmäßig
relationship das Verhältnis(se)
to **relieve** erleichtern
remainder der Rest
remote-controlled ferngesteuert
to **replace** ersetzen
reply card die Antwortkarte(n)
to **report** berichten
report (school) das Zeugnis(se)
reservation die Reservierung(en)
to **reserve** reservieren
respectively jeweils
restaurant das Restaurant(s)
result das Resultat(e); die Folge(n)
to **return** zurück/kommen
returnable bottle die Pfandflasche(n)
to **re-use** wiederverwenden
rhinoceros das Nashorn(¨er)
rich reich
to **ride (horse)** reiten
riding lesson die Reitstunde(n)
riding teacher der Reitlehrer(-)
right das Recht
on the **right** rechts
to be **right** stimmen
  that's right das stimmt
river der Fluß(Flüsse)
robber der Räuber(-)
to **romp** aus/toben
roof das Dach(¨er)
room das Zimmer(-); der Raum(¨e)
rope das Seil(e)
rotten verdorben
Rottweiler der Rottweiler
round rund; um **(+ Acc)**
route die Route(n)
row der Krach
rubbish der Abfall(¨e); der Müll
rubble die Trümmer **(pl)**
rucksack der Rucksack(¨e)
rule die Regel(n)
to **run** laufen

S

sack der Sack(¨e)
sad traurig
saddle der Sattel(-)
sadism der Sadismus
safari park der Safaripark(s)
safe sicher
to **sail** segeln
salad der Salat
sale der Verkauf
same gleich(er/e/es)
  the same derselbe/dieselbe/
  dasselbe/dieselben
  it's all the same to me
  meinetwegen
sand der Sand
satisfactory befriedigend
satisfied zufrieden
Saturday der Samstag,
  der Sonnabend
saucepan der Kochtopf(¨e)
sausage die Wurst(¨e)
to **save** retten
to **save up (for)** sparen (auf/für)
to **say** sagen
scarcely kaum
scarf das Halstuch(¨er); der Schal(e)
school book das Schulbuch(¨er)
school die Schule(n)
  school magazine
  die Schülerzeitung(en)
  school report
  das Zeugnis(se)
scrap dealer der Schrotthändler(-)
to **scream** schreien
sea bird der Seevogel(¨)
sea das Meer(e), die See(n)
sea lion der Seelöwe(n)
seal der Seehund(e), die Robbe(n)
search die Suche
season (e.g. football) die Saison
second zweit(er/e/es)
  second largest zweitgrößt(er/e/es)
secretary die Sekretärin(nen)
to **see** sehen
  see you soon! bis bald!
to **see to (look after)** sich kümmern (um);
  sorgen (für) **(+ Acc)**
self-confident selbstbewußt
self-service die Selbstbedienung
semi-detached house
  das Doppelhaus(¨er)
to **send** schicken; zukommen (lassen);
  (transmit) übersenden
to **send back** zurück/schicken
sense der Sinn(e)
sensible vernünftig
sentence der Satz(¨e)
to **separate** trennen
sequence die Reihenfolge(n)
series die Serie(n)
to **serve** bedienen
service die Bedienung;
  die Dienstleistung(en)
service station (motorway)
  der Rasthof(¨e)
to **set (table)** decken
to **shake** schütteln
to **share** teilen
shelf das Regal(e)
to **shine** scheinen
ship das Schiff(e)
shirt das Hemd(en)
shoe der Schuh(e)
shop der Laden(¨);
  (business) das Geschäft(e)
to **shop** ein/kaufen
shopping bag die Einkaufstasche(n)
shopping centre
  das Einkaufszentrum(-zentren)
short kurz
show die Schau(en)
to **show** zeigen
shower die Dusche(n)
shy schüchtern
side die Seite(n)
side street die Seitenstraße(n)
sign das Zeichen(-)
to **sign** unterschreiben
signature die Unterschrift(
simple einfach
since seit **(+ Dat)**
to **sing** singen
single room das Ei
sink das Spülbec
sister die Schw
to **sit** sitzen
  to sit to
sitting ro

situation die Situation(en); die Lage(n)
skate der Schlittschuh(e)
skeleton das Skelett(e)
skiing das Skifahren
  skiing holiday der Skiurlaub(e)
skirt der Rock(¨e)
to **sleep** schlafen
to **slide** rutschen
slim schlank
slow(ly) langsam
small klein
smart schick, elegant
to **smell** riechen; **(nasty)** stinken
to **smoke** rauchen
smooth glatt
snake die Schlange(n)
to **snore** schnarchen
so much, so many soviel
so so; also
sock die Socke(n)
socket die Steckdose(n)
solar panels Sonnenkollektoren **(pl)**
solar system das Sonnensystem
solution die Lösung(en);
  die Auswertung(en)
some manche(r/s); einige
someone jemand
something etwas
  something else etwas anderes
  something small
  eine Kleinigkeit(en)
sometimes manchmal
somewhere irgendwo
  somewhere else anderswo
son der Sohn(¨e)
song das Lied(er)
soon bald
to be **sorry** leid tun
  I'm sorry es tut mir leid
to **sort out** sortieren; aus/sortieren
sour sauer(saure)
South Pole Südpol
souvenir das Souvenir(s)
  souvenir shop
  das Souvenirgeschäft(e)
space der Raum(¨e); das Weltall
spades (cards) Pik
spare button der Ersatzknopf(¨e)
spare part der Ersatzteil(e)
to **speak** sprechen, reden
speaking am Apparat
special speziell
speciality die Spezialität(en)
spectacles die Brille(n)
speech bubble die Sprechblase(n)
speed das Tempo
to **spend (money)** aus/geben; **(time)**
  verbringen
  to spend the night übernachten
spinning das Spinnen
spirits die Spirituosen **(pl)**
in **spite of** trotz **(+ Gen)**
to **spoil (e.g. a child)** verwöhnen
spoon der Löffel(-)
sport der Sport
  to do sport Sport treiben
sports car der Sportwagen(¨)
sports centre
  das Sportzentrum(zentren)
sports gear das Sportzeug
sportsman der Sportler(-)
sporty sportlich
spotted gepunktet
spring der Frühling
square der Platz(¨e)
  square kilometre
  das Quadratkilometer(-)
  square metre das Quadratmeter(-)
stamp enthusiast
  der Briefmarkenfreund(e)
to **stand by** stehen (zu) **(+ Dat)**
star der Stern(e)
to **stare** starren
to **starve** verhungern
state der Staat(en)
station der Bahnhof(¨e)
statistics die Statistik **(sing)**
stay bleiben; sich auf/halten
  to stay away weg/bleiben
steel der Stahl
steering wheel das Lenkrad(¨er)
stepfather der Stiefvater(¨)
stepmother der Stiefmutter(¨)
to **stick** kleben
stick der Stock(¨e)
sticker der Aufkleber(-)
sticky tape das Klebeband
still noch
to **stink** stinken
stomach ache die Magenschmerzen **(pl)**
stop (bus/tram) die Station(en)
to **stop** halten
storey der Stock(¨e)
stormy stürmisch
story die Geschichte(n)
straight gerade
straight on geradeaus
straw hat der Strohhut(¨e)
strawberry die Erdbeere(n)
street die Straße(n)
  street plan der Stadtplan(¨e)
to **stretch out** aus/streichen
strict streng
strictly (forbidden)
  strengstens (verboten)
striped gestreift
stroll around town der Stadtbummel
to **stroll** bummeln; spazieren
strong stark
student der/die Student/in
stupid blöd
stupid doof, dumm
style der Stil(e)
subject das Fach(¨er)
such solch(er/e/es)
suddenly plötzlich
to **suffer** leiden
to **suffice** reichen
sugar der Zucker
suggestion der Vorschlag(¨e)
suit der Anzug(¨e)
to **suit** passen
suitable geeignet; passend
suitcase der Koffer(-)
sulphuric acid die Schwefelsäure
summer der Sommer
  summer holidays
  die Sommerferien **(pl)**
summit die Spitze(n)
sun die Sonne
sun tan lotion das Sonnenöl
Sunday der Sonntag
sunny sonnig
supermarket der Supermarkt(¨e)
to **surf** surfen
surrounding area die Umgebung(en)
survey die Umfrage(n)
sweatshirt das Sweatshirt(s)
sweet der Bonbon(s), die Süßigkeit(en)
to **swim** schwimmen
swimming pool das Schwimmbad(¨er)
Switzerland die Schweiz
swot der Streber(-)
symbol das Symbol(e)

T

t-shirt das T-Shirt(s)
table der Tisch(e); die Tabelle(n)
table tennis das Tischtennis
  table tennis bat
  der Tischtennisschläger(-)
  table tennis table
  die Tischtennisplatte(n)
to **take** nehmen
to **take over** übernehmen
to **take with one** mit/nehmen
tall groß
tap der Wasserhahn(¨e)
to **taste** schmecken
tea der Tee
teacher der/die Lehrer/in
to **tear** zerreißen
technology die Technik
teenager der Teenager(-)
telephone das Telefon, der Apparat(e)
  by telephone telefonisch
  telephone box die Telefonzelle(n)
to **telephone** an/rufen, telefonieren
television das Fernsehen
to **tell** erzählen
  to tell someone off schimpfen
temperature die Temperatur(en)
terrible furchtbar, schrecklich
text der Text(e)
than als
to **thank** danken
that daß
theater das Theater(s)
then dann
there da, dort; **(to) there** dorthin
therefore daher, darum
thick dick
thin dünn
thing das Ding(e); die Sache(n)
to **think** denken; glauben
third das Drittel; dritt(er/e/es)
this dies(er/e/es)
thought der Gedanke(n)
one **thousand** tausend
to **threaten** bedrohen
through durch **(+ Acc)**
to **throw** werfen
thrown away weggeworfen
Thursday der Donnerstag
ticket die Fahrkarte(n);
  die Eintrittskarte(n)
tidy ordentlich
tie der Schlips(e)
tiger der Tiger(-)
tight eng
time die Zeit(en); die Uhrzeit;
  (pace) das Tempo
  each time jeweils
tip der Tip(s)
to zu **(+ Dat)**; nach **(+ Dat)**;
  an **(+ Acc/Dat)**
today heute
together gemeinsam, zusammen
toilet die Toilette(n)
  toilet attendant die Klofrau
  toilet paper das Klopapier
tomato die Tomate(n)
  tomato juice der Tomatensaft
tomorrow morgen
too much zuviel
tooth der Zahn(¨e)
toothbrush die Zahnbürste(n)
to get in **touch** sich melden
total die Endsumme(n)
totally total
tourist der Tourist(en)
tourist office
  das Fremdenverkehrsamt(¨er),
  das Verkehrsamt(¨er),
  das Verkehrsbüro(s)
town die Stadt(¨e)
  town centre
  das Stadtzentrum(-zentren)
  town council die Stadtverwaltung
toy das Spielzeug(e)
track die Bahn(en)
traffic das Verkehr
  traffic jam der Verkehrsstau(s)
  traffic lights die Ampel(n)
train der Zug(¨e)
  by train mit der Bahn
training shoe der Turnschuh(e)
tram die Straßenbahn(en)
tramps' ball der Lumpenball
to **translate** übersetzen
to **travel** reisen; an/reisen; fahren
  to travel there hin/fahren
  to travel with mit/reisen
travel sickness pill
  die Reisetablette(n)
traveller's cheque der Reisescheck(s)
travel bag die Reisetasche(n)
to **treat** behandeln
tree der Baum(¨e)
trendy flippig
trick der Trick(s); **(cards)** der Stich(e)
trip die Reise(n)
tropical tropisch
trousers die Hose(n)
trump (cards) der Trumpf(¨e)
to **trust** vertrauen

Tuesday der Dienstag
to **turn** drehen
it's my **turn** ich bin dran
twice zweimal
twin der Zwilling(e)
twin-bedded room das Zweibettzimmer(-)
type die Art(en); das Schriftbild(er)
  type of animal die Tierart(en)
  type of sport die Sportart(en)
typical typisch
tyre der Reifen(-)

U

umbrella der Regenschirm(e)
unannounced unangemeldet
unbleached ungebleicht
uncle der Onkel(-)
under unter **(+Acc/Dat)**
underneath unten
to **understand** verstehen
to **undertake** unternehmen
unfortunately leider
unhappy unglücklich
unheard of unerhört
universe das Weltall
university die Universität(en)
unknown unbekannt
untidy unordentlich
until bis
upstairs oben
USA die Vereinigten Staaten
to **use** benutzen
used bottles das Altglas
usually normalerweise

V

to **vacate** räumen
valid gültig, geltend
  to be valid gelten
valley der Tal(¨er)
valuable wertvoll
value der Wert
vanilla Vanille
VAT MwSt (Mehrwertsteuer)
vegetarian der Vegetarier(-)
vending machine der Automat(en)
versatile vielseitig
very sehr; **(good)** recht (gut)
video camera die Kamera(s)
video film der Videofilm(e)
village das Dorf(¨er)
visit der Besuch(e)
to **visit** besuchen
visitor der Besucher(-)
  visitor to zoo der Zoobesucher(-)
vivid grell
vocabulary section die Wörterliste(n)

W

waistcoat die Weste(n)
to **wait** warten
waiter/waitress der/die Kellner/in, der/die Servierer/in
to **wake up** auf/wachen
to **walk** (zu Fuß) gehen
  to take the dog for a walk den Hund aus/führen
to **want** wollen
wanted gesucht
war film der Kriegsfilm(en)
warm warm
to **wash** waschen
to **wash up** ab/waschen, spülen
washing line die Leine(n)
washing machine die Waschmaschine(n)
waste disposal die Müllabfuhr
waste paper das Altpapier
to **watch television** fern/sehen
water das Wasser
water sport der Wassersport
waterfall der Wasserfall(¨e)
way der Weg(e)
  on the way unterwegs
  by the way übrigens
weather das Wetter
weaving das Weben
Wednesday der Mittwoch
week die Woche(n)
weekend das Wochenende
to **welcome** begrüßen
welcome willkommen
well! na!
wellington boot der Gummistiefel(-)
wet die Nässe
whale der Walfisch(e)
what was
  What's on? Was läuft?
  What's the time? Wieviel Uhr ist es?
with **wheelchair access** rollstuhlgängig
when wann; als; **(whenever)** wenn
where wo
  where from woher
  where to wohin
whether ob
which welch(er/e/es)
whistling das Pfeifen
white weiß
who wer
whole ganz(er/e/es)
why warum
wife die Frau(en)
wild boar das Wildschwein(e)
wilderness die Wildnis
to **win** gewinnen
wind der Wind(e)
windmill die Windmühle(n)
window das Fenster(-)
windscreen die Windschutzscheibe(n)
  windscreen wiper der Scheibenwischer(-)
windy windig
wine der Wein(e)
winter der Winter
to **wipe** wischen; ab/wischen
to **wish for** sich wünschen
with mit **(+ Dat)**
  with one another miteinander
within innerhalb **(+ Gen)**
without ohne **(+ Acc)**
witty witzig
wolf der Wolf(¨e)
woman die Frau(en)
wood das Holz
word das Wort(¨er)
work die Arbeit(en)
  work clothes die Arbeitskleidung
to **work** arbeiten; funktionieren
to **work out** aus/arbeiten
world die Welt
  world population die Weltbevölkerung
  world record die Weltrekorde(n)
  world war der Weltkrieg(e)
worry die Sorge(n)
to be **worthwhile** sich lohnen
to **write** schreiben
  to write out auf/schreiben
in **writing** schriftlich
writing paper das Schreibpapier
wrong falsch

Y

year das Jahr(e)
yellow gelb
yesterday gestern
young jung
young people, youth die Jugend
young person der/die Jugendliche(n)
youth centre das Jugendzentrum(-zentren)
youth group die Jugendgruppe(n)
youth hostel die Jugendherberge(n)
  youth hostel association das Jugendherbergswerk (DJH)
  youth hostel pass der Herbergsausweis(e)
  youth hostel registration book das Herbergsbuch(¨er)
  youth hostel warden(s) der Herbergsvater(¨)/ die Herbergsmutter(¨)/ die Herbergseltern **(pl)**
youth magazine das Jugendmagazin(e)

Z

zany ausgeflippt
zebra das Zebra(s)
zoo der Zoo(s), der Tierpark(s)
zoo-keeper der Tierpfleger(-)

Beantworte (die) Fragen.	*Answer (the) questions.*
Beginn deinen Brief folgenderweise.	*Begin your letter like this.*
Benutze die Sätze unten, wenn du willst.	*Use the sentences below if you want.*
Beschreib die Ferien/Reisen/Unterschiede.	*Describe the holidays/journeys/differences.*
Beschrifte die Situationen so.	*Label the situations like this.*
Bilde Dialoge.	*Make up conversations.*
Diktiere einen Brief an ein Verkehrsamt.	*Dictate a letter to a tourist office.*
Ersetz die blaugedruckten Wörter.	*Replace the words printed in blue.*
Ersetz die Bilder durch die passenden Wörter.	*Replace the pictures with the right words.*
Finde heraus, wo die Bombe ist/wohin die Tiere gehören.	*Find out where the bomb is/where the animals belong.*
Füll die Lücken/die Sprechblasen aus.	*Fill in the gaps/the speech bubbles.*
Füll ihn/den Dialog mit den richtigen Wörtern aus.	*Complete it/the dialogue with the right words.*
Hör (nochmal) gut zu.	*Listen carefully (again).*
Ist das richtig oder falsch/positiv oder negativ?	*Is it true or false/positive or negative?*
Jetzt bist du dran!	*Now it's your turn!*
Kannst du die Geschichte richtig ordnen?	*Can you put the story in the right order?*
Kannst du Wörter bauen?	*Can you make words?*
Lies den Brief/Dialog/Text/die Ausschnitte/Sätze.	*Read the letter/conversation/text/extracts/sentences.*
Mach eine Liste (in alphabetischer Reihenfolge).	*Make a list (in alphabetical order).*
Mach Notizen/ein Werbeposter/eine Kopie.	*Make notes/an advertising poster/a copy.*
Mach (weitere) Dialoge/ein Interview/eine Umfrage über …	*Make up (more) conversations/an interview/a survey about …*
Richtig oder falsch?	*True or false?*
Sag, wann es Krach gibt.	*Say when there's a row.*
Schlag die unbekannten Wörter in der Wörterliste nach.	*Look up the words you don't know in the vocabulary list.*
Schlag in der Wörterliste/im Wörterbuch nach.	*Look in the vocabulary list/dictionary.*
Schreib alles in dein Heft auf.	*Write everything out in your exercise book.*
Schreib das richtig/die richtige Reihenfolge auf.	*Write it correctly/the correct order.*
Schreib das Hotelrätsel anders.	*Write the hotel puzzle differently.*
Schreib die (passenden) Namen/Buchstaben/Zahlen auf.	*Write out the (appropriate) names/letters/numbers.*
Schreib die fehlenden Wörter auf.	*Write out the missing words.*
Schreib deine Meinung auf.	*Write down your opinion.*
Schreib die Sätze/Geschichte in der richtigen Reihenfolge auf.	*Write out the sentences/story in the correct order.*
Schreib die Vorschläge/die Frage und die Antwort auf.	*Write out the suggestions/the question and answer.*
Schreib einen kurzen Artikel/einen Brief (an deinen Freund).	*Write a short article/a letter (to your friend).*
Schreib ‚richtig' oder ‚falsch'/‚ja' oder ‚nein' auf.	*Write 'true' or 'false'/'yes' or 'no'.*
Sieh dir die Fotos/Bilder/Texte/Tabelle/das Diagramm an.	*Look at the photos/pictures/texts/chart/diagram.*
Sieh dir die Lückentexte/Sprechblasen/Kategorien/den Kreis an.	*Look at the gapped texts/speech bubbles/categories/circle.*
Sing mit.	*Sing along.*
Sortiere die Texte in vier Gruppen und schreib sie ab.	*Sort the texts into four groups and copy them out.*
Stell dir vor, …	*Imagine …*
Stell (deinem Partner/deiner Partnerin) Fragen.	*Ask (your partner) questions.*
Stimmt das oder nicht?	*Is that right or not?*
Übersetz ihm die Texte.	*Translate the texts for him.*
Übersetze ins Englische, was jede Person sagt.	*Translate what each person says into English.*
Vervollständige den Text/die Sätze.	*Complete the text/the sentences.*
Wähl den richtigen Satz/eine Person/eine Situation/ein Bild.	*Choose the correct sentence/a person/a situation/a picture.*
Wähl die passende Kategorie.	*Choose the appropriate category.*
Was bedeuten die Symbole?	*What do the symbols mean?*
Was gehört zusammen?	*What belongs together?*
Was ist das/der beste Kompromiß?	*What is that/the best compromise?*
Was sind die richtigen Antworten?	*What are the correct answers?*
Was wollen die Leute?	*What do the people want?*
Was paßt wozu/zu wem?	*What goes with what/with whom?*
Was sagen die Leute?	*What do the people say?*
Welche Definition paßt jeweils?	*Which definition is correct in each case?*
Welche Nebenjobs haben sie?	*What spare-time jobs do they have?*
Welcher Satz/Text paßt zu welchem Bild/Foto?	*Which sentence/text goes with which picture/photo?*
Welcher Text beschreibt welches Bild/Foto?	*Which text describes which picture/photo?*
Welches Wort paßt nicht zu den anderen?	*Which word doesn't match the others?*
Welches Bild ist das/paßt am besten?	*Which picture is it/is best suited?*
Wer sagt was (über sie)?	*Who says what (about her)?*
Wer spart auf/bestellt was?	*Who is saving for/orders what?*
Wer spricht?	*Who is speaking?*
Wie antworten diese Jugendlichen?	*How do these young people reply?*
Wie ist er/sie?	*What is he/she like?*
Wie ist die richtige Reihenfolge?	*What is the correct order?*
Wieviel verstehst du?	*How much do you understand?*
Wo sind diese Gegenstände?	*Where are these items?*
Wo sitzt jede Person?	*Where is each person sitting?*
Zu welcher Reise passen die Dialoge?	*Which journey do the conversations match?*